capítulo 1
Proporcionar alimentos seguros

Enfermedades transmitidas por alimentos	**Cómo se producen las enfermedades transmitidas por alimentos**		**Cómo mantener seguros los alimentos**
— Obstáculos para la seguridad de los alimentos — El costo de las enfermedades transmitidas por alimentos	— Contaminantes — Cómo pueden llegar a ser peligrosos los alimentos	— Alimentos más propensos a convertirse en peligrosos: Alimentos que necesitan control de tiempo y temperatura — Poblaciones con alto riesgo de contraer enfermedades transmitidas por alimentos	— Entrenamiento y monitoreo — Agencias del gobierno responsables de la prevención de enfermedades transmitidas por alimentos

Noticias: Café local causa enfermedad transmitida por alimentos

Docenas de personas se enfermaron debido a lo ocurrido en un pequeño café. Los clientes que comieron la ensalada de papa al horno del café llamaron para quejarse de náuseas y vómito. Estas llamadas comenzaron dos días después de comer ese platillo. Después se presentaron otros síntomas, como visión doble y dificultad para hablar y tragar.

Las autoridades reguladoras locales iniciaron una investigación. Descubrieron que las papas al horno usadas para la ensalada habían sido la fuente del brote. Cuando las hornearon, las papas estaban envueltas en papel aluminio. Después se dejaron en la mesa de preparación durante la noche para que se enfriaran. Finalmente, las papas se dejaron a temperatura ambiente casi 18 horas antes de usarlas para la ensalada. Las bacterias de las papas tenían las condiciones correctas para el crecimiento. Estas condiciones incluían tiempo, temperatura y falta de oxígeno porque las papas estaban envueltas con papel aluminio.

Usted puede prevenir esto

Los clientes se enfermaron porque los empleados del café no sabían que las papas al horno podrían contener bacterias. Cuando los empleados no manejaron las papas con cuidado, las bacterias comenzaron a crecer a altos niveles. Como gerente, una de las tareas más importantes que tiene usted es prevenir las enfermedades transmitidas por alimentos, como esta. Este capítulo le presentará los siguientes puntos básicos para mantener la seguridad de los alimentos:

- Reconocer la importancia de la seguridad de los alimentos
- Comprender cómo pueden llegar a ser peligrosos los alimentos
- Identificar los alimentos que necesitan control de tiempo y temperatura para su seguridad
- Reconocer los factores de peligro para enfermedades transmitidas por alimentos
- Entender las medidas preventivas importantes para mantener seguros los alimentos

Enfermedades transmitidas por alimentos	Cómo se producen las enfermedades transmitidas por alimentos		Cómo mantener seguros los alimentos
— Obstáculos para la seguridad de los alimentos — El costo de las enfermedades transmitidas por alimentos	— Contaminantes — Cómo pueden llegar a ser peligrosos los alimentos	— Alimentos más propensos a convertirse en peligrosos: Alimentos que necesitan control de tiempo y temperatura — Poblaciones con alto riesgo de contraer enfermedades transmitidas por alimentos	— Entrenamiento y monitoreo — Agencias del gobierno responsables de la prevención de enfermedades transmitidas por alimentos

Enfermedades transmitidas por alimentos

No es fácil ser gerente de servicio de alimentos. Usted tiene responsabilidades con su establecimiento, con sus empleados y con sus clientes. La mejor manera de cumplir estas responsabilidades es mantener seguros los alimentos que usted sirve. Para empezar, debe aprender lo que son las enfermedades transmitidas por alimentos y los retos que enfrenta para prevenirlas. No puede darse el lujo de no aprender esto. Los costos del brote de una enfermedad transmitida por alimentos pueden ser devastadores.

Obstáculos para la seguridad de los alimentos

Una enfermedad transmitida por alimentos es una enfermedad que llega a las personas a través de los alimentos. Una enfermedad se considera un brote cuando:

- Dos o más personas tienen los mismos síntomas después de comer el mismo alimento.
- Se realiza una investigación por las autoridades reguladoras locales y del estado.
- El brote es confirmado por un análisis de laboratorio.

Cada año, millones de personas se enferman debido a alimentos inseguros.

Los establecimientos de servicio de alimentos trabajan arduamente para reducir al mínimo las enfermedades transmitidas por alimentos. Como resultado de estos esfuerzos, este tipo de enfermedades se han reducido en los últimos años. Sin embargo, los establecimientos todavía enfrentan muchos retos relacionados con la seguridad de los alimentos.

Tiempo La presión por trabajar rápido puede dificultar el dedicar tiempo a seguir las prácticas de seguridad de los alimentos.

Idioma y cultura Quizá sus empleados hablen un idioma diferente del que usted habla, lo que podría dificultar la comunicación. Las diferencias culturales también influyen en la manera en que los manipuladores de alimentos ven la seguridad de los alimentos.

Alfabetización y educación Con frecuencia, los empleados tienen diferentes niveles de educación. Por eso es más difícil enseñarles sobre seguridad de los alimentos.

Patógenos Microorganismos que causan enfermedades y que frecuentemente se encuentran en tipos de alimentos que se consideraban seguros.

Proveedores sin aprobación Los alimentos que se reciben de proveedores que no practican la seguridad de los alimentos pueden provocar un brote de enfermedad transmitida por alimentos.

Clientes con alto riesgo La cantidad de clientes con alto riesgo de contraer una enfermedad transmitida por alimentos va en aumento. Un ejemplo de esto son los ancianos.

Pérdida de empleados Entrenar a empleados nuevos deja menos tiempo para el entrenamiento en seguridad de los alimentos.

El programa ServSafe le dará las herramientas para superar los retos de manejar un buen programa de seguridad de los alimentos.

El costo de las enfermedades transmitidas por alimentos

Cada año, en Estados Unidos las enfermedades transmitidas por alimentos cuestan miles de millones de dólares. Las cifras de la National Restaurant Association indican que un brote de una enfermedad transmitida por alimentos puede costarle a un establecimiento miles de dólares. Y hasta puede causar su clausura.

Los costos de una enfermedad transmitida por alimentos para un establecimiento

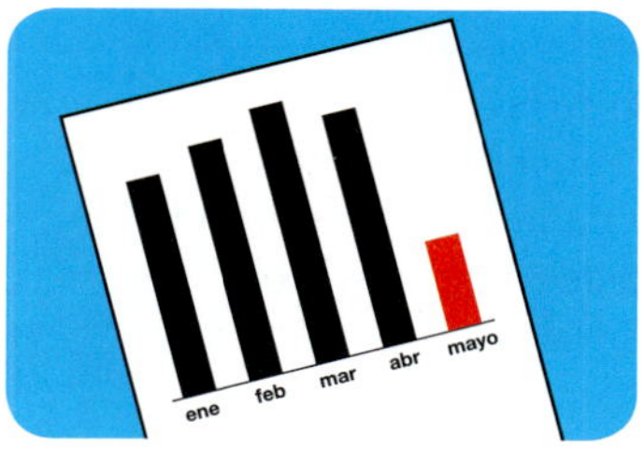

Pérdida de clientes y ventas

Pérdida de la reputación

Exposición negativa en los medios de comunicación

Baja del ánimo de los empleados

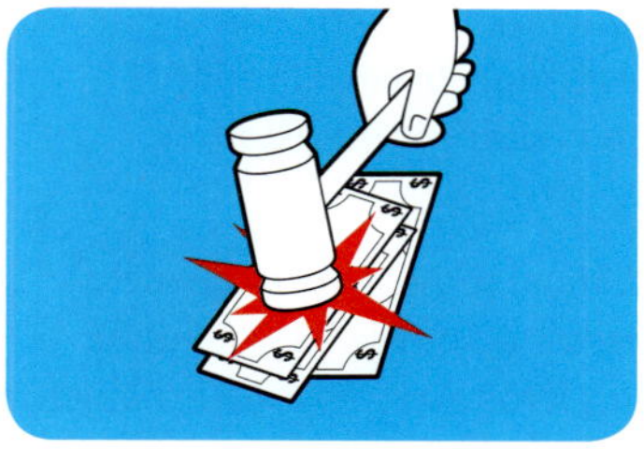

Demandas y pagos por cuestiones legales

Ausentismo de los empleados

Aumento del costo del seguro

Volver a entrenar a los empleados

Lo más importante son los costos para los seres humanos. Las víctimas de las enfermedades transmitidas por alimentos pueden sufrir lo siguiente:

- Pérdida del empleo
- Costos médicos y discapacidad a largo término
- Muerte

Enfermedades transmitidas por alimentos
- Obstáculos para la seguridad de los alimentos
- El costo de las enfermedades transmitidas por alimentos

Cómo se producen las enfermedades transmitidas por alimentos
- Contaminantes
- Cómo pueden llegar a ser peligrosos los alimentos
- Alimentos más propensos a convertirse en peligrosos: Alimentos que necesitan control de tiempo y temperatura
- Poblaciones con alto riesgo de contraer enfermedades transmitidas por alimentos

Cómo mantener seguros los alimentos
- Entrenamiento y monitoreo
- Agencias del gobierno responsables de la prevención de enfermedades transmitidas por alimentos

Cómo se producen las enfermedades transmitidas por alimentos

Usualmente, los alimentos inseguros son resultado de la contaminación, que es la presencia de sustancias dañinas en los alimentos. Para prevenir las enfermedades transmitidas por alimentos, debe reconocer los contaminantes que afectan la seguridad de los alimentos. Estos pueden provenir de patógenos, productos químicos y objetos físicos. También pueden provenir de ciertas prácticas peligrosas en su establecimiento.

Contaminantes

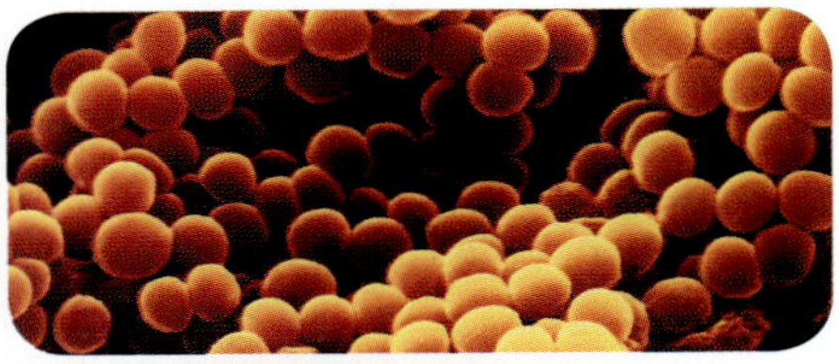

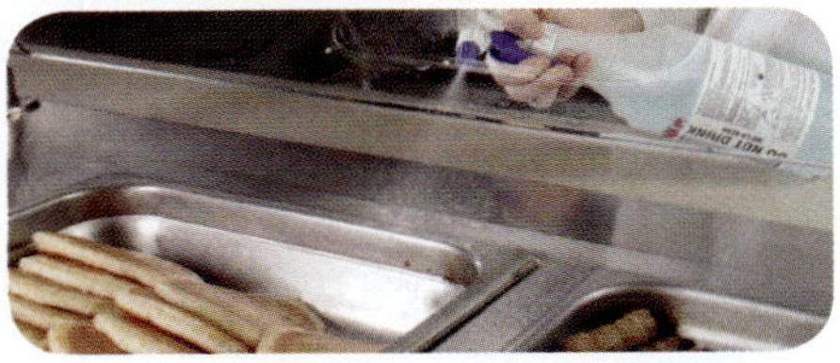

Los contaminantes se dividen en tres categorías.

Biológicos Los patógenos son el mayor peligro contra la seguridad de los alimentos. Incluyen ciertos virus, parásitos, hongos y bacterias, como los de la foto de la izquierda. Este grupo también incluye algunas plantas, setas u hongos y mariscos que contienen toxinas peligrosas (venenos).

Químicos Si se usan incorrectamente, los productos químicos que se utilizan en el servicio de alimentos pueden contaminar los alimentos. La foto de la izquierda muestra un ejemplo de cómo los productos químicos podrían contaminar los alimentos. Los contaminantes químicos pueden incluir los limpiadores, sanitizantes y pulidores.

Físicos En los alimentos pueden caer objetos extraños, como virutas de metal, grapas y curitas. Y también pueden caer vidrio, tierra y ataduras. La foto de la izquierda muestra este tipo de contaminante físico. Otros ejemplos son los objetos que aparecen por naturaleza, como las espinas de los pescados.

Cada uno de los contaminantes mencionados es un peligro para la seguridad de los alimentos. Pero los contaminantes biológicos son responsables de la mayoría de las enfermedades transmitidas por alimentos.

Cómo pueden llegar a ser peligrosos los alimentos

Si los manipuladores de alimentos no manejan correctamente los alimentos, estos podrían llegar a ser peligrosos. Estos son los cinco errores más comunes en el manejo de los alimentos, o factores de peligro que pueden causar enfermedades transmitidas por alimentos.

1. Comprar alimentos a proveedores con seguridad deficiente
2. No cocinar correctamente los alimentos
3. Mantener los alimentos a temperaturas incorrectas
4. Usar equipo contaminado
5. Practicar malos hábitos de higiene personal

Excepto comprar alimentos a proveedores con seguridad deficiente, el resto de los errores se relaciona a cuatro factores principales. Ellos son abuso de tiempo y temperatura, contaminación cruzada, malos hábitos de higiene personal y limpieza y sanitización deficientes.

Abuso de tiempo y temperatura Los alimentos sufren abuso de tiempo y temperatura cuando han permanecido mucho tiempo a temperaturas favorables para el crecimiento de patógenos. Se puede presentar una enfermedad transmitida por alimentos si éstos sufren abuso de tiempo y temperatura. Esto puede suceder de varias maneras.

- Los alimentos no se mantienen o almacenan a la temperatura correcta, como se muestra en la foto de la izquierda.
- Los alimentos no se cocinan o recalientan lo suficiente como para matar los patógenos.
- Los alimentos no se enfrían correctamente.

Contaminación cruzada Los patógenos pueden pasar de un alimento o una superficie a otra. Esto se llama contaminación cruzada. Puede causar una enfermedad transmitida por alimentos de muchas maneras.

- Se agregan ingredientes contaminados a alimentos que ya no se cocinan más.
- Los alimentos listos para comer tocan superficies contaminadas.
- Los alimentos contaminados tocan alimentos cocinados o listos para comer, o gotean líquidos sobre ellos, como se muestra en la foto de la izquierda.
- Un manipulador de alimentos toca alimentos contaminados y después toca alimentos listos para comer.
- Los trapos de limpieza contaminados tocan superficies que tienen contacto con alimentos.

Malos hábitos de higiene personal Los manipuladores de alimentos pueden provocar una enfermedad transmitida por alimentos si realizan alguna de las siguientes acciones.

- No lavarse las manos correctamente después de ir al baño.
- Toser o estornudar sobre los alimentos.
- Tocarse o rascarse las heridas y después tocar los alimentos, como se muestra en la foto de la izquierda.
- Trabajar cuando están enfermos.

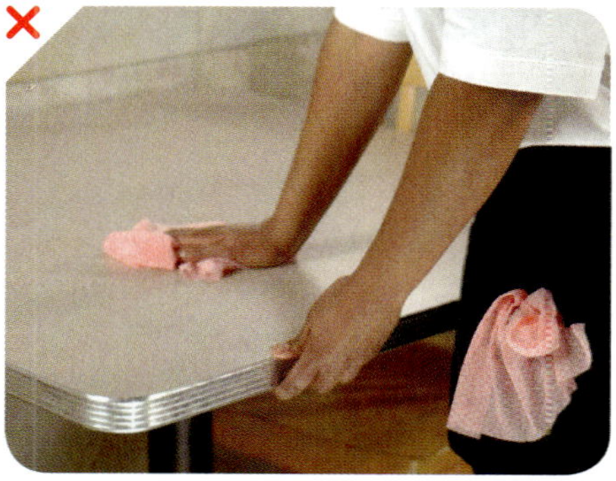

Limpieza y sanitización deficientes Los patógenos pueden pasar a los alimentos si el equipo no se limpia y sanitiza correctamente entre un uso y otro. Esto puede suceder de las siguientes maneras.

- El equipo y los utensilios no se lavan, enjuagan y sanitizan entre un uso y otro.
- Las superficies que tienen contacto con alimentos se limpian en lugar de lavarlas, enjuagarlas y sanitizarlas.
- Los trapos de limpieza no se guardan en solución sanitizante entre usos, como se muestra en la foto de la izquierda.
- Las soluciones sanitizantes no tienen la concentración requerida para sanitizar objetos.

Alimentos más propensos a convertirse en peligrosos: Alimentos que necesitan control de tiempo y temperatura para su seguridad

Los patógenos crecen bien en los alimentos mencionados abajo. Se necesita control de tiempo y temperatura para limitar este crecimiento. Por eso se les llama alimentos que necesitan control de tiempo y temperatura para su seguridad.

- Leche y productos lácteos

- Huevos en cascarón (excepto los que recibieron tratamiento para eliminar la *Salmonella* no tifoidea).

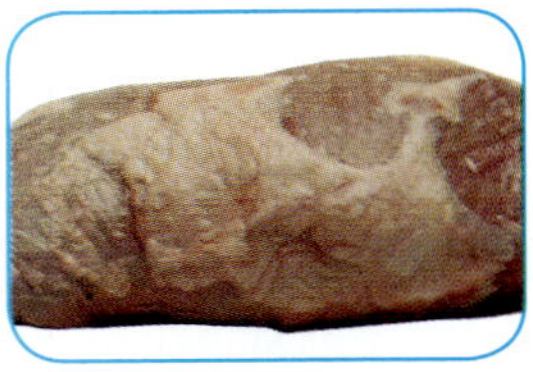

- Carne: de res, cerdo y cordero

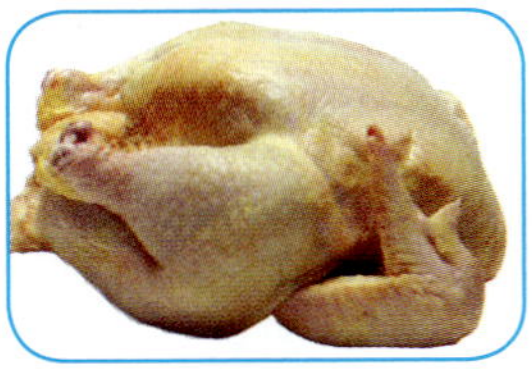

- Aves

- Pescado

- Mariscos y crustáceos

- Papas al horno

- Alimentos vegetales tratados con calor, como arroz cocido, frijoles y verduras

- Tofu y otros alimentos de proteína de soya
- Ingredientes sintéticos como proteína de soya texturizada, en productos alternativos de carne

- Brotes y semillas crudas

- Melones cortados
- Tomates cortados
- Vegetales con hojas cortados

- Mezclas de ajo y aceite sin tratamiento

Al igual que los alimentos que necesitan control de tiempo y temperatura para su seguridad, los alimentos listos para comer se deben manejar con cuidado para prevenir la contaminación. Los alimentos listos para comer son exactamente eso, alimentos que se pueden comer sin necesidad de prepararlos, lavarlos o cocinarlos más. Los alimentos listos para comer incluyen alimentos cocinados, frutas y verduras lavadas (cortadas y enteras) y carnes frías. También incluyen productos de panadería, azúcar, especias y condimentos.

Poblaciones con alto riesgo de contraer enfermedades transmitidas por alimentos

Ciertas personas corren un riesgo más alto de contraer una enfermedad transmitida por alimentos.

Ancianos

Con la edad se debilitan los sistemas inmunológicos de las personas. El sistema inmunológico es la defensa del cuerpo contra las enfermedades.

Niños en edad preescolar

Los niños muy pequeños no han desarrollado sistemas inmunológicos fuertes.

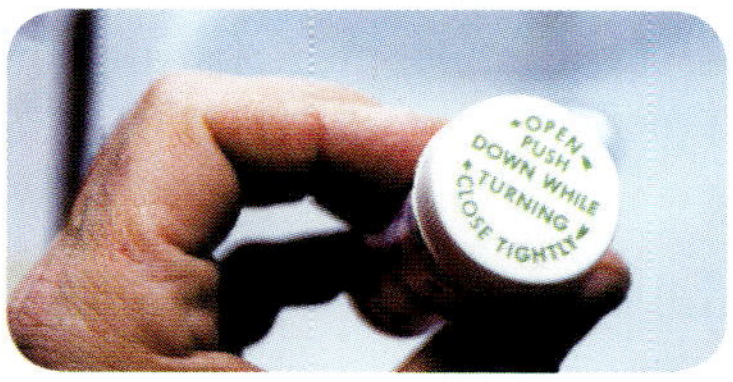

Personas con sistemas inmunológicos débiles

- Personas con cáncer o que reciben quimioterapia
- Personas con VIH/SIDA
- Personas que recibieron un transplante
- Personas que están tomando ciertas medicinas

Use sus conocimientos

¿Cuál es la causa?

Ponga una **X** junto a las cinco causas más comunes de enfermedades transmitidas por alimentos.

1. ________ Comprar alimentos a proveedores con seguridad deficiente
2. ________ Dejar que las plagas entren al establecimiento
3. ________ No cocinar correctamente los alimentos
4. ________ No rotar los alimentos almacenados
5. ________ Usar equipo contaminado
6. ________ Mantener los alimentos a temperaturas incorrectas
7. ________ Practicar malos hábitos de higiene personal
8. ________ No almacenar correctamente los alimentos secos

¿Cuál necesita control?

Ponga una **X** junto a los alimentos que necesitan control de tiempo y temperatura para su seguridad.

1. ________ Lechuga cortada
2. ________ Melón rebanado
3. ________ Arroz seco
4. ________ Harina
5. ________ Zanahorias cocidas
6. ________ Queso

Puede ver las respuestas en la página 1.13.

Enfermedades transmitidas por alimentos	Cómo se producen las enfermedades transmitidas por alimentos		Cómo mantener seguros los alimentos
— Obstáculos para la seguridad de los alimentos — El costo de las enfermedades transmitidas por alimentos	— Contaminantes — Cómo pueden llegar a ser peligrosos los alimentos	— Alimentos más propensos a convertirse en peligrosos: Alimentos que necesitan control de tiempo y temperatura — Poblaciones con alto riesgo de contraer enfermedades transmitidas por alimentos	— Entrenamiento y monitoreo — Agencias del gobierno responsables de la prevención de enfermedades transmitidas por alimentos

Cómo mantener seguros los alimentos

Ahora que ya sabe cómo se vuelven peligrosos los alimentos, puede usar estos conocimientos para mantenerlos seguros. Enfóquese en estas medidas:

- Control de tiempo y temperatura
- Prevenir la contaminación cruzada
- Buenos hábitos de higiene personal
- Comprar a proveedores aprobados y con buena reputación
- Limpieza y sanitización

Establezca procedimientos de operación estándar que se enfoquen en estas áreas. En los capítulos posteriores, el programa ServSafe le mostrará cómo diseñar estos procedimientos.

Entrenamiento y monitoreo

Como gerente, su trabajo no sólo consiste en entender las prácticas de seguridad de los alimentos y crear los procedimientos necesarios. También debe entrenar a los empleados para que sigan estos procedimientos, como se muestra en la foto de la izquierda. Los empleados deben recibir entrenamiento cuando los contratan y continuamente. Todos los empleados necesitan tener conocimientos generales de seguridad de los alimentos. Otros conocimientos serán específicos a las tareas que desempeñan en el trabajo. Por ejemplo, todos deben saber cómo lavarse las manos correctamente. Pero, sólo los encargados de recibir los envíos necesitan saber cómo inspeccionar las frutas y verduras cuando las reciben.

Los empleados necesitan recibir entrenamiento sobre seguridad de los alimentos frecuentemente. Cuando un manipulador de alimentos complete el entrenamiento, documéntelo. Después de entrenar a los empleados, monitoréelos para asegurarse de que siguen los procedimientos.

Agencias del gobierno responsables de la prevención de enfermedades transmitidas por alimentos

Varias agencias del gobierno tienen papeles importantes para la prevención de enfermedades transmitidas por alimentos en Estados Unidos. La Administración de Alimentos y Drogas (FDA) y el Departamento de Agricultura de EE.UU. (USDA) inspeccionan los alimentos y desempeñan otras tareas críticas. Las autoridades reguladoras locales y del estado crean reglamentos e inspeccionan establecimientos. También ayudan agencias como los Centros para el Control y la Prevención de Enfermedades (CDC) y el Servicio de Salud Pública de EE.UU. (PHS).

El papel de la FDA

La FDA inspecciona todos los alimentos excepto la carne, las aves y los huevos. La agencia también regula los alimentos que se transportan a través de las fronteras de los estados. Además, la FDA publica un *Código alimentario*. Este código basado en la ciencia da recomendaciones sobre los reglamentos de seguridad de los alimentos. El *Código alimentario* fue creado para agencias de ciudades, condados, estados y tribus. Estas agencias regulan el servicio de alimentos para los grupos siguientes:

- Restaurantes y tiendas que venden alimentos al menudeo
- Operaciones de máquinas vendedoras
- Escuelas y guarderías infantiles
- Hospitales y residencias de ancianos

Aunque la FDA recomienda que los estados adopten el *Código alimentario*, no puede exigir que lo hagan. La FDA también ofrece entrenamiento y soporte técnico. Está disponible para las agencias reguladoras y la industria.

Otras agencias

Hay otras agencias que tienen un papel importante en la seguridad de los alimentos y la prevención de enfermedades transmitidas por alimentos.

USDA El Departamento de Agricultura de EE.UU. regula e inspecciona la carne, las aves y los huevos. También regula los alimentos que cruzan las fronteras estatales y los que involucran a más de un estado.

CDC y PHS Estos organismos ayudan a la FDA, el USDA y los departamentos de salud pública locales y estatales. Hacen investigaciones científicas sobre las causas de los brotes de enfermedades transmitidas por alimentos. También ayudan a investigar los brotes.

Autoridades reguladoras locales y del estado Las autoridades reguladoras redactan o adoptan el código que regula los establecimientos de servicio de alimentos y de venta al menudeo. Los códigos pueden ser diferentes del *Código alimentario de la FDA*, porque no se exige que estas agencias lo adopten.

Las autoridades reguladoras tienen muchas responsabilidades. Estas son algunas de las responsabilidades relacionadas a la seguridad de los alimentos.

- Inspeccionar los establecimientos
- Hacer cumplir los reglamentos
- Investigar las quejas y las enfermedades
- Expedir licencias y permisos
- Aprobar la construcción
- Revisar y aprobar los planes HACCP

Use sus conocimientos

¿Quién hace qué?

Escriba la letra de la agencia del gobierno en el espacio correcto. Algunas letras se pueden usar más de una vez.

- (A) FDA
- (B) USDA
- (C) CDC y PHS
- (D) Departamentos de salud pública locales y estatales

1. ______Redacta los códigos que regulan los establecimientos de servicio de alimentos y de venta al menudeo.
2. ______Realiza investigaciones científicas sobre las causas de los brotes de enfermedades transmitidas por alimentos.
3. ______Inspecciona la carne, las aves y los huevos.
4. ______Redacta el *Código alimentario*.
5. ______Inspecciona los establecimientos de servicio de alimentos y de venta al menudeo.

Puede ver las respuestas en la página 1.13.

Resumen del capítulo

- Como gerente de servicio de alimentos, usted tiene responsabilidades con su establecimiento, con sus empleados y con sus clientes. La mejor manera de cumplir estas responsabilidades es mantener seguros los alimentos que usted sirve.
- Una enfermedad transmitida por alimentos es una enfermedad que llega a las personas a través de los alimentos. Una enfermedad se considera un brote cuando dos o más personas tienen los mismos síntomas después de comer el mismo alimento.
- Hay tres tipos de contaminantes que afectan la seguridad de los alimentos. Son: los biológicos, los químicos y los físicos. De estos, los contaminantes biológicos, como los patógenos, representan el mayor peligro.
- Los manipulador de alimentos que no siguen los procedimientos correctos pueden poner en peligro la seguridad de los alimentos. Pueden hacer esto cuando no cocinan lo suficiente los alimentos y cuando los mantienen a la temperatura incorrecta. Los manipulador de alimentos también pueden provocar una enfermedad cuando usan equipo contaminado y cuando practican malos hábitos de higiene personal.
- Los alimentos sufren abuso de tiempo y temperatura cuando están mucho tiempo a temperaturas favorables para el crecimiento de patógenos. Los patógenos pueden pasar de un alimento, o una superficie, a otros. A esto se le llama contaminación cruzada. Los patógenos pueden pasar a los alimentos si el equipo no se limpia y sanitiza correctamente entre un uso y otro.
- Los patógenos crecen bien en alimentos que necesitan control de tiempo y temperatura. Para prevenir este crecimiento, los alimentos necesitan control de tiempo y temperatura.
- Algunos grupos corren un mayor riesgo de enfermarse debido a alimentos inseguros. Entre ellos están los niños en edad preescolar, los ancianos, las personas con cáncer o que reciben quimioterapia, las personas con VIH/SIDA, quienes recibieron transplantes y quienes toman ciertas medicinas.
- Las medidas preventivas importantes para mantener seguros los alimentos son: controlar el tiempo y temperatura, prevenir la contaminación cruzada, practicar buenos hábitos de higiene personal, comprar a proveedores aprobados y con buena reputación, y limpiar y sanitizar correctamente los objetos.

Caso práctico para repasar el capítulo

La seguridad de los alimentos es importante para los establecimientos y el costo del brote de una enfermedad transmitida por alimentos puede ser alto. Sin embargo, puede evitar los brotes si reconoce la importancia de la seguridad de los alimentos, reconoce cómo pueden llegar a ser peligrosos los alimentos, identifica los peligros asociados con las poblaciones con alto riesgo, entrena y monitorea a los empleados, y sigue las claves de la seguridad de los alimentos.

Ahora tome lo que ha aprendido en este capítulo y aplíquelo en el siguiente caso práctico.

Jerry no estaba contento porque era el único que estaba trabajando. Su compañero había llamado para avisar que estaba enfermo y esperaban al grupo de jugadores de softball que los visitaba todos los miércoles. Jerry tampoco se sentía bien, y para rematar las cosas un grupo grande canceló su reservación en el último minuto. Desafortunadamente, Jerry ya había comenzado a cocinar una docena de hamburguesas en la parrilla.

Jerry terminó de cocinar la carne para hamburguesas, hasta que estuvo bien cocida y luego la puso en una bandeja sobre el mostrador. Pensó: "Quizá alguien ordenará una hamburguesa más tarde". Como todavía no había clientes, hizo una visita rápida al baño. Cuando terminó, se limpió las manos en el delantal, se peinó y regresó a la cocina.

Veinte minutos después, Jerry recibió a los primeros clientes de la tarde. Eran un anciano y su nieta de cuatro años. Jerry estaba muy feliz cuando ordenaron una hamburguesa que iban a compartir. El hombre dijo: "La quiero término medio". Parecía que las hamburguesas que había preparado se iban a quedar en el mostrador un buen rato.

Jerry regresó a la cocina y puso una porción de carne en la parrilla. Después limpió la tabla de cortar que había usado para preparar pollo crudo. Rebanó el tomate y la cebolla. Cuando la hamburguesa pasó el término medio, la puso en el plato.

Cuando Jerry entregó la comida, la niña pidió un vaso de agua. Jerry tomó un vaso y lo usó para sacar hielo. Pero el vaso se rompió. Con mucho cuidado, Jerry sacó los fragmentos de vidrio de la máquina para hacer hielo. Después le llevó a la niña el vaso de agua con hielo.

1. ¿Qué errores cometió Jerry?

2. ¿Qué debería haber hecho Jerry?

Puede ver las respuestas en la página 1.13.

Preguntas de estudio

Encierre en un círculo la mejor respuesta para cada pregunta.

1. **¿Por qué los niños en edad preescolar corren más riesgo de contraer una enfermedad transmitida por alimentos?**
   - A Por que no han desarrollado sistemas inmunológicos fuertes.
   - B Por que es más probable que los hospitalicen.
   - C Porque es probable que sufran reacciones alérgicas.
   - D Por que su apetito es mayor que cuando nacieron.

2. **¿Cuál de estos es un alimento que necesita control de tiempo y temperatura para su seguridad?**
   - A Pan
   - B Harina
   - C Brotes vegetales
   - D Fresas

3. **Los cinco errores comunes que provocan enfermedades transmitidas por alimentos son: no cocinar correctamente los alimentos, mantener los alimentos a temperaturas incorrectas, usar equipo contaminado, tener malos hábitos de higiene personal y**
   - A recalentar las sobras de alimentos.
   - B servir alimentos listos para comer.
   - C usar guantes desechables de un solo uso.
   - D comprar alimentos a proveedores con seguridad deficiente.

4. **¿Cuál es la medida más importante para prevenir las enfermedades transmitidas por alimentos?**
   - A Servir alimentos cultivados en la localidad
   - B Usar equipo nuevo
   - C Medir la cantidad de patógenos
   - D Controlar el tiempo y la temperatura

5. **En la mesa de preparación se dejan pechugas de pollo crudas a temperatura ambiente. ¿Qué peligro podría provocar una enfermedad transmitida por alimentos?**
   - A Contaminación cruzada
   - B Limpieza y sanitización deficientes
   - C Malos hábitos de higiene personal
   - D Abuso de tiempo y temperatura

6. **Un mesero limpia una mesa con un trapo de limpieza y después se lo pone en el bolsillo del delantal. ¿Qué peligro podría provocar una enfermedad transmitida por alimentos?**
   - A Contaminación cruzada
   - B Limpieza y sanitización deficientes
   - C Malos hábitos de higiene personal
   - D Abuso de tiempo y temperatura

Puede ver las respuestas en la página 1.13.

Respuestas

1.7 **¿Cuál es la causa?**

Se deben marcar 1, 3, 5, 6 y 7.

1.7 **¿Cuál necesita control?**

Se deben marcar 1, 2, 5 y 6.

1.10 **¿Quién hace qué?**

① D ④ A

② C ⑤ D

③ B

1.11 **Caso práctico para repasar el capítulo**

① Estos son los errores que cometió Jerry.

- Vino a trabajar cuando estaba enfermo.
- Dejó la carne para hamburguesa a temperatura ambiente. Esto es abuso de tiempo y temperatura.
- Llevaba puesto el delantal cuando entró al baño. No se lavó las manos después de ir al baño y se limpió las manos en el delantal. Esto es un mal hábito de higiene personal.
- Rebanó el tomate en una tabla de cortar que se había usado para el pollo. Esto es contaminación cruzada.
- Sacó hielo con un vaso. Los fragmentos de vidrio en la máquina para hacer hielo son un peligro físico.
- Al sacar el hielo, Jerry podría haberlo tocado con la mano, lo que podría producir una contaminación cruzada.

② Esto es lo que Jerry debería haber hecho.

- Se debería haber reportado enfermo. Si Jerry se sentía enfermo, es posible que pudiera contagiar a los clientes.
- Al darse cuenta de que había hecho demasiadas hamburguesas, debería haberlas puesto en una unidad de mantenimiento caliente o debería haberlas tirado.
- Se debería haber lavado las manos después de ir al baño y después de tocarse el cabello. Se debería haber quitado el delantal antes de ir al baño.
- Antes de rebanar el tomate, Jerry debería haber lavado, enjuagado y sanitizado la tabla de cortar. O podría haber usado otra tabla de cortar.
- Debería haber usado el cucharón correcto para el hielo.

1.12 **Preguntas de estudio**

① A ④ D

② C ⑤ D

③ D ⑥ B

capítulo 2
Formas de contaminación

Contaminantes biológicos, químicos y físicos	Contaminación deliberada de alimentos	Cómo responder al brote de una enfermedad transmitida por alimentos	Sustancias alergénicas
— Cómo sucede la contaminación — Contaminación biológica — Síntomas de una enfermedad transmitida por alimentos — Bacterias — Virus — Parásitos — Hongos — Toxinas biológicas — Contaminantes químicos — Contaminantes físicos			— Síntomas de las alergias — Sustancias alergénicas comunes — Prevención de reacciones alérgicas

Noticias: Un brote de *Shigella*

Dieciséis clientes y tres empleados de un salón de banquetes se enfermaron con *Shigella* spp. Los clientes eran parte de un grupo de veteranos de la Guardia Nacional que se reunieron. Comieron en un amplio y popular salón de banquetes ubicado en el sureste de Estados Unidos.

De uno a tres días después del evento empezaron a llegar reportes a la autoridad reguladora local. Quienes se enfermaron reportaban síntomas muy parecidos. Tenían retortijones, fiebre y diarrea. Tres personas tuvieron que recibir tratamiento en la sala de emergencias.

Nunca se determinó el alimento específico que causó el brote. Pero la autoridad reguladora confirmó que probablemente el brote fue causado por el jefe de cocineros del salón de banquetes, que no se sentía bien el día del evento cuando se presentó a trabajar. Tampoco se lavó las manos todas las veces necesarias en el turno de la mañana. El cocinero había preparado los ingredientes de los alimentos que se sirvieron en el evento.

Los propietarios y gerentes del salón de banquetes colaboraron con la autoridad reguladora local para cambiar los procedimientos para enfermedades de los empleados. También iniciaron un agresivo programa de entrenamiento enfocado en lavarse las manos correctamente.

Usted puede prevenir esto

Si entiende de qué manera los patógenos contaminan los alimentos, podrá prevenir enfermedades como la que se menciona en la historia anterior. En este capítulo, aprenderá sobre los siguientes temas:

- Contaminantes biológicos, químicos y físicos y cómo prevenirlos
- Cómo prevenir la contaminación deliberada de alimentos
- Cómo responder al brote de una enfermedad transmitida por alimentos
- Sustancias alergénicas comunes y cómo prevenir las reacciones a ellas

Contaminantes biológicos, químicos y físicos

- Cómo sucede la contaminación
- Contaminación biológica
- Síntomas de una enfermedad transmitida por alimentos
- Bacterias
- Virus
- Parásitos
- Hongos
- Toxinas biológicas
- Contaminantes químicos
- Contaminantes físicos

Contaminación deliberada de alimentos

Cómo responder al brote de una enfermedad transmitida por alimentos

Sustancias alergénicas

- Síntomas de las alergias
- Sustancias alergénicas comunes
- Prevención de reacciones alérgicas

Contaminantes biológicos, químicos y físicos

Uno de los papeles más importantes del gerente de servicio de alimentos es prevenir todo tipo de contaminación de los alimentos. La contaminación es la presencia de sustancias dañinas en los alimentos. Estas sustancias pueden ser biológicas, químicas o físicas. La mayoría de los contaminantes causan enfermedades transmitidas por alimentos. Otros pueden provocar lesiones físicas.

Cómo sucede la contaminación

Los contaminantes provienen de diferentes lugares. Muchos contaminantes se hallan en los animales que utilizamos para los alimentos. Otros llegan en el aire, en el agua contaminada y en la tierra. Algunos contaminantes se presentan de manera natural, como las espinas de los pescados.

Los alimentos se pueden contaminar a propósito, pero la mayoría de la contaminación de los alimentos ocurre por accidente. La mayoría de los contaminantes llegan a los alimentos y a las superficies que tienen contacto con alimentos debido a la manera en que los maneja la gente. Por ejemplo, los manipuladores de alimentos que no se lavan las manos después de ir al baño podrían contaminar los alimentos y las superficies con heces que tienen en los dedos. Cuando la gente come los alimentos que tocó este manipuladores de alimentos podría contraer una enfermedad transmitida por alimentos. A esto se le llama la ruta fecal-oral de la contaminación.

Los manipuladores de alimentos también podrían transmitir los contaminantes cuando están en contacto con una persona enferma. Algunos contaminantes se transmiten muy fácilmente de las siguientes maneras:

- De persona a persona
- Al estornudar o vomitar sobre alimentos o superficies que tienen contacto con alimentos
- Al tocar superficies que tienen contacto con alimentos o equipo sucios y después tocar los alimentos

Hasta los errores pueden causar contaminación. Por ejemplo, se puede causar contaminación si se permite que los alimentos listos para comer toquen las superficies que tienen contacto con carne, aves y mariscos crudos. En la foto de la izquierda se muestra un ejemplo. Almacenar incorrectamente los alimentos y limpiar incorrectamente las frutas y verduras también puede causar contaminación. Lo mismo puede suceder si no se detectan a tiempo las señales de plagas, ya que estas son una fuente importante de enfermedades.

Contaminación biológica

Los microorganismos son pequeños organismos vivos que sólo pueden verse con un microscopio. Muchos microorganismos son inofensivos pero otros pueden causar enfermedades. A los microorganismos dañinos se les llama patógenos. Algunos patógenos lo enfermarán si los ingiere. Otros producen venenos (o toxinas) que hacen que usted se enferme.

Entender estos contaminantes biológicos es el primer paso para prevenir los brotes de enfermedades transmitidas por alimentos. Existen cuatro tipos de patógenos que pueden contaminar los alimentos y causar enfermedades transmitidas por alimentos. Estos son bacterias, virus, parásitos y hongos (que comprenden mohos y levaduras).

Según la Administración de Alimentos y Drogas (FDA), hay más de 40 clases diferentes de bacterias, virus, parásitos y mohos que pueden estar presentes en alimentos y causar una enfermedad transmitida por alimentos. La FDA ha señalado a seis de estos contaminantes, que se han apodado los Seis grandes, porque son altamente contagiosos y pueden causar enfermedades graves. Este grupo incluye los siguientes:

- *Shigella* spp.
- *Salmonella* Typhi
- *Salmonella* no tifoidea (NTS)
- *Escherichia coli* productora de toxina Shiga (STEC), también conocida como *E. coli*
- Hepatitis A
- Norovirus

Síntomas de una enfermedad transmitida por alimentos

Los síntomas de las enfermedades transmitidas por alimentos varían dependiendo de qué enfermedad se trate. Pero la mayoría de las víctimas de estas enfermedades tienen algunos síntomas en común.

- Diarrea
- Vómito
- Fiebre
- Náuseas
- Retortijones
- Ictericia (coloración amarillenta de la piel y los ojos)

No todas las personas que sufren una enfermedad transmitida por alimentos tendrán todos estos síntomas. Y no todos los síntomas de estas enfermedades están incluidos en esta lista.

La rapidez con que aparecen los síntomas en una persona se conoce como el tiempo de inicio de la enfermedad. Los tiempos de inicio dependen del tipo de enfermedad transmitida por alimentos. Pueden ir de 30 minutos hasta seis semanas. La gravedad de la enfermedad también puede variar, de una ligera diarrea hasta la muerte.

Bacterias

Las bacterias que causan enfermedades transmitidas por alimentos tienen algunas características básicas.

Lugar Las bacterias se hallan casi en todas partes. Viven dentro de nuestro cuerpo y sobre la piel. Algunos tipos de bacterias nos mantienen sanos y otros nos enferman.

Detección Las bacterias no se pueden ver y no tienen olor ni sabor.

Crecimiento Si las condiciones que favorecen el crecimiento de microorganismos son propicias, las bacterias crecerán velozmente.

Prevención La manera más importante de prevenir que las bacterias causen enfermedades transmitidas por alimentos es controlar el tiempo y la temperatura.

Lo que las bacterias necesitan para crecer

Las bacterias necesitan seis condiciones para crecer. Recuerde, son seis las condiciones que favorecen el crecimiento de microorganismos.

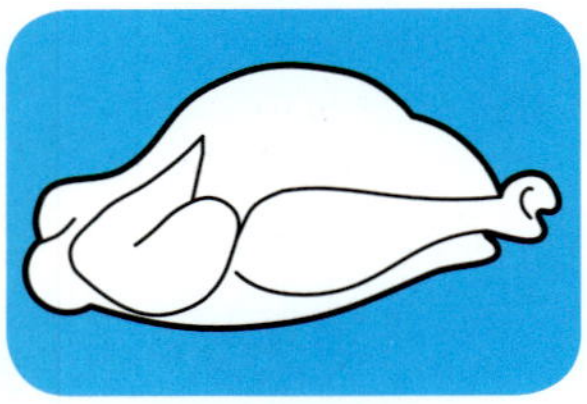

Alimento La mayoría de las bacterias necesitan nutrientes para sobrevivir. Los alimentos que necesitan control de tiempo y temperatura fomentan el crecimiento de bacterias mejor que otros tipos de alimentos.

Tiempo Las bacterias necesitan tiempo para crecer. Entre más tiempo pasan las bacterias en la zona de temperatura de peligro, mayor es su oportunidad de llegar a niveles peligrosos.

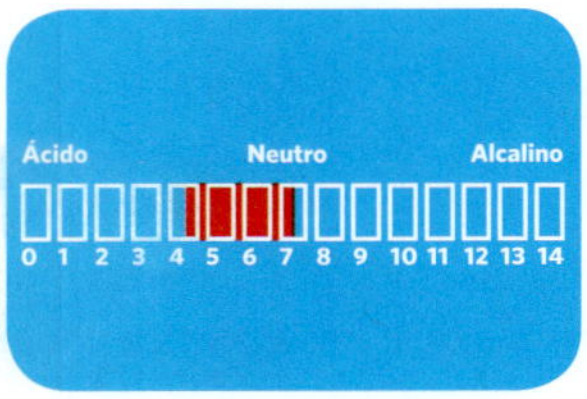

Acidez Las bacterias crecen mejor en alimentos que contienen poco o nada de ácido. El pH es la medida de la acidez. La escala de pH va de 0 a 14.0. Un pH con valor de 0 es muy ácido y uno con valor de 14 es muy alcalino. Un pH de 7 es neutro. Las bacterias crecen mejor en alimentos que son neutros o ligeramente ácidos.

Oxígeno Algunas bacterias necesitan oxígeno para crecer. Otras crecen cuando no hay oxígeno presente.

Temperatura Las bacterias crecen rápidamente a temperaturas entre 41°F y 135°F (5°C y 57°C). Este intervalo se conoce como "zona de temperatura de peligro". Las bacterias crecen aún más rápido entre 70°F y 125°F (21°C y 52°C). El crecimiento de bacterias es muy limitado cuando los alimentos se mantienen arriba o abajo de la zona de temperatura de peligro.

Humedad Las bacterias crecen bien en alimentos con altos niveles de humedad. A la cantidad de humedad disponible en un alimento para este crecimiento se le llama actividad del agua (a_w). La escala de a_w va de 0.0 a 1.0. Entre mayor sea el valor, habrá más humedad disponible en el alimento. Por ejemplo, el agua tiene una actividad del agua de 1.0

Usted puede ayudar a la seguridad de los alimentos si controla las condiciones que favorecen el crecimiento de microorganismos. Sin embargo, en su establecimiento probablemente sólo podrá controlar el tiempo y la temperatura. Para controlar la temperatura, debe hacer todo lo posible por mantener fuera de la zona de temperatura de peligro los alimentos que necesitan control de tiempo y temperatura. Para controlar el tiempo, debe limitar el período que los alimentos están en la zona de temperatura de peligro.

Bacterias importantes que causan enfermedades transmitidas por alimentos

Muchos tipos de bacterias pueden causar una enfermedad transmitida por alimentos. La FDA ha identificado cuatro virus en particular que son altamente contagiosos y pueden causar enfermedades graves.

- *Salmonella* Typhi
- *Salmonella* no tifoidea (NTS)
- *Shigella* spp.
- *E. coli* productora de toxina Shiga (STEC)

Los manipuladores de alimentos a quienes se les diagnosticaron enfermedades causadas por estas bacterias **NUNCA** pueden trabajar en establecimientos de servicio de alimentos mientras están enfermos.

Bacteria: *Salmonella* Typhi

Origen

La *Salmonella* Typhi sólo vive en los seres humanos. La gente con fiebre tifoidea puede portar la bacteria en la sangre y en el tracto intestinal. La persona se puede enfermar con sólo comer una pequeña cantidad de esta bacteria. La gravedad de los síntomas depende de la salud de la persona y de la cantidad de bacteria que haya consumido. Con frecuencia, la bacteria sigue en las heces de la persona varias semanas después de que desaparecieron los síntomas.

Alimentos relacionados con la bacteria

- Alimentos listos para comer
- Bebidas

Medidas preventivas

- Excluir del establecimiento a los manipuladores de alimentos a quienes se les haya diagnosticado una enfermedad causada por *Salmonella* Typhi.
- Lavarse las manos.
- Cocinar los alimentos a sus temperaturas internas mínimas.

Bacteria: *Salmonella* no tifoidea

Origen

Muchos animales de granja portan *Salmonella* no tifoidea de manera natural. La persona se puede enfermar con sólo comer una pequeña cantidad de esta bacteria. La gravedad de los síntomas depende de la salud de la persona y de la cantidad de bacterias que haya comido. Con frecuencia, la bacteria sigue en las heces de la persona varias semanas después de que desaparecieron los síntomas.

Alimentos relacionados con la bacteria

- Aves y huevos
- Carne
- Leche y productos lácteos
- Frutas y verduras, como tomates, pimientos y melones

155° (if serve later.
Huevos 145° (to serve immed
Pollo 165°F

Medidas preventivas

- Cocinar las aves y los huevos a la temperatura interna mínima.
- Prevenir la contaminación cruzada entre aves y alimentos listos para comer.
- No permitir que entren al establecimiento los manipuladores de alimentos que tengan vómitos o diarrea, y que hayan tenido diagnóstico de enfermedad causada por la *Salmonella* no tifoidea.

Bacteria: *Shigella* spp.

Origen

La *Shigella* spp. se halla en las heces de seres humanos que tienen la enfermedad. La mayoría de las enfermedades ocurren cuando la gente come o bebe alimentos o agua contaminados. Las moscas también pueden transferir la bacteria de las heces a los alimentos. La persona se puede enfermar con sólo comer una pequeña cantidad de esta bacteria. Con frecuencia, altos niveles de la bacteria siguen en las heces de la persona varias semanas después de que han desaparecido los síntomas.

Alimentos relacionados con la bacteria

- Los alimentos que se contaminan fácilmente con las manos, como las ensaladas que tienen alimentos que necesitan control de tiempo y temperatura (papas, atún, camarones, macarrones y pollo).
- Los alimentos que han tenido contacto con agua contaminada, como las frutas y verduras.

Medidas preventivas

- Excluir del establecimiento a los manipuladores de alimentos que tengan diarrea y a los que se les haya diagnosticado una enfermedad causada por *Shigella* spp.
- Lavarse las manos.
- Controlar las moscas dentro y fuera del establecimiento.

cortinas de aire
cubrir alimentos
cuidar basura
limpiar recipientes de basura
ventanas

Bacteria: *Escherichia coli* productora de toxina Shiga (STEC), también conocida como *E. coli*

Origen	Alimentos relacionados con la bacteria	Medidas preventivas
La *E. coli* productora de toxina Shiga se puede hallar en los intestinos del ganado vacuno. También se puede hallar en las personas infectadas. La bacteria puede contaminar la carne durante el sacrificio de los animales. La persona se puede enfermar con sólo comer una pequeña cantidad de esta bacteria. Después de comerla, la bacteria produce toxinas en los intestinos, las cuales causan la enfermedad. Con frecuencia, la bacteria sigue en las heces de la persona varias semanas después de que desaparecieron los síntomas.	• Carne de res molida (cruda o poco cocinada) • Frutas y verduras contaminadas	• Excluir a los manipuladores de alimentos que tengan diarrea y a los que se les haya diagnosticado una enfermedad causada por la bacteria. • Cocinar los alimentos, especialmente la carne de res molida, a las temperaturas internas mínimas. • Comprar las frutas y verduras a proveedores aprobados y con buena reputación. • Prevenir la contaminación cruzada entre la carne cruda y los alimentos listos para comer.

cook hamburger @ 155° F

Virus

Los virus tienen ciertas características básicas.

Lugar Los seres humanos y los animales son portadores de virus; éstos requieren un huésped vivo para crecer. Aunque los virus no crecen en los alimentos, se pueden transferir a través de estos y seguir siendo infecciosos en ellos.

Orígenes Los virus pueden llegar a las personas a través de los alimentos, el agua y las superficies contaminadas. Las enfermedades virales transmitidas por alimentos típicamente ocurren a través de la ruta fecal-oral. El Norovirus es una de las principales causas de enfermedades transmitidas por alimentos. Con frecuencia se transmite a través de partículas de vómito que viajan por el aire.

Destrucción Los virus no se destruyen a las temperaturas de cocción normales. Por eso es importante practicar buenos hábitos de higiene personal al manejar los alimentos y las superficies que tienen contacto con alimentos. También es muy importante la eliminación y la limpieza del vómito.

Virus importantes que causan enfermedades transmitidas por alimentos

La FDA ha identificado dos virus en particular que son altamente contagiosos y pueden causar enfermedades graves.

- Hepatitis A
- Norovirus

Los manipuladores de alimentos a quienes se les diagnosticó hepatitis A o Norovirus no deben trabajar en establecimientos de servicio de alimentos mientras están enfermos.

Virus: Hepatitis A

Origen

El virus de la hepatitis A se halla principalmente en las heces de las personas infectadas. El virus puede contaminar el agua y muchos tipos de alimentos. Comúnmente se relaciona con los alimentos listos para comer. Sin embargo, también se ha relacionado con mariscos pescados en aguas contaminadas.

Con frecuencia, el virus pasa a los alimentos cuando los manipuladores de alimentos infectados tocan los alimentos o el equipo con sus dedos y éstos tienen heces. La persona se puede enfermar con sólo comer una pequeña cantidad del virus. Las personas infectadas quizá no muestren los síntomas por semanas, pero pueden ser muy contagiosos. El virus de la hepatitis A no se destruye con la cocción.

Alimentos relacionados con el virus

- Alimentos listos para comer
- Mariscos de agua contaminada

Medidas preventivas

- Excluir del establecimiento a los manipuladores de alimentos a quienes se les haya diagnosticado hepatitis A.
- Excluir del establecimiento a los manipuladores de alimentos que tienen ictericia.
- Lavarse las manos.
- Evitar el contacto de las manos descubiertas y los alimentos listos para comer.
- Comprar los mariscos a proveedores aprobados y de buena reputación

Virus: Norovirus

Origen

Al igual que el virus de la hepatitis A, comúnmente el Norovirus se relaciona con los alimentos listos para comer. También se le ha relacionado con agua contaminada. Con frecuencia, el Norovirus pasa a los alimentos cuando los manipuladores de alimentos infectados tocan los alimentos o el equipo con sus dedos y éstos tienen heces.

La persona se puede enfermar con sólo comer una pequeña cantidad del Norovirus. Además, es muy contagioso. Las personas pueden hacerse contagiosas varias horas después de ingerirlo. Con frecuencia, el virus sigue en las heces de la persona varios días después de que desaparecieron los síntomas.

Alimentos relacionados con el virus

- Alimentos listos para comer
- Mariscos de agua contaminada

Medidas preventivas

- Excluir del establecimiento a los manipuladores de alimentos que tengan vómitos o diarrea y hayan tenido un diagnóstico de Norovirus.
- Lavarse las manos.
- Evitar el contacto de las manos descubiertas y los alimentos listos para comer.
- Comprar los mariscos a proveedores aprobados y de buena reputación

Parásitos

Hongos y toxinas

Los parásitos comparten algunas características básicas.

Lugar Los parásitos requieren un huésped para vivir y reproducirse.

Orígenes Los parásitos se relacionan comúnmente con mariscos, animales de caza y alimentos procesados con agua contaminada, como las frutas y verduras.

Prevención La manera más importante de prevenir las enfermedades transmitidas por alimentos causadas por parásitos es comprar los alimentos a proveedores aprobados y de buena reputación. También es importante cocinar los alimentos a la temperatura interna mínima requerida. Asegúrese de que el pescado que se servirá crudo o poco cocinado haya sido congelado correctamente por el fabricante.

Hongos

Los hongos incluyen levaduras, mohos y champiñones hongos comestibles o setas. Algunos mohos y champiñones producen toxinas que causan enfermedades transmitidas por alimentos. Tire los alimentos mohosos, a menos que el moho sea parte natural del producto. Cómo es muy difícil reconocer los champiñones dañinos, debe comprarlos a proveedores aprobados y con buena reputación.

Toxinas biológicas

La mayoría de las enfermedades transmitidas por alimentos son causadas por patógenos, que son una forma de contaminación biológica. Pero también debe estar informado sobre las toxinas biológicas o venenos que pueden hacer que las personas se enfermen.

Origen Algunas toxinas se relacionan por naturaleza con ciertas plantas, setas y mariscos. Las toxinas son parte natural de algunos peces. Otras toxinas, como la histamina, son producidas por patógenos que están en pescados que sufrieron abuso de tiempo y temperatura. Esto puede ocurrir en el atún, el bonito, la caballa y el mahi-mahi. Algunos peces se contaminan cuando comen peces más pequeños que han comido una toxina. Una de estas toxinas es la toxina de la ciguatera. Se halla en la barracuda, pargo (huachinango), mero y amberjack. Los mariscos, como las ostras, se pueden contaminar cuando comen algas marinas que contienen una toxina.

Síntomas Comer toxinas de mariscos puede producir muchos tipos de enfermedades. Cada una tiene síntomas y tiempos de inicio específicos. Pero, por lo general, la gente empezará a sufrir la enfermedad minutos después de comer la toxina. Dependiendo de la enfermedad, los síntomas pueden incluir diarrea o vómito. También podrían aparecer síntomas neurológicos, como la sensación de hormigueo en las extremidades y la inversión de las sensaciones de frío y calor. La gente también podría sufrir enrojecimiento de la cara, dificultad para respirar, ardor en la boca, palpitaciones cardíacas y urticaria.

Prevención Las toxinas no se pueden destruir con la cocción ni la congelación. La manera más importante de prevenir las enfermedades transmitidas por alimentos es comprar plantas, champiñones y mariscos a proveedores aprobados y con buena reputación. También es importante controlar el tiempo y la temperatura al manejar el pescado crudo.

Otros patógenos

Los patógenos cubiertos en este capítulo no son los únicos que pueden causar enfermedades transmitidas por alimentos. En el apéndice puede ver una lista más completa de los patógenos que pueden afectar la seguridad de los alimentos.

Contaminantes químicos

Muchas personas se han enfermado después de consumir alimentos y bebidas contaminados con productos químicos para el servicio de alimentos. Para mantener seguros los alimentos, siga estas pautas:

Orígenes Si se utilizan o almacenan incorrectamente, los productos químicos pueden contaminar los alimentos. Los limpiadores, sanitizantes, pulidores, lubricantes para máquinas y pesticidas pueden ser un peligro. También se deben incluir los desodorantes, los productos de primeros auxilios y los productos para la salud y la belleza, por ejemplo lociones para manos y sprays para el cabello. Ciertos tipos de equipo y baterías de cocina pueden representar peligros de contaminación química. Entre ellos están los objetos hechos de peltre, cobre, zinc y algunos tipos de cerámica pintada. A la izquierda se muestra un ejemplo. Estos materiales no son apropiados para alimentos y pueden contaminarlos. Esto se aplica sobre todo cuando se ponen en ellos alimentos ácidos, como la salsa de tomate.

Síntomas Los síntomas varían según el producto químico que se haya consumido. La mayoría de las enfermedades se presentan en minutos. El vómito y la diarrea son típicos. Si sospecha que se trata de una enfermedad, llame al teléfono de emergencia de su área y al teléfono del departamento de control de venenos. Consulte la Hoja de información de seguridad de materiales (MSDS) del químico, que contiene información importante sobre la seguridad.

Prevención Los productos químicos que usted usa deben haber sido aprobados para usarlos en un establecimiento de servicio de alimentos. También deben ser necesarios para el mantenimiento de las instalaciones. Estas son algunas maneras de proteger los alimentos y las superficies que tienen contacto con alimentos contra la contaminación de productos químicos.

- Compre los productos químicos a proveedores aprobados y con buena reputación.
- Almacene los productos químicos lejos de las áreas de preparación, las de almacenamiento de alimentos y las de servicio. Los productos químicos deben estar separados de los alimentos y las superficies que tienen contacto con alimentos mediante un espacio o un divisor. Los productos químicos **NUNCA** se deben almacenar arriba de alimentos o de las superficies que tienen contacto con ellos.
- Utilice los productos químicos para su uso designado y siga las instrucciones del fabricante.
- Maneje los alimentos sólo con el equipo y los utensilios aprobados para usarse en el servicio de alimentos.
- Asegúrese de que las etiquetas del fabricante que están en los envases de los químicos se puedan leer, como se muestra en la foto de la izquierda.
- Mantenga actualizadas las hojas de información de seguridad de materiales y asegúrese de que estén al alcance de los empleados todo el tiempo.
- Al tirar los productos químicos, siga las instrucciones del fabricante y los requerimientos de los reglamentos locales.

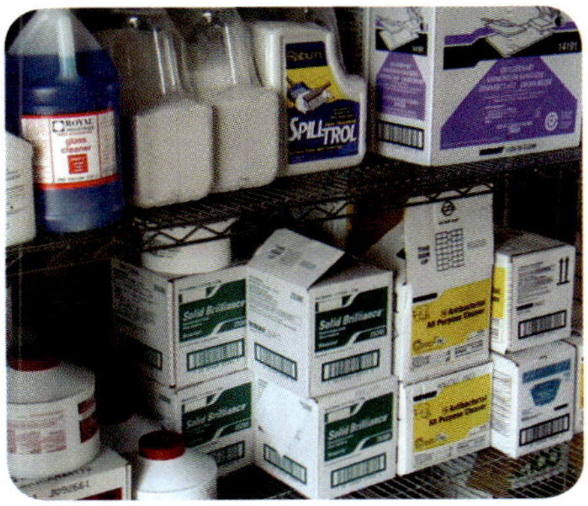

Contaminantes físicos

Los alimentos se pueden contaminar cuando caen objetos dentro de ellos. Esto también puede ocurrir cuando se dejan objetos naturales en los alimentos, por ejemplo las espinas en filetes de pescado.

Orígenes Algunos de los objetos comunes que caen en los alimentos son virutas de metal de latas, madera, uñas, grapas, curitas, vidrio, alhajas y suciedad. También pueden ser contaminantes los objetos que aparecen por naturaleza, como los huesos de frutas y las espinas de los pescados.

Síntomas Las lesiones podrían ir de leves a mortales. Entre ellas cortadas, daños a los dientes y asfixia. Los síntomas más obvios podrían ser sangrados y dolores.

Prevención Para prevenir la contaminación física, compre los alimentos a proveedores aprobados y de buena reputación. Inspeccione atentamente los alimentos que recibe. Tome medidas para asegurarse de que no les lleguen contaminantes físicos. Esto incluye asegurarse de que los manipuladores de alimentos practiquen buenos hábitos de higiene personal.

Use sus conocimientos

¿Cuáles son contaminantes?

Ponga una ✗ junto a cada objeto que podría ser un contaminante físico.

① ______

② ______

③ ______

Puede ver las respuestas en la página 2.25.

Use sus conocimientos

¿Cuáles son los errores en este dibujo?

Ponga una **X** junto a cada foto que muestre una práctica peligrosa al manipular productos químicos.

① ________

② ________

③ ________

¿Qué es lo que tengo?

Ponga una **X** junto a los síntomas más comunes de las enfermedades transmitidas por alimentos.

① ________ Dolor de cabeza

② ________ Diarrea

③ ________ Dolores musculares

④ ________ Fiebre

⑤ ________ Vómitos

⑥ ________ Náuseas

⑦ ________ Ictericia

⑧ ________ Sudor

¿Qué significa?

Cada una de las letras de abajo representa una condición que favorece el crecimiento de patógenos. Complete la palabra correcta en el espacio.

① F ________________

② A ________________

③ T ________________

④ T ________________

⑤ O ________________

⑥ M ________________

Puede ver las respuestas en la página 2.25.

Use sus conocimientos

¿Quién soy yo?

Identifique el patógeno basándose en la descripción que se da y escriba su nombre en el espacio correcto.

① ______________________________

- Comúnmente se me relaciona con los alimentos listos para comer.
- Me hallan en las heces de personas infectadas.
- Excluir a los empleados con ictericia me puede detener.
- Lavándose las manos me pueden prevenir.

② ______________________________

- Puedo estar en la sangre y en el tracto intestinal de los seres humanos.
- Comúnmente se me relaciona con bebidas y con alimentos listos para comer.
- Me pueden prevenir si cocinan correctamente los alimentos.
- Lavándose las manos me pueden detener.

③ ______________________________

- Me hallo en los intestinos del ganado vacuno.
- Produzco toxinas en los intestinos de las personas.
- Me pueden evitar si compran mariscos a proveedores aprobados.
- Cocinar correctamente la carne de res molida me puede detener.

④ ______________________________

- Las moscas me pueden transportar.
- Me relaciono con las ensaladas que contienen alimentos que necesitan control de tiempo y temperatura.
- Me hallan en las heces de personas infectadas.
- Lavándose las manos me pueden detener.

⑤ ______________________________

- Muchos animales de granja me portan de manera natural.
- Me han hallado en leche y productos lácteos, frutas, verduras y aves.
- Me pueden prevenir si cocinan los huevos a la temperatura interna mínima requerida.
- Me pueden detener evitando la contaminación cruzada entre aves y alimentos listos para comer.

¿Cuál es la mejor manera de controlarlos?

Escriba la letra correspondiente a la medida preventiva más importante para cada patógeno en el espacio correcto. Algunas letras se pueden usar más de una vez.

① ________ Bacterias
② ________ Virus
③ ________ Parásitos
④ ________ Hongos
⑤ ________ Toxinas vegetales
⑥ ________ Toxinas de hongos
⑦ ________ Toxinas de mariscos

Ⓐ Controlar el tiempo y la temperatura
Ⓑ Practicar buenos hábitos de higiene personal
Ⓒ Comprar a proveedores aprobados y con buena reputación

Puede ver las respuestas en la página 2.25.

Contaminación deliberada de alimentos

Hasta ahora ha aprendido métodos para prevenir la contaminación accidental de los alimentos. Pero también debe tomar medidas para detener a las personas que tratan de contaminarlos intencionalmente. Entre ellos podrían estar los siguientes grupos:

- Terroristas o activistas
- Empleados actuales o ex-empleados descontentos
- Proveedores
- Competidores

Estas personas podrían tratar de adulterar sus alimentos usando contaminantes biológicos, químicos o físicos. Hasta podrían usar material radioactivo. Los ataques podrían ocurrir en cualquier punto de la cadena de provisión de alimentos. Pero, usualmente, se enfocan en un producto, un proceso o un negocio específicos.

La mejor manera de proteger los alimentos es hacer lo más difícil posible que alguien los adultere. Por esta razón, un programa de defensa de los alimentos debe cubrir los puntos de su establecimiento donde los alimentos corren peligro. La FDA ha creado una herramienta que se puede usar para desarrollar un programa de defensa de los alimentos. Se basa en el acrónimo A.L.E.R.T. y se puede usar para identificar los puntos de su establecimiento en los que los alimentos están en riesgo.

Asegurarse Asegúrese de que los productos que recibe provengan de fuentes seguras.

- Supervise las entregas de productos.
- Use a proveedores aprobados que tengan un programa de defensa de los alimentos.
- Solicite que los vehículos de entrega estén sellados o bajo llave.

Observar Supervise la seguridad de los productos en las instalaciones.

- Limite el acceso a las áreas de almacenamiento y de preparación. Una manera de lograrlo es cerrar bajo llave las áreas de almacenamiento, como se muestra en la foto de la izquierda.
- Cree un sistema para manejar los productos dañados.
- Almacene los productos químicos en un lugar seguro.
- Entrene a los empleados a identificar las amenazas a la defensa de los alimentos.

Empleados Debe conocer a las personas que entran a sus instalaciones.

- Limite el acceso a las áreas de almacenamiento y de preparación.
- Identifique a todos los visitantes y verifique sus credenciales.
- Complete las verificaciones del historial de los empleados.

Reportes Mantenga a mano la información relacionada con la defensa de los alimentos.

- Registros de las entregas
- Documentos y archivos de la oficina
- Archivos de los empleados
- Autoinspecciones al azar para la defensa de los alimentos

Amenazas Identifique lo que hará y a quién contactará si hay actividades sospechosas o amenazas en su establecimiento.

- Mantenga los productos que crea que están contaminados.
- Póngase en contacto con la autoridad reguladora inmediatamente.
- Mantenga una lista de contactos de emergencia.

Algo para analizar

El ataque bioterrorista de Rajneeshee de 1984

En el otoño de 1984, el mayor ataque bioterrorista en Estados Unidos se registró en el estado de Oregon. Lo llevaron a cabo miembros de un culto que esperaban influir en los resultados de las elecciones locales. Rociaron *Salmonella* Typhimurium en las barras de ensaladas de 10 restaurantes locales. Como resultado, se enfermaron más de 750 personas y 45 fueron hospitalizadas. Las víctimas presentaban síntomas que incluían fiebre, escalofríos, diarrea, náuseas y vómito. La mayoría tenía dolores abdominales, diarrea y sangre en las heces. Afortunadamente, no murió nadie.

Los responsables de estos ataques rociaron un líquido que contenía el patógeno sobre los alimentos de las barras de ensaladas. También vertieron el líquido en los aderezos para ensalada.

Use sus conocimientos

La mejor defensa

Ponga una ✕ junto a las prácticas que podrían poner en riesgo la defensa de los alimentos.

1. ________ Permitir que los conductores de las entregas almacenen productos en refrigeradores.
2. ________ Comprar frutas y verduras en mercados de granjeros locales.
3. ________ Dar recorridos o "tours" por la cocina al público general.
4. ________ Dar acceso a los empleados a todas las áreas de almacenamiento.
5. ________ Instalar una puerta de malla en la parte trasera del establecimiento para que entre el aire fresco.
6. ________ Permitir que los proveedores entreguen alimentos transportados en camiones que no estaban bajo llave.
7. ________ Cerrar bajo llave las áreas de almacenamiento.
8. ________ Mantener productos que se sospeche que están contaminados.
9. ________ Almacenar productos químicos en un área de almacenamiento bajo llave.
10. ________ Limitar el acceso a las áreas de preparación.

Puede ver las respuestas en la página 2.25.

Contaminantes biológicos, químicos y físicos
- Cómo sucede la contaminación
- Contaminación biológica
- Síntomas de una enfermedad transmitida por alimentos
- Bacterias
- Virus
- Parásitos
- Hongos
- Toxinas biológicas
- Contaminantes químicos
- Contaminantes físicos

Contaminación deliberada de alimentos

Cómo responder al brote de una enfermedad transmitida por alimentos

Sustancias alergénicas
- Síntomas de las alergias
- Sustancias alergénicas comunes
- Prevención de reacciones alérgicas

Cómo responder al brote de una enfermedad transmitida por alimentos

Aún con su esfuerzo, podría ocurrir el brote de una enfermedad transmitida por alimentos. Estas son algunas de las cosas que debe tomar en cuenta al responder a un brote:

Reunir información Pídale a la persona que presenta la queja sus datos generales de contacto y que identifique el alimento consumido. También debe pedir una descripción de los síntomas y preguntar desde cuándo se enfermó la persona.

Notificar a las autoridades Contacte a la autoridad reguladora local si sospecha que se trata de un brote.

Apartar el producto Si queda algo del producto sospechoso, sepárelo. Póngale una etiqueta que indique que no se deben usar y no se deben tirar, como se muestra en la foto de la izquierda.

Documentar la información Registre información acerca del producto sospechoso. Esto podría incluir la descripción del producto, la fecha de producción y el número del lote. También deben anotarse la fecha de venta y el tamaño del paquete.

Identificar a los empleados Mantenga una lista de los manipuladores de alimentos que estaban trabajando en el momento de la presunta contaminación. Los investigadores podrían decidir entrevistar a estos empleados y hacerles pruebas. Además, la gerencia debe entrevistarlos inmediatamente para preguntarles por su salud.

Cooperar con las autoridades Coopere con las autoridades reguladoras en la investigación. Presente la documentación apropiada. Le podrían pedir que presentara registros de temperatura, documentos del HACCP, archivos de los empleados, etc.

Revisar los procedimientos Revise los procedimientos de manejo de los alimentos para identificar si no cumplen con los estándares o si no funcionan.

Use sus conocimientos

¿Cuáles fueron los errores de Phillip?

Lea la siguiente historia y determine los errores que cometió Phillip.

Philip era el gerente de cocina del restaurante Stacy's on 44, que está cerca de la Ruta 44 en Wisconsin. Su jefa, la propietaria/operadora, había tomado un día de descanso para visitar a su familia. Así que ese lunes Phillip era el gerente a cargo del restaurante.

Después del almuerzo bajó la clientela, pero las llamadas empezaron a llegar. Los clientes se quejaban de haberse enfermado después de comer en ese restaurante el sábado. La cajera le pasaba las llamadas a Phillip, quien se empezó a asustar después de la tercera llamada.

Las personas le decían a Phillip que tenían diarrea y fiebre. Muchos se quejaban de que también tenían vómito severo. Todas las personas que llamaban decían que habían comido el platillo de rollo de carne. Phillip no sabía qué decir; les pidió que llamaran al día siguiente cuando estuviera la dueña. Phillip llamó a la dueña pero sus llamadas iban directamente a su correo telefónico.

Phillip trató de recordar quién había trabajado el sábado. Pensó en los ingredientes que llevaba el rollo de carne y lo que podría haber sucedido. Cuando iba a escribir esta información, llegó un inspector de salud pública. El inspector le dijo a Phillip que habían recibido quejas de enfermedades de clientes que habían comido en ese restaurante. El inspector le preguntó a Phillip qué información había recibido de los clientes que se habían enfermado. Le aconsejó a Phillip que colaboraran para identificar el origen del brote y tomar medidas inmediatamente. Philip dijo que no sabía lo que había sucedido y que él sólo era un gerente de cocina que estaba cubriendo el turno de su jefa. Le dijo al inspector que regresara el martes cuando la dueña estuviera en el restaurante.

¿Qué errores cometió Philip?

Puede ver las respuestas en la página 2.26.

- leche
- huevos
- tofu

Sustancias alergénicas

Una sustancia alergénica es una proteína de un alimento o de un ingrediente a la que algunas personas son sensibles. Estas proteínas se presentan de manera natural. Cuando una persona come una cantidad suficiente de sustancias alergénicas, el sistema inmunológico erróneamente lo considera dañino y ataca a la proteína de un alimento ingerido. Esto puede provocar una reacción alérgica. Hay señales específicas que indican que un cliente está teniendo una reacción alérgica. Para proteger a sus clientes, usted debe poder reconocer estas señales y saber qué hacer. También debe conocer los tipos de alimentos que provocan reacciones alérgicas más frecuentemente para prevenir que éstas sucedan.

Síntomas de las alergias

Dependiendo de la persona, una reacción alérgica puede ocurrir inmediatamente después de consumir el alimento o varias horas después. La reacción puede incluir algunos o todos los síntomas siguientes.

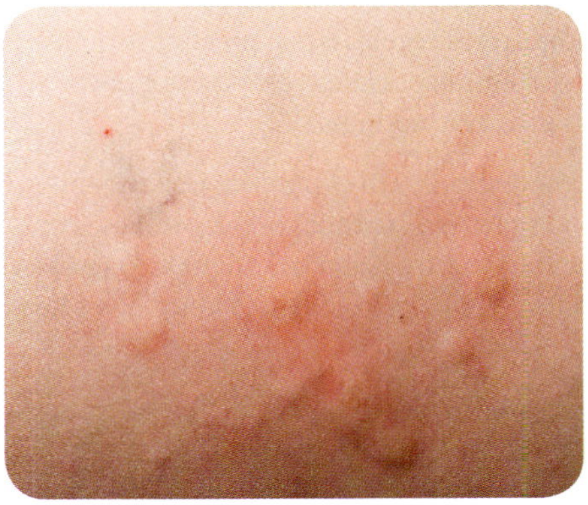

- Náuseas
- Resuello o falta de aliento
- Urticaria o salpullido, como se muestra en la foto de la izquierda
- Inflamación de varias partes del cuerpo, incluyendo la cara, los ojos, las manos o los pies
- Vómito y/o diarrea
- Dolor abdominal

Los síntomas iniciales podrían ser leves, pero se pueden agravar rápidamente. Los casos graves podrían llegar a ocasionar anafilaxia, que es una reacción alérgica que podría causar la muerte. Si un cliente tiene una reacción alérgica grave a los alimentos, llame al número de emergencias de su área e informe de la reacción alérgica.

Sustancias alergénicas comunes

Usted y sus empleados deben conocer las sustancias alergénicas más comunes y los artículos del menú que las contienen.

Aunque hay más de 160 alimentos que pueden causar una reacción alérgica, el 90% de todas las reacciones se debe a solo ocho de ellos. Estos ocho alimentos se conocen como los "ocho alérgenos principales".

- Leche
- Huevos
- Pescado, como róbalo, platija, y bacalao
- Trigo
- Soya
- Cacahuates
- Mariscos crustáceos, como lenguado y cangrejo, langosta y camarones
- Frutas secas, como las nueces de la isla y las comunes

Prevención de reacciones alérgicas

Quince millones de estadounidenses tienen alergias a alimentos, y las reacciones alérgicas causan 200,000 visitas a la sala de emergencias por año. Tanto los meseros como los empleados de cocina deben hacer su parte para evitar servir alimentos que contengan sustancias alergénicas a estos clientes. Estas normas también se aplican para manejar la sensibilidad a los alimentos que los clientes podrían mencionar, como por ejemplo, la intolerancia al gluten.

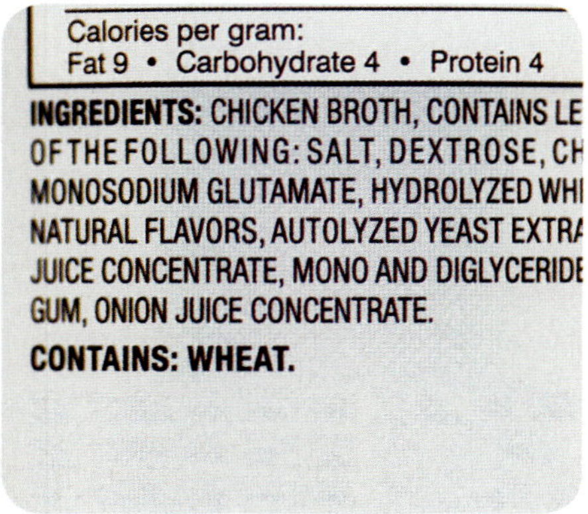

Etiquetas de los alimentos

Las etiquetas de los productos que usted compra son una herramienta importante para identificar sustancias alergénicas en el establecimiento. La ley federal exige que los productos elaborados que contengan una o más de las ocho sustancias alergénicas principales, las identifiquen claramente en la etiqueta de los ingredientes. La sustancia alergénica puede incluirse en el nombre común del alimento, como buttermilk (suero de leche) o puede aparecer entre paréntesis después del ingrediente. A menudo, las sustancias alergénicas aparecen en una declaración de contenido, tal como se muestra en la foto de la izquierda.

Meseros

Sus empleados deben poder informar a los clientes sobre los productos del menú que contienen posibles sustancias alergénicas. Por lo menos, debe haber una persona por turno para responder preguntas de los clientes sobre los productos del menú. Cuando los clientes dicen que tienen una alergia a alimentos, sus empleados deben tomarlo con seriedad. Cuando los empleados trabajan con un cliente que realiza un pedido que debe cumplir con requisitos especiales sobre sustancias alergénicas, deben estar capacitados para realizar lo siguiente.

Describir los platillos Diga a los clientes cómo se prepara el platillo. Usualmente, las salsas, los marinados y las guarniciones contienen sustancias alergénicas. Por ejemplo, algunas veces se usa crema de cacahuate para hacer más densas las salsas y los marinados. Esta información es fundamental para los clientes alérgicos a los cacahuates.

Identificar los ingredientes Diga a los clientes si los platillos contienen el alimento al que son alérgicos. Identifique los ingredientes “secretos”. Por ejemplo, su establecimiento podría tener un platillo especial que contiene una sustancia alergénica.

Sugerir platillos Sugiera platillos que no contengan el alimento al que es alérgico el cliente.

Identificar la sustancia alergénica del pedido Marque claramente o indique de alguna otra forma el pedido para el cliente alérgico. Esto se hace para comunicar al personal de la cocina el alimento al cual el cliente es alérgico.

Entregar los alimentos Confirme el pedido que tiene requisitos especiales sobre sustancias alergénicas con el personal de la cocina cuando lo retira. Asegúrese de que ningún aderezo ni otro ingrediente que contenga sustancias alergénicas toque el plato. Los alimentos se deben entregar directamente a los clientes alérgicos. Entregar estos alimentos separados de los otros que se llevan a la mesa, como se muestra en la foto de la izquierda, ayudará a prevenir el contacto con sustancias alergénicas.

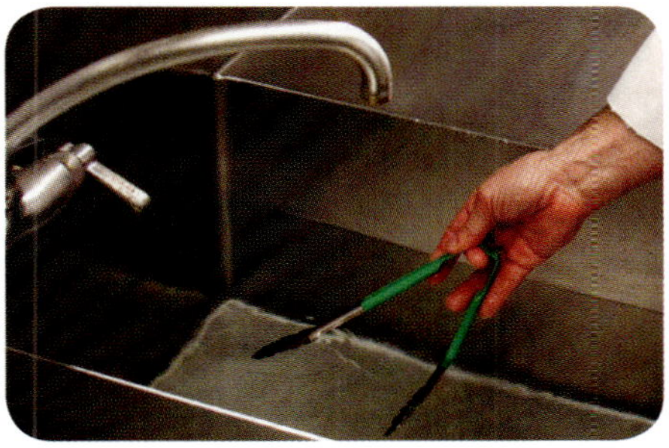

Empleados de la cocina

Los empleados deben asegurarse de que no se transfieran sustancias alergénicas de los alimentos que las contienen a los alimentos que se sirven al cliente. A esto se le llama contacto cruzado. Estos son algunos ejemplos de cómo podría suceder:

- Se podría producir contacto cruzado si se cocinan diferentes tipos de alimentos en el mismo aceite de la freidora. En la foto de la izquierda, las sustancias alergénicas de los camarones podrían transferirse al pollo que se fríe en el mismo aceite.
- Se podría producir contacto cruzado cuando los alimentos tocan superficies, equipos o utensilios que hayan tocado las sustancias alergénicas. Por ejemplo, al poner las galletas de chispas de chocolate en el mismo papel que se usa para las galletas de crema de cacahuate se pueden transferir las sustancias alergénicas de los cacahuates.

Cómo evitar el contacto cruzado

- Controle las recetas y las etiquetas de los ingredientes para confirmar que no contengan las sustancias alergénicas.
- Lave, enjuague y sanitice la vajilla, los utensilios y el equipo antes de preparar comidas, como se muestra en la foto de la izquierda. Esto incluye superficies de preparación de los alimentos. Algunos establecimientos utilizan un juego de utensilios de cocina solamente para los pedidos que deben cumplir con requisitos especiales sobre sustancias alergénicas.
- Asegúrese de que la sustancia alergénica no toque nada de estos clientes alérgicos, incluyendo alimentos, bebidas, utensilios, equipo y guantes.
- Lávese las manos y cámbiese los guantes antes de preparar alimentos.
- Use diferentes freidoras y aceites al freír alimentos para clientes con alergias a alimentos.
- Póngales etiquetas a los alimentos empacados en el establecimiento para venta al menudeo. Incluya todas las sustancias alergénicas importantes en la etiqueta y siga los requisitos de etiquetado adicionales.

Use sus conocimientos

Identifique los síntomas

Ponga una ✕ junto a los síntomas que podrían indicar que un cliente tiene una reacción alérgica.

1. ________ Náuseas
2. ________ Hematomas
3. ________ Estornudos
4. ________ Tos
5. ________ Sarpullido
6. ________ Urticaria
7. ________ Inflamación del rostro
8. ________ Dolores abdominales
9. ________ Inflamación del abdomen
10. ________ Aumento del apetito
11. ________ Dificultad para respirar
12. ________ Dolores en el pecho
13. ________ Sensación de hormigueo en los brazos
14. ________ Diarrea

Las sustancias alergénicas más comunes

Ponga una ✕ junto al alimento que es o que contiene una sustancia alergénica común.

1. ________ Té
2. ________ Bacalao
3. ________ Harina de trigo
4. ________ Melones
5. ________ Crema de cacahuate
6. ________ Patas de cangrejo
7. ________ Papas
8. ________ Setas u hongos
9. ________ Tomates
10. ________ Pay de nuez
11. ________ Frutas cítricas
12. ________ Pimientos verdes
13. ________ Calabaza y berenjena
14. ________ Soya
15. ________ Arroz y productos de arroz
16. ________ Omeletes
17. ________ Helado de vainilla

Puede ver las respuestas en la página 2.26.

Resumen del capítulo

- La contaminación es la presencia de sustancias dañinas en los alimentos. Estas sustancias pueden ser biológicas, químicas o físicas.
- Los patógenos son microorganismos que causan enfermedades y que pueden hacer que usted se enferme si los ingiere. Otras producen venenos (o toxinas) que hacen que usted se enferme. Existen cuatro tipos de patógenos que pueden contaminar los alimentos y causar enfermedades transmitidas por alimentos. Son los virus, las bacterias, los parásitos y los hongos.
- Algunos de los síntomas más comunes de las enfermedades transmitidas por alimentos son diarrea, vómito, fiebre, náuseas, retortijones e ictericia. Los tiempos de inicio dependerán del tipo de enfermedad transmitida por alimentos.
- Las bacterias no se pueden ver y no tienen olor ni sabor. Si las condiciones son las correctas, las bacterias crecerán rápido. La medida preventiva más importante es controlar el tiempo y la temperatura. Las bacterias necesitan seis condiciones para crecer. Son las condiciones que favorecen el crecimiento de microorganismos: alimento, acidez, temperatura, tiempo, oxígeno y humedad. Probablemente sólo podrá controlar el tiempo y la temperatura.
- La *Salmonella* Typhi, *Salmonella* no tifoidea, *Shigella* spp. y *E. coli* productora de toxina Shiga (STEC) son altamente contagiosas y pueden causar enfermedades graves.
- Los virus requieren un huésped para crecer. Los virus pueden llegar a la gente a través de los alimentos, el agua y las superficies contaminadas. Muchos virus se trasmiten a través de la ruta fecal-oral. Los virus no se destruyen a las temperaturas de cocción normales. Por eso es importante practicar buenos hábitos de higiene personal al manejar los alimentos y las superficies que tienen contacto con alimentos.
- La hepatitis A y el Norovirus son altamente contagiosos y pueden causar enfermedades graves.
- Los parásitos requieren un huésped para vivir y reproducirse. Se relacionan comúnmente con mariscos y alimentos procesados con agua contaminada. La manera más importante de prevenir las enfermedades transmitidas por alimentos causadas por parásitos es comprar los alimentos a proveedores aprobados y con buena reputación. Los hongos incluyen mohos, levaduras y champiñones o setas. Al igual que los parásitos, se pueden prevenir comprando a proveedores aprobados y con buena reputación.
- Las toxinas no se pueden destruir con la cocción ni la congelación. La manera más importante de prevenir las enfermedades transmitidas por alimentos es comprar plantas, champiñones y mariscos a proveedores aprobados y con buena reputación. También es importante controlar el tiempo y la temperatura al manejar el pescado crudo.

- Los contaminantes químicos incluyen metales tóxicos, limpiadores, sanitizantes, pulidores y lubricantes para máquinas. Para prevenir la contaminación química, almacene los productos químicos lejos de las áreas de preparación, las de almacenamiento de alimentos y las de servicio. Siga las instrucciones del fabricante siempre que utilice productos químicos.
- La contaminación física puede suceder cuando caen objetos en los alimentos. Los objetos que aparecen por naturaleza, como las espinas de pescado, son peligros físicos. Inspeccione atentamente los alimentos que recibe. Asegúrese de que no les caigan contaminantes físicos durante el camino de los alimentos.
- Algunas personas podían tratar de adulterar sus alimentos usando contaminantes biológicos, químicos, físicos y hasta radioactivos. La clave para proteger los alimentos es hacer difícil que alguien los adultere.
- Una sustancia alergénica es una proteína de un alimento o de un ingrediente, que aparece por naturaleza, a la que algunas personas son sensibles. Los alimentos alergénicos más comunes son la leche, los huevos, la soya, el pescado, las nueces, los cacahuates, los mariscos crustáceos y el trigo. Los meseros deben poder informar a los clientes sobre los productos del menú que contienen posibles sustancias alergénicas. Los empleados de la cocina deben asegurarse de que no se transfieran sustancias alergénicas de los alimentos que las contienen a los alimentos que se sirven a los clientes con alergias.

Caso práctico para repasar el capítulo

Ahora tome lo que ha aprendido en este capítulo y aplíquelo en el siguiente caso práctico.

Las oficinas centrales habían enviado una alerta por e-mail. Parecía que había ocurrido el brote de una enfermedad transmitida por alimentos en dos establecimientos de la compañía en el distrito sur.

Byron era el gerente general del establecimiento de mayor volumen en el distrito norte de la cadena. Cuando recibió esta alerta por e-mail, se preocupó mucho. Los alimentos, las recetas y los procedimientos de manejo de los alimentos eran los mismos en toda la compañía. Todos los alimentos provenían de la bodega central de la compañía, las recetas provenían del chef de la corporación y las normas y los procedimientos de seguridad de los alimentos eran enseñados por los mismos instructores. Byron estaba preocupado y se preguntaba qué iba a pasar en su establecimiento. Como todo se hacía igual en toda la compañía, estaba preocupado de que hubiera un brote.

Byron decidió reunir a su equipo de gerentes para hablar sobre lo que estaba pasando. Les comunicó los detalles de los brotes en los otros establecimientos. Después le pidió al equipo ideas para prevenir que se presentara un brote en su operación.

Amelia, la chef ejecutiva de Byron, dijo que iba a verificar dos veces si todos los empleados seguían los procedimientos de seguridad de los alimentos. También sugirió que analizaran cómo podrían establecer barreras contra las enfermedades transmitidas por alimentos Sugirió que revisaran las condiciones que favorecen el crecimiento de microorganismos.

Byron y el resto de los gerentes se miraron entre sí y se preguntaron de qué estaba hablando ella. La chef Amelia explicó que debían recordar las condiciones que favorecen el crecimiento de las bacterias. Dijo que si controlaban estas condiciones, podrían prevenir la enfermedad transmitida por alimentos. Y explicó cada una de las condiciones. Con la supervisión de Byron y Amelia, el equipo empezó a hacer una revisión completa de estas condiciones. Se enfocaron específicamente en el control de tiempo y temperatura.

1. ¿Qué hizo bien Byron?

___

___

___

2. ¿Por qué fue importante para mantener seguros los alimentos en el establecimiento la revisión que hizo la chef Amelia de las condiciones que favorecen el crecimiento de microorganismos?

___

___

___

___

Puede ver las respuestas en la página 2.26.

Preguntas de estudio

Encierre en un círculo la mejor respuesta para cada pregunta.

1. **¿Cuáles son los síntomas más comunes de una enfermedad transmitida por alimentos?**

   A Diarrea, vómito, fiebre, náuseas, retortijones y mareos
   B Diarrea, vómito, fiebre, náuseas, retortijones y dolor de cabeza
   C Diarrea, vómito, fiebre, náuseas, retortijones e ictericia
   D Diarrea, vómito, fiebre, náuseas, retortijones y cansancio

2. **¿Cuál es la manera más importante de prevenir una enfermedad transmitida por alimentos causada por bacterias?**

   A Controlar el tiempo y la temperatura.
   B Prevenir la contaminación cruzada.
   C Poner en práctica buenos hábitos de higiene personal.
   D Poner en práctica buenos procedimientos de limpieza y sanitización.

3. **¿Con qué tipo de alimentos se relaciona comúnmente la *E. coli* productora de la toxina Shiga (STEC)?**

   A Ensalada de papa
   B Guisados espesos
   C Productos lácteos
   D Carne de res molida cruda

4. **¿Cuál es la manera más importante de prevenir una enfermedad transmitida por alimentos causada por virus?**

   A Controlar el tiempo y la temperatura.
   B Prevenir la contaminación cruzada.
   C Poner en práctica buenos hábitos de higiene personal.
   D Poner en práctica buenos procedimientos de limpieza y sanitización.

5. **Un cliente llamó a un restaurante y le dijo al gerente que se había enfermado después de comer allí. Dijo que comenzó a tener vómito y diarrea unas horas después de comer ostras crudas. ¿Qué patógeno probablemente causó esta enfermedad?**

   A Norovirus
   B *Shigella* spp.
   C *Salmonella* Typhi
   D *E. coli* productora de toxina Shiga

Continúa en la página siguiente ►

► *Continuación de la página anterior*

6 **¿Con qué tipo de alimento se relacionan comúnmente los parásitos?**

A Arroz
B Aves
C Mariscos
D Alimentos enlatados

7 **Después de comer mariscos, un cliente sufrió la inversión de las sensaciones de frío y calor. ¿Cuál es la causa más probable de esta enfermedad?**

A Una toxina
B Un virus
C Una bacteria
D Un parásito

8 **Un empleado puso una botella rociadora con sanitizante en un estante arriba de la mesa de preparación que acababa de sanitizar. Durante el día, el empleado usó el sanitizante para limpiar esta mesa varias veces y lo puso en el mismo lugar. ¿Qué debería haber hecho de otra manera el empleado?**

A Poner la botella rociadora con sanitizante lejos del área de preparación
B Poner la botella rociadora con sanitizante en el piso entre un uso y otro
C Poner la botella rociadora con sanitizante en la mesa de preparación entre un uso y otro
D Poner la botella rociadora con sanitizante junto con los alimentos debajo de la mesa de preparación

9 **Para prevenir la contaminación deliberada de alimentos, los gerentes deben saber quién está en las instalaciones, supervisar la seguridad de los productos, mantener en los archivos la información relacionada con la seguridad de los alimentos y saber**

A cuándo registrarse en la EPA.
B cómo llenar un reporte de incidentes.
C en qué parte del establecimiento están las hojas de información de seguridad de materiales.
D a quién contactar si hay actividades sospechosas.

10 **¿Qué deben hacer los empleados para prevenir que las sustancias alergénicas se transfieran a los alimentos?**

A Limpiar y sanitizar los utensilios después de usarlos.
B Comprar los alimentos a proveedores aprobados y de buena reputación.
C Mantener fríos los alimentos a una temperatura de 41°F (5°C) o menor.
D Poner correctamente las etiquetas a los recipientes de productos químicos.

Puede ver las respuestas en la página 2.26.

Respuestas

2.10 **¿Cuáles son contaminantes?**

Se deben marcar 1, 2 y 3. En la foto #1, se cerró con una grapa el envase de la comida china. La grapa podría caer fácilmente en la comida. En la foto #2, el abrelatas ha dejado virutas de metal en el alimento enlatado. En la foto #3, el empleado está sacando las espinas de un filete de pescado. Todos ellos son contaminantes físicos.

2.11 **¿Cuáles son los errores en este dibujo?**

Se deben marcar 1, 2 y 3. En la foto #1, el empleado está usando líquido limpiavidrios incorrectamente porque lo está rociando cerca de los alimentos. En la foto #2, la botella rociadora no tenía la etiqueta con el nombre común del químico. En la foto #3, los productos químicos se almacenan arriba de los alimentos.

2.11 **¿Qué es lo que tengo?**

Se deben marcar 2, 4, 5, 6 y 7.

2.11 **¿Qué significa?**

① Alimento

② Acidez

③ Temperatura

④ Tiempo

⑤ Oxígeno

⑥ Humedad

2.12 **¿Quién soy yo?**

① Hepatitis A

② *Salmonella* Typhi

③ *E. coli* productora de toxina Shiga (STEC)

④ *Shigella* spp.

⑤ *Salmonella* no tifoidea

2.12 **¿Cuál es la mejor manera de controlarlos?**

① A ⑤ C

② B ⑥ C

③ C ⑦ C

④ C

2.14 **La mejor defensa**

Se deben marcar los números del 1 al 6.

Continúa en la página siguiente ►

► Continuación de la página anterior

2.16 ¿Cuáles fueron los errores de Philip?

- No reunió la información general de los clientes que llamaron.
- No notificó a la autoridad reguladora local sobre la sospecha de un brote.
- No separó los productos sospechosos.
- No documentó la información sobre los productos sospechosos.
- No identificó a los empleados que podrían haber estado en contacto con los productos sospechosos.
- No cooperó con las autoridades.

2.19 Identifique los síntomas

Se deben marcar 1, 5, 6, 7, 8, 11 y 14.

2.19 Las sustancias alergénicas más comunes

Se deben marcar 2, 3, 5, 6, 10, 14, 16 y 17.

2.22 Caso práctico para repasar el capítulo

① ¿Qué hizo bien Byron?

- Se preocupó al oír los informes de la enfermedad transmitida por alimentos que se presentó en otros establecimientos de la compañía.
- Reunió a su equipo para revisar los procedimientos de seguridad de los alimentos para ver si podían hacer algo más para mantener seguros los alimentos.

② ¿Por qué fue importante para mantener seguros los alimentos en el establecimiento la revisión que hizo la chef Amelia de las condiciones que favorecen el crecimiento de microorganismos?

- Las bacterias necesitan seis condiciones para crecer. Son alimento, acidez, tiempo, temperatura, oxígeno y humedad. La Chef Amelia se dio cuenta de que al controlar estas condiciones en su establecimiento, podría controlar el crecimiento de las bacterias. Y esto ayudaría a prevenir las enfermedades transmitidas por alimentos.
- Usted puede ayudar a la seguridad de los alimentos si controla las condiciones que favorecen el crecimiento de microorganismos. Sin embargo, en la mayoría de los establecimientos probablemente sólo podrá controlar el tiempo y la temperatura. Para controlar la temperatura, debe hacer todo lo posible por mantener fuera de la zona de temperatura de peligro los alimentos que necesitan control de el tiempo y la temperatura. Para controlar el tiempo, debe limitar el período que los alimentos están en la zona de temperatura de peligro.

2.23 Preguntas de estudio

① C	⑤ A	⑨ D
② A	⑥ C	⑩ A
③ D	⑦ A	
④ C	⑧ A	

Notas

capítulo 3
Manipulación segura de los alimentos

Cómo los manipulador de alimentos pueden contaminar los alimentos	Un buen programa de higiene personal			
— Situaciones que pueden causar la contaminación de alimentos — Acciones que pueden contaminar los alimentos	— Manejo de un programa de higiene personal — Lavado de las manos — Cuidado de las manos	— Guantes de un solo uso — Contacto de las manos descubiertas con alimentos listos para comer — Limpieza personal — Vestimenta de trabajo	— Comer, beber, fumar y masticar chicle o tabaco	— Normas para reportar problemas de salud — Cómo manejar las enfermedades de los empleados

((Noticias)) El peligro de la hepatitis A

Se ofrecieron vacunas contra la hepatitis A a miles de clientes que visitaron un restaurante en la costa del Golfo de Estados Unidos. Las vacunas fueron provistas por la autoridad reguladora local después de que un manipulador de alimentos resultara positivo al hacérsele la prueba de hepatitis A, por lo que había expuesto a los clientes a este virus. Este manipulador de alimentos era responsable de preparar y arreglar los productos de la barra de ensaladas del restaurante.

Se excluyó del trabajo al manipulador de alimentos hasta que un doctor y la autoridad reguladora aprobaran su regreso. La autoridad reguladora local también colaboró con el restaurante para asegurarse de que tuviera los procesos correctos para proteger a los clientes y al equipo.

Usted puede prevenir esto

El incidente de la historia anterior se podría haber evitado si el manipulador de alimentos hubiera reportado su enfermedad al gerente cuando comenzó a sentir síntomas. Usted puede prevenir situaciones como esta si requiere que los empleados reporten sus problemas de salud antes de venir al trabajo. Reportar las enfermedades es sólo una parte de un buen programa de higiene personal. El programa también debe cubrir estas áreas:

- Evitar las conductas personales que pueden contaminar los alimentos
- Lavarse y cuidarse las manos
- Usar y manejar la vestimenta apropiada para el trabajo
- Limitar los lugares en que los empleados pueden comer, beber, fumar y masticar chicle o tabaco
- Prevenir que los empleados que podrían portar patógenos trabajen con alimentos o cerca de ellos, o prevenir que trabajen en el establecimiento

Cómo los manipulador de alimentos pueden contaminar los alimentos
- Situaciones que pueden causar la contaminación de alimentos
- Acciones que pueden contaminar los alimentos

Un buen programa de higiene personal
- Manejo de un programa de higiene personal
- Lavado de las manos
- Cuidado de las manos
- Guantes de un solo uso
- Contacto de las manos descubiertas con alimentos listos para comer
- Limpieza personal
- Vestimenta de trabajo
- Comer, beber, fumar y masticar chicle o tabaco
- Normas para reportar problemas de salud
- Cómo manejar las enfermedades de los empleados

Cómo los manipuladores de alimentos pueden contaminar los alimentos

En cada paso del camino de los alimentos, los manipulador de alimentos pueden contaminar los alimentos. Quizá ni se dan cuenta cuando esto sucede. Algo tan simple como tocarse la cara mientras preparan una ensalada podría causar que los clientes se enfermen. Hasta los manipulador de alimentos que parecen sanos podrían propagar patógenos transmitidos por alimentos. Como gerente, debe saber las maneras en que los manipulador de alimentos pueden contaminar los alimentos.

Situaciones que pueden causar la contaminación de alimentos

Los manipulador de alimentos pueden contaminar los alimentos en cualquiera de las siguientes situaciones:

- Cuando tienen una enfermedad transmitida por alimentos.
- Cuando tienen heridas que podrían contener un patógeno.
- Cuando tosen o estornudan.
- Cuando tienen contacto con una persona que está enferma.
- Cuando tocan algo que podría contaminarles las manos y no se las lavan después. En la foto de la izquierda, el empleado podría contaminarse las manos y podría propagar los patógenos si no se las lava.
- Cuando tienen síntomas tales como diarrea, vómito o ictericia (coloración amarillenta de la piel y los ojos).

En el caso de ciertas enfermedades, la persona puede infectar a otras personas antes de presentar síntomas. Por ejemplo, una persona podría propagar la hepatitis A durante semanas antes de tener síntomas. En otras enfermedades, la persona podría infectar a otros durante días o meses después de que desaparecieron los síntomas. El Norovirus se puede propagar varios días después de que desaparecieron los síntomas.

! Alerta de patógeno

Algunas personas portan los patógenos e infectan a otros sin enfermarse ellos mismos. A estas personas se les llama portadores. Del 30 % al 50 % de los adultos sanos portan la bacteria *Staphylococcus aureus*. Del 20% al 35% de los adultos sanos la portan sobre la piel. Los manipulador de alimentos transfieren este tipo de bacteria a los alimentos cuando tocan partes afectadas de su cuerpo y después tocan los alimentos sin lavarse las manos.

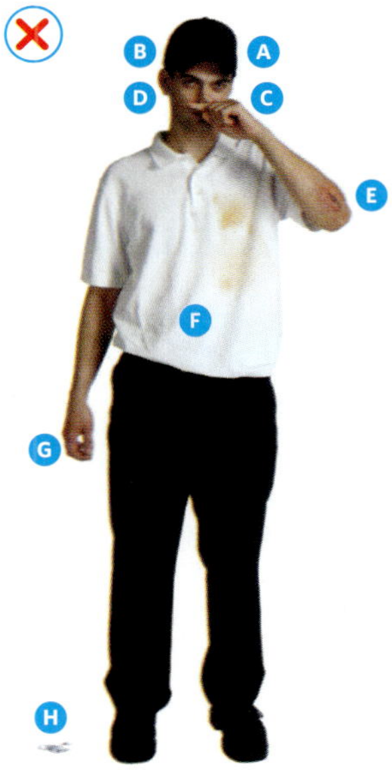

Acciones que pueden contaminar los alimentos

Para evitar causar una enfermedad transmitida por alimentos, ponga mucha atención a lo que hace con las manos. Algunas de las acciones comunes que debe evitar son:

- **A** Rascarse la cabeza
- **B** Pasarse los dedos por el cabello
- **C** Frotarse o tocarse la nariz
- **D** Frotarse una oreja
- **E** Tocarse una espinilla o una herida infectada
- **F** Usar un uniforme sucio
- **G** Toser o estornudar en la mano
- **H** Escupir en el establecimiento

Use sus conocimientos

¿Quién está en peligro?

Ponga una ✗ junto al nombre del manipulador de alimentos si hay riesgo de que propague patógenos.

1. ______ Jamie, un asistente de cocinero, tiene el hábito de frotarse la barbilla. Aunque la gente le hace bromas por esto, él ni siquiera se da cuenta de que lo hace.
2. ______ Rita, una preparadora de pizza, tiene un gran dolor de cabeza, pero no tiene fiebre. La dan muchos dolores de cabeza, pero de todos modos viene a trabajar.
3. ______ Lee, un jefe de cocina, no tuvo tiempo de lavar la ropa. Tiene que usar la misma filipina que usó ayer.
4. ______ Phillip, un operador de parrilla, tiene un pequeño corte en la mejilla. No sangra, pero la cubre con una curita.
5. ______ Gary, un lavaplatos, tiene alergias. A veces tiene que escupir y lo hace en el bote de basura que está junto al fregadero.
6. ______ Los hijos de Helen han tenido diarrea. La madre de Helen los ha estado cuidando para que ella pudiera asistir a su trabajo de cocinera.
7. ______ A Víctor, un vendedor de helados, le gustan las actividades al aire libre. La semana pasada salió a acampar en un área donde no había baños.
8. ______ Sabrina, una chef de repostería, tiene caspa, lo que le provoca comezón. Trata de no rascarse la cabeza, pero a veces no se puede controlar.

Puede ver las respuestas en la página 3.20.

Cómo los manipulador de alimentos pueden contaminar los alimentos
- Situaciones que pueden causar la contaminación de alimentos
- Acciones que pueden contaminar los alimentos

Un buen programa de higiene personal
- Manejo de un programa de higiene personal
- Lavado de las manos
- Cuidado de las manos
- Guantes de un solo uso
- Contacto de las manos descubiertas con alimentos listos para comer
- Limpieza personal
- Vestimenta de trabajo
- Comer, beber, fumar y masticar chicle o tabaco
- Normas para reportar problemas de salud
- Cómo manejar las enfermedades de los empleados

Un buen programa de higiene personal

Para evitar que los manipuladores de alimentos contaminen los alimentos, su establecimiento necesita un buen programa de higiene personal. Un buen programa de higiene personal también ayuda a que todos tengan confianza en la limpieza del negocio. Como gerente, debe asegurarse de que este programa tenga éxito. Debe crear y apoyar normas que cubran las siguientes áreas:

A Prácticas de las manos
- Lavado de las manos
- Cuidado de las manos
- Uso de guantes
- Prevenir el contacto de las manos descubiertas y los alimentos listos para comer

B Limpieza personal

C Ropa, protectores para el cabello y alhajas

Los manipuladores de alimentos también deben evitar ciertos hábitos y acciones, mantener una buena salud, cubrirse las heridas y reportar las lesiones.

Manejo de un programa de higiene personal

No subestime el papel que usted tiene en un programa de higiene personal. Usted tiene muchas responsabilidades para contribuir al éxito del programa.

- Crear normas de higiene personal.
- Entrenar a los manipuladores de alimentos sobre estas normas y volver a entrenarlos con frecuencia.
- Ser siempre un ejemplo del comportamiento correcto. En la foto de la izquierda, el gerente está demostrando los buenos hábitos de higiene personal. Usa ropa limpia y tiene un protector para el cabello. Además, usa guantes.
- Supervisar siempre las prácticas de seguridad de los alimentos.
- Revisar las normas de higiene personal cuando cambian las leyes o la ciencia.

Lavado de las manos

Lavarse las manos es la parte más importante de la higiene personal. Puede parecer algo obvio. Aún así, muchos manipuladores de alimentos no se lavan las manos correctamente ni con la frecuencia necesaria. A diario, nuestras manos tocan superficies cubiertas de microorganismos que no podemos ver. Hasta las personas sanas pueden propagar patógenos. Debe entrenar a sus manipuladores de alimentos sobre cómo lavarse las manos y luego monitorearlos para asegurarse que lo hagan.

ESCANEAR PARA DESCARGAR

GERM SCANNER

Dónde lavarse las manos

Lávese las manos en un lavabo designado para este propósito. **NUNCA** se lave las manos en los fregaderos de preparación de alimentos, en los usados para lavar utensilios, ni en los de uso general.

Cómo lavarse las manos

Para lavarse las manos o las prótesis correctamente, siga los pasos ilustrados abajo. Todo el proceso debe tomar por lo menos 20 segundos.

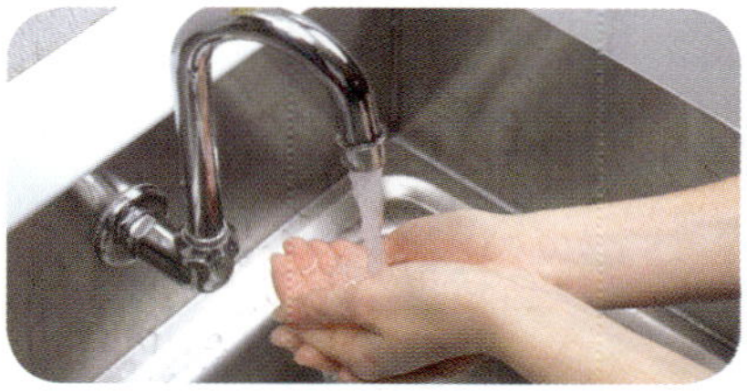

1 Mojarse las manos y los antebrazos.

Bajo un chorro de agua, tan caliente como pueda soportarla confortablemente. Debe estar a, por lo menos, 100°F (38°C).

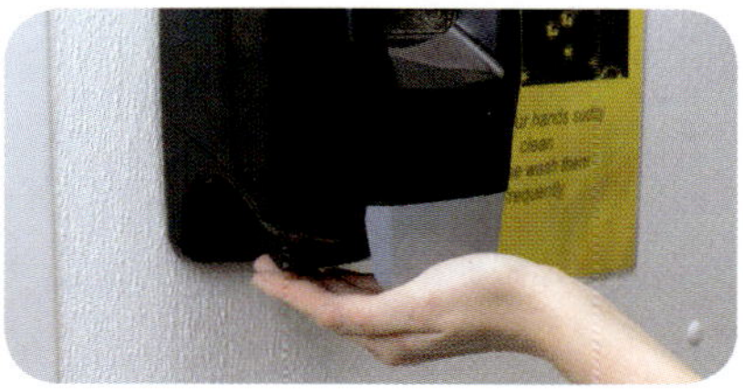

2 Aplicar jabón.

Aplique suficiente para hacer bastante espuma.

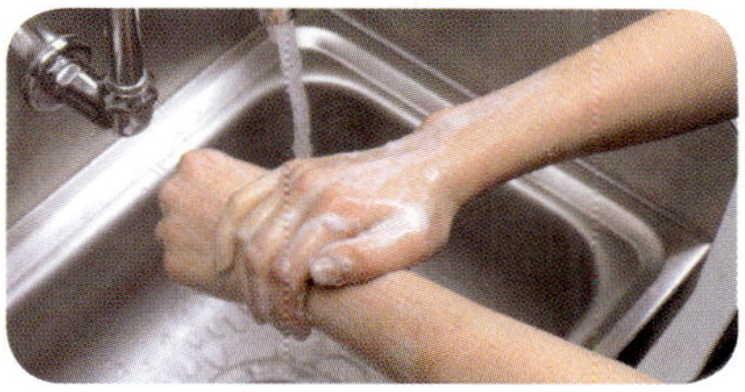

3 Frotarse las manos y los antebrazos vigorosamente.

Frótese de 10 a 15 segundos. Límpiese debajo de las uñas y entre los dedos.

4 Enjuagarse bien las manos y los antebrazos.

Bajo un chorro de agua tibia.

5 Secarse las manos y los antebrazos.

Use una toalla de papel de un solo uso o un secador de manos.

Si no tiene cuidado, podría contaminarse las manos después de lavarlas. Considere usar una toalla de papel para cerrar el grifo y para abrir la puerta al salir del baño.

Cuándo lavarse las manos

Los manipuladores de alimentos deben lavarse las manos antes de empezar a trabajar.
También deben hacerlo después de las actividades siguientes:

! Alerta de patógeno

- Ir al baño. Los manipuladores de alimentos que portan patógenos, como el Norovirus, pueden pasarlos a los alimentos si no se lavan las manos después de ir al baño.
- Tocar carne, aves y mariscos crudos (antes y después).
- Tocarse el cabello, la cara o el cuerpo.
- Estornudar, toser o usar un pañuelo de papel.
- Comer, beber, fumar o masticar chicle o tabaco.
- Manejar productos químicos que puedan afectar la seguridad de los alimentos.
- Sacar la basura.
- Limpiar mesas o acarrear platos sucios.
- Tocar la ropa o el delantal.
- Tocar dinero.
- Salir de la cocina/área de preparación y regresar a ella.
- Tocar animales de servicio o animales acuáticos.
- Tocar cualquier otra cosa que pueda contaminar las manos, como equipo sucio, superficies de trabajo o trapos. El manipulador de alimentos de la foto de la izquierda se debe lavar las manos después de usar el trapo para limpiar la superficie de preparación.

Antisépticos para manos

Los antisépticos para manos son líquidos o geles que se usan para reducir el número de patógeno que hay en la piel. Si los usa, deben cumplir los estándares del Código de Reglamentos Federales (CFR) y de la Administración de Alimentos y Drogas (FDA).

Use los antisépticos para manos sólo después de lavarse las manos. **NUNCA** los use en lugar de lavárselas. Antes de tocar los alimentos o el equipo, espere a que el antiséptico para manos se seque.

Consulte los requerimientos de los reglamentos locales.

Cómo me afecta esto

¿La autoridad reguladora local permite el uso de antisépticos para manos?

________ Sí ________ No

Si se permite, ¿cuáles son los requerimientos de los reglamentos?

____

____

____

Cuidado de las manos

Además de lavarlas, las manos necesitan otro cuidado para prevenir la propagación de patógenos. Asegúrese de que los manipuladores de alimentos sigan estas pautas:

✓
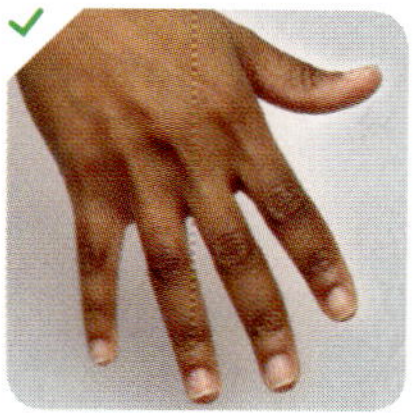

Largo de las uñas Mantenga limpias y cortas las uñas. Es difícil mantener limpias las uñas largas y pueden desgarrar los guantes. También se pueden romper y convertirse en contaminantes físicos.

Las uñas deben mantenerse cortas y bien limadas. Así se podrán limpiar fácilmente. Puede ser difícil mantener limpias las uñas irregulares. Además, pueden tener patógenos y romperse (y convertirse en un contaminante físico).

×
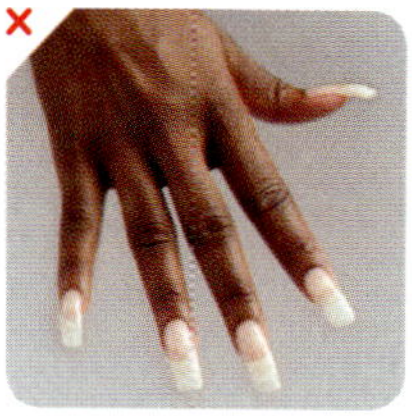

Uñas postizas **No** use uñas postizas. Puede ser difícil mantenerlas limpias. Además, las uñas postizas pueden romperse y caer en los alimentos. Algunas autoridades reguladoras permiten las uñas postizas, con guantes de un solo uso.

×
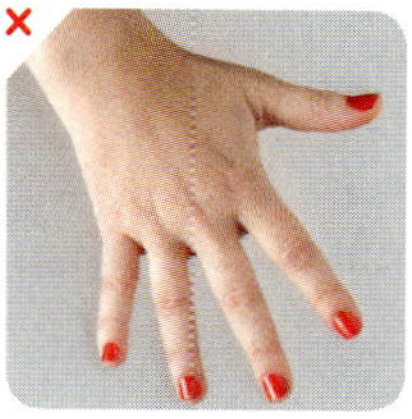

Esmalte de uñas **No** use esmalte de uñas. Podría cubrir la suciedad que hay debajo de las uñas y podría desprenderse y caer en los alimentos. Algunas autoridades reguladoras permiten usar esmalte para uñas, si se usan guantes de un solo uso.

✓
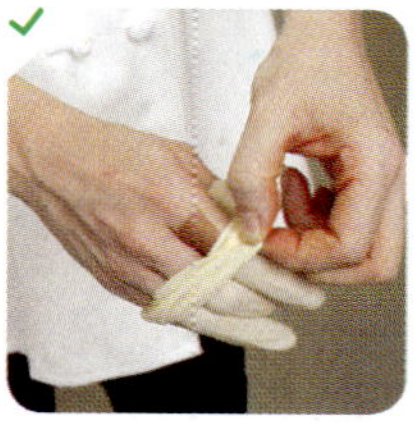

Heridas o cortes infectados Las heridas, las llagas y los cortes infectados contienen pus. Se deben cubrir para prevenir que los patógenos contaminen los alimentos y las superficies que tienen contacto con éstos. La manera de cubrir la herida depende de dónde esté.

- Cubra la heridas en la mano o la muñeca con una protección impermeable. "Impermeable" significa que el agua no puede pasar a través de ella. Entre los ejemplos están las curitas y los dediles. Después ponga un guantes de un solo uso sobre la protección.
- Cubra la heridas en el antebrazo con una protección impermeable, como una curita. La herida debe estar completamente cubierta.
- Cubra las heridas en otras partes del cuerpo con una curita seca, duradera y ajustada.

Consulte los requerimientos de los reglamentos locales.

Cómo me afecta esto

¿La autoridad reguladora local permite que los manipuladores de alimentos usen uñas postizas o esmalte para uñas si las cubren con guantes de un solo uso?

_______ Sí _______ No

Si es así, ¿bajo qué condiciones?

____

____

____

Algo para analizar

Más de lo que esperaban

En un establecimiento de la costa Este, la barra de ensaladas era muy popular. Una tarde mientras preparaba la lechuga, una manipuladora de alimentos se hizo una cortada en el dedo. Inmediatamente se puso una curita y regresó a trabajar. Mientras mezclaba la ensalada, la curita cayó en la lechuga.

Un poco después, una clienta avisó que había encontrado una curita usada en su ensalada. El gerente se disculpó y le dijo que la comida sería gratis. Afortunadamente, la clienta fue comprensiva y el resto de la tarde pasó sin ningún otro incidente.

Guantes de un solo uso

Los guantes de un solo uso pueden ayudar a la seguridad de los alimentos ya que crean una barrera entre las manos y los alimentos. Se deben usar al manejar alimentos listos para comer. Se pueden hacer excepciones al lavar las frutas y verduras, y al manejar ingredientes listos para comer para un platillo que se cocinará a la temperatura interna correcta.

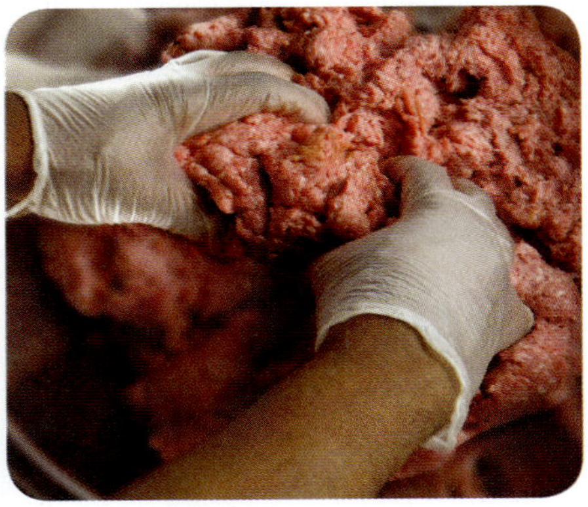

Cuando compre guantes para manejar los alimentos, siga estas pautas:

Guantes aprobados Solo se deben comprar guantes aprobados para el servicio de alimentos.

Guantes desechables Compre solamente los guantes de un solo uso para manipular alimentos. **NUNCA** lave y vuelva a usar los guantes.

Varios tamaños Asegúrese de tener disponibles guantes de varios tamaños. Si los guantes son muy grandes, no permanecerán en su lugar. Si son muy pequeños, se romperán o rasgarán fácilmente. La foto de la izquierda muestra como deben quedar.

Alternativas al látex Algunos manipuladores de alimentos y clientes pueden ser sensibles al látex. Analice si debe proveer guantes hechos de otro material.

Cómo usar los guantes

Si no tiene cuidado al usar los guantes, los alimentos que usted toca podrían llegar a ser peligrosos. Siga estas pautas:

- Lávese las manos antes de ponerse los guantes cuando comience una nueva tarea. No es necesario que se vuelva a lavar las manos cada vez que se cambia los guantes, siempre que esté realizando la misma tarea y sus manos no se hayan contaminado.
- Seleccione guantes del tamaño correcto.
- Al ponerse los guantes, tómelos por la orilla. Trate de tocar los guantes lo menos posible.
- Después de ponerse los guantes, vea si tienen agujeros o rasgaduras.
- **NUNCA** sople dentro de los guantes.
- **NUNCA** enrolle los guantes para que sean más fáciles de poner.

Cuándo cambiarse los guantes

Los manipuladores de alimentos se deben cambiar los guantes en estas ocasiones:

- Tan pronto se ensucien o rasguen.
- Antes de comenzar una tarea diferente.
- Después de una interrupción, por ejemplo, para responder una llamada telefónica.
- Después de tocar carne, aves o mariscos crudos y antes de tocar alimentos listos para comer.

Consulte los requerimientos de los reglamentos locales.

Cómo me afecta esto

¿Cuáles son los requerimientos de los reglamentos locales para usar guantes?

____

____

____

Contacto de las manos descubiertas con alimentos listos para comer

Los alimentos se pueden contaminar cuando los tocan con las manos descubiertas. Esto se aplica especialmente cuando las manos no se lavan correctamente y cuando tiene heridas o cortadas infectadas. Por esta razón, **No** debe tocar alimentos listos para comer con las manos descubiertas. **Nunca** toque con las manos descubiertas los alimentos listos para comer si sirve principalmente a poblaciones con alto riesgo.

En algunas circunstancias, el contacto de las manos descubiertas con los alimentos listos para comer puede ser aceptable. Puede ocurrir en las siguientes situaciones.

- El alimento se agregará como un ingrediente a un platillo que no contiene carne, aves o mariscos crudos, pero se cocinará al menos a 145°F (63°C). Por ejemplo, agregar queso a la masa de pizza.
- El alimento se agregará como un ingrediente a un platillo que contiene carne, aves o mariscos crudos y se cocinará a la mínima temperatura interna de los artículos crudos. Por ejemplo, agregar verduras a un estofado.

Algunas autoridades reguladoras permiten tocar con las manos descubiertas los alimentos listos para comer. Si su jurisdicción permite esto, usted debe tener normas específicas sobre la salud de los empleados. También debe entrenar a los empleados sobre el lavado de manos y las prácticas de higiene personal.

Consulte los requerimientos de los reglamentos locales.

Cómo me afecta esto

¿La autoridad reguladora local permite tocar con las manos descubiertas los alimentos listos para comer?

________ Sí ________ No

Si se permite, ¿cuáles son los requerimientos de los reglamentos?

____

____

____

Limpieza personal

Se pueden hallar patógenos en el cabello y la piel. Hay un gran peligro de que estos patógenos pasen a los alimentos y al equipo para estos si el manipulador de alimentos no sigue un programa de higiene personal. Asegúrese de que los manipuladores de alimentos se bañen o se duchen antes de venir al trabajo.

Vestimenta de trabajo

Los manipuladores de alimentos con ropa sucia pueden dar una mala impresión de su establecimiento. Lo más importante es que la ropa sucia podría tener patógenos que pueden causar enfermedades transmitidas por alimentos. Estos patógenos pueden pasar de la ropa a las manos y a los alimentos que se están preparando. Establezca un código de vestimenta y asegúrese de que los empleados lo respeten. El código debe incluir las pautas que están en la página siguiente.

Pautas para la vestimenta de trabajo

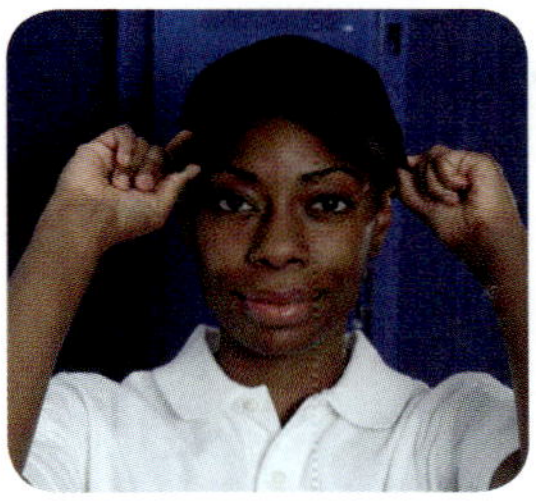

Protectores para el cabello Use una gorra limpia o un protector para el cabello cuando trabaje en áreas de preparación de alimentos. **No** use accesorios para el cabello que puedan convertirse en contaminantes físicos. Estos accesorios deben limitarse a objetos para evitar tocar el cabello con las manos y para mantener el cabello alejado de los alimentos. Las pestañas postizas pueden ser un contaminante físico y **No** se deben usar. Los manipuladores de alimentos con barba o bigote también deben usar un protector para el pelo facial.

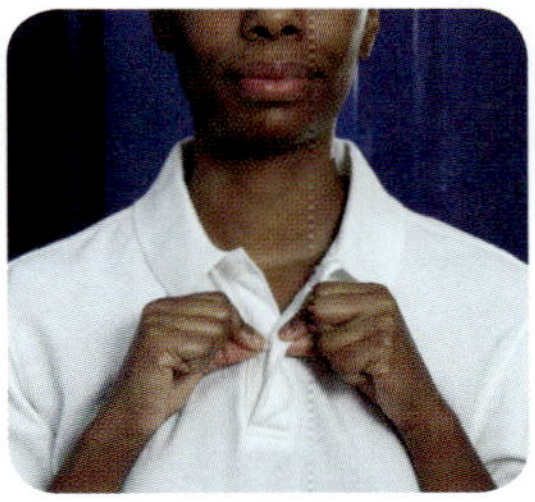

Ropa limpia Use ropa limpia a diario. Si es posible, póngase la ropa en el establecimiento. Guarde la ropa de calle y las pertenencias personales en las áreas designadas. La ropa sucia que se guarde en el establecimiento se debe mantener lejos de las áreas de preparación y almacenamiento de alimentos. Puede hacerlo poniéndola en contenedores no absorbentes o en bolsas para ropa sucia que sean lavables. Esto incluye delantales, filipinas y otros uniformes sucios.

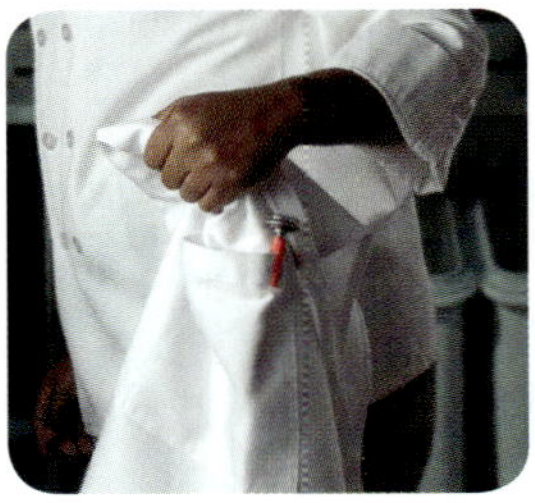

Delantales Quítese el delantal cuando salga de las áreas de preparación. Por ejemplo, se debe quitar el delantal y guardarlo antes de sacar la basura o de ir al baño.

Nunca se limpie las manos en el delantal.

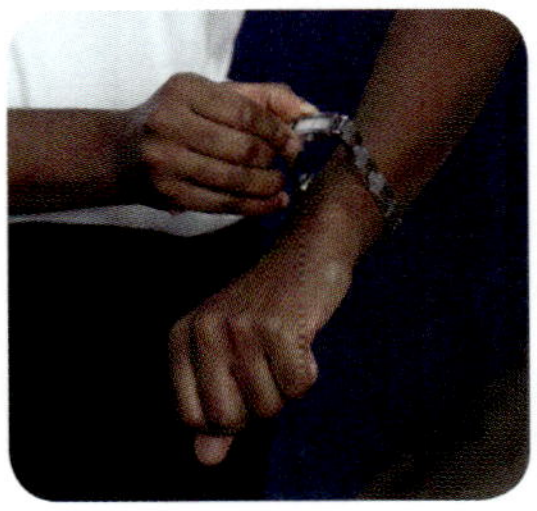

Alhajas Quítese las alhajas de manos y brazos antes de preparar alimentos o cuando trabaje en áreas de preparación. Los manipuladores de alimentos no deben usar nada de lo siguiente:

- Anillos, excepto si una sortija lisa
- Pulseras, incluyendo las que tienen información médica
- Relojes

Además, su compañía podría requerir que se quitara otros tipos de alhajas. Entre ellos, los aretes, los collares y las alhajas para la cara. Estos objetos se pueden caer y convertirse en un contaminante físico. Las alhajas pueden ser difíciles de limpiar y pueden tener patógenos. Los meseros pueden usar alhajas si lo permiten las normas de su compañía.

Consulte los requerimientos de los reglamentos locales.

Comer, beber, fumar y masticar chicle o tabaco

Las gotitas de saliva pueden contener miles de patógenos. En el proceso de comer, beber, fumar y masticar chicle o tabaco, se puede transferir saliva a las manos o directamente a los alimentos que se están manejando.

No coma, beba, fume ni mastique chicle ni tabaco en estas situaciones:

- Al preparar o servir alimentos
- Al trabajar en áreas de preparación
- Al trabajar en áreas usadas para limpiar utensilios y equipo

Sólo debe comer, beber, fumar y masticar chicle o tabaco en las áreas designadas.

Algunas autoridades reguladoras permiten a los manipuladores de alimentos beber de un recipiente tapado cuando están en las áreas de preparación y de lavado de platos.

Consulte los requerimientos de los reglamentos locales.

Normas para reportar problemas de salud

Debe decirles a los empleados que deben informarle cuando estén enfermos. Incluyendo a los empleados recién contratados que todavía no empiezan a trabajar. La autoridad reguladora podría pedir pruebas de que usted hizo esto, y lo puede comprobar de varias formas.

- Presentando declaraciones firmadas en las que los empleados están de acuerdo en reportar enfermedades
- Presentando documentación que demuestre que los empleados completaron su entrenamiento, el cual incluye información sobre la importancia de reportar las enfermedades
- Poniendo carteles o dando tarjetas de bolsillo para recordar a los empleados que deben notificar a los gerentes cuando estén enfermos

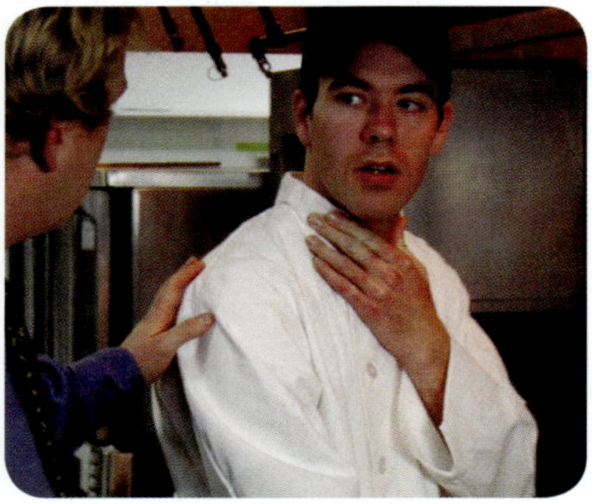

Los empleados deben reportar las enfermedades antes de venir al trabajo. También deben comunicarle inmediatamente si se enferman mientras están en el trabajo, como lo está haciendo el manipulador de alimentos en la foto de la izquierda. Cuando los manipuladores de alimentos están enfermos, usted debe restringirlos de trabajar con alimentos y cerca de ellos. Algunas veces tendrá que evitar que vayan al establecimiento, o sea excluirlos. Use el cuadro siguiente para decidir cómo manejar las enfermedades de los empleados. Sin embargo, recuerde que, para la mayoría de las enfermedades, debe colaborar con la autoridad reguladora local para determinar cómo debe responder.

Cómo manejar las enfermedades de los empleados

Si	Entonces
El manipulador de alimentos tiene dolor de garganta y fiebre.	Restrinja al manipulador de alimentos para que no trabaje con los alimentos ni cerca de ellos. Excluya al manipulador de alimentos del establecimiento si sus clientes principales son una población con alto riesgo. El manipulador de alimentos podrá regresar al establecimiento y/o trabajar con alimentos y cerca de ellos cuando cuente con un certificado médico que lo autorice.
El manipulador de alimentos tiene por lo menos uno de estos síntomas de una enfermedad infecciosa. • Vómito • Diarrea • Ictericia (ojos y piel amarillos)	Excluya al manipulador de alimentos del establecimiento. **Vómito y diarrea** Los manipuladores de alimentos deben cumplir uno de estos requisitos antes de volver al trabajo. • No tener síntomas por lo menos durante 24 horas. • Contar con un certificado médico que lo autorice. **Ictericia** Los manipuladores de alimentos con ictericia se deben reportar a la autoridad reguladora. Los manipuladores de alimentos que han tenido ictericia durante siete días o menos deben ser excluidos del establecimiento. Los manipuladores de alimentos deben tener una nota del médico afirmando que ya no están enfermos y la aprobación de la autoridad reguladora antes de regresar al trabajo.
El manipulador de alimentos tiene vómitos o diarrea, o le han diagnosticado una enfermedad causada por uno de estos patógenos. • Norovirus • *Shigella* spp. • *Salmonella* no tifoidea • *E. coli* productora de toxina Shiga (STEC) Al manipulador de alimentos le diagnosticaron una enfermedad causada por uno de estos patógenos: • Hepatitis A • *Salmonella* Typhi	Excluya al manipulador de alimentos del establecimiento. Algunos manipuladores de alimentos a los que se les ha diagnosticado una enfermedad quizá no presenten los síntomas o quizá los síntomas ya hayan pasado. Colabore con el médico y la autoridad reguladora local para determinar si se debe excluir al manipulador de alimentos del establecimiento o se lo debe restringir para que no trabaje con alimentos ni cerca de ellos. También determinarán cuándo el empleado puede regresar al establecimiento y/o realizar sus tareas habituales relacionadas con el manejo de los alimentos.

Este cuadro es sólo una guía. Colabore con la autoridad reguladora local para determinar las mejores acciones a seguir.

Cómo me afecta esto

¿Cuándo requiere la autoridad reguladora que se restrinja a los manipuladores de alimentos para que no trabajen con alimentos ni cerca de ellos?

____

¿Qué otras enfermedades o síntomas requerirían que excluya de su establecimiento a un manipulador de alimentos?

____

____

Use sus conocimientos

Revise lo que sabe del lavado de manos

En la columna A, encierre en un círculo las letras de los pasos correctos para lavarse las manos y después póngalas en el orden correcto en la columna B.

Columna A

(A) Frotarse las manos y los antebrazos de 3 a 5 segundos.

(B) Frotarse las manos y los antebrazos de 10 a 15 segundos.

(C) Enjuagarse las manos y los antebrazos bajo un chorro de agua tibia.

(D) Enjuagarse las manos y los antebrazos en agua tibia que no fluya.

(E) Mojarse las manos y los antebrazos con agua a, por lo menos, 100°F (38°C).

(F) Mojarse las manos y los antebrazos con agua a, por lo menos, 115°F (46°C).

(G) Aplicar suficiente jabón para hacer bastante espuma.

(H) Aplicar suficiente jabón para cubrir la palma de la mano.

(I) Secarse las manos y los antebrazos con una toalla común.

(J) Secarse las manos y los antebrazos con toallas de papel de un solo uso o con un secador de manos.

Columna B

(1) ______________

(2) ______________

(3) ______________

(4) ______________

(5) ______________

Puede ver las respuestas en la página 3.20.

Use sus conocimientos

¿Cuándo lavarse las manos?

Paul había trabajado nueve meses limpiando mesas en un concurrido restaurante familiar, pero lo acaban de ascender y ahora recibirá entrenamiento como asistente de cocinero. Lo promovieron la semana pasada y ya aprendió algunas de las tareas básicas. Hoy Paul llegó a las 8:00 a.m. al trabajo y marcó su tarjeta de entrada. En la reunión previa a turno, Miguel, su gerente, le dijo que su primera tarea sería preparar 60 pechugas de pollo deshuesadas para cocinarlas más tarde. Después de eso, Paul iba a trabajar con Linda, una asistente de cocinero con mucha experiencia.

Con muchos deseos de dar una buena impresión, Paul sacó el pollo crudo del refrigerador. Se puso guantes de un solo uso y empezó a poner las pechugas en las bandejas A mitad de la tarea, Miguel llegó acompañado con un hombre vestido de traje, a quien presentó como uno de los nuevos dueños. Paul se quitó los guantes para estrechar la mano del dueño. Después se puso un nuevo par de guantes de un solo uso y volvió a trabajar con el pollo.

Cuando Paul terminó con el pollo, lo puso en el refrigerador. Notó que había una pila de platos sucios junto a la máquina lavaplatos. Decidió ayudar y cargó los platos en la rejilla. Cuando estaba llena, activó la máquina.

Linda pasó y le dijo que preparara los vegetales para la barra de ensaladas. La barra de ensaladas se debía poner dentro de una hora, así que Paul se puso guantes de un solo uso y empezó inmediatamente. Mientras cortaba la lechuga, Paul estornudó. Afortunadamente, pudo voltear la cara para no estornudar sobre la mesa de preparación. También se cubrió la boca con la mano. Se cambió los guantes y regresó a cortar lechuga. Paul necesitaba un pañuelo de papel. Como no tenía uno a mano, tuvo que ir al baño para limpiarse la nariz con papel higiénico. Mientras estaba allí, aprovechó para usar el baño. Después regresó al área de preparación, se puso guantes nuevos y terminó de preparar los vegetales. Llevó los vegetales preparados al refrigerador.

Linda le pidió a Paul que le dijera al encargado de la barra de ensaladas que los vegetales estaban listos. Después le pidió que trabajara con ella en la parrilla durante el período del almuerzo. Primero le mostró cómo preparar un sándwich de pollo a la parrilla. Cuando llegó la segunda orden de un sándwich de pollo a la parrilla, Paul lo preparó. Estaba un poco nervioso y se le cayeron las tenacillas para el pollo crudo antes de meterlo en la parrilla. Linda fue por unas tenacillas limpias pero se retrasó porque se puso a platicar con Miguel.

Paul estaba seguro de que podía preparar el sándwich sin la ayuda de Linda. Mientras ella platicaba con Miguel, él tomó una pechuga de pollo cruda con sus manos y la puso en la parrilla. Después sacó un pan y lo puso en la tostadora. Antes de terminar el sándwich, Linda regresó y juntos acabaron de prepararlo. Trabajando juntos, el período del almuerzo les pareció muy corto.

¿Cuándo se debería haber lavado las manos Paul?

___

___

___

___

¿Exclusión o restricción?

Escriba una E a un lado de la declaración si se debe excluir del establecimiento al manipulador de alimentos. Escriba una R a un lado de la declaración si se debe restringir al empleado para que no trabaje con alimentos ni cerca de ellos.

1. ________ Bill, cocinero de un restaurante familiar, tiene dolor de garganta y fiebre.
2. ________ Joe, asistente de cocinero, tiene diarrea.
3. ________ Mary una jefa de cocina, tiene diarrea; le han diagnosticado Norovirus.

Puede ver las respuestas en la página 3.20.

Resumen del capítulo

- Los manipuladores de alimentos pueden propagar patógenos y contaminar los alimentos en cada paso del camino de los alimentos. Los buenos hábitos de higiene personal son esenciales en los establecimientos.
- Las manos se deben lavar correctamente y en los momentos precisos: antes de empezar a trabajar, después de ir al baño, después de estornudar, toser, fumar, comer o beber; y antes y después de tocar carne, aves y pescado crudos.
- Las uñas deben mantenerse cortas, limpias y sin esmalte.
- Antes de manejar alimentos o de trabajar en las áreas de preparación, los manipuladores de alimentos deben ponerse ropa limpia y un protector para el cabello limpio. Se deben quitar las alhajas de manos y antebrazos. Los manipuladores de alimentos deben quitarse los delantales y guardarlos cuando salen de las áreas de preparación de alimentos.
- Los manipuladores de alimentos nunca deben comer, fumar ni masticar chicle o tabaco en las áreas de servicio o de preparación de alimentos, ni en las áreas designadas para limpiar utensilios y equipo.
- Los empleados deben reportar los problemas de salud a los gerentes antes de comenzar a trabajar con alimentos. Se debe excluir del trabajo a los manipuladores de alimentos si tienen vómitos o diarrea, y han tenido un diagnóstico de enfermedad transmitida por alimentos causada por determinados patógenos, como *Salmonella* no tifoidea. También se deben excluir a los manipuladores de alimentos si entre los síntomas que sufren está la diarrea, el vómito o la ictericia. Los empleados no deben trabajar con los alimentos ni cerca de ellos si tienen dolor de garganta y fiebre.
- Para evitar que los manipuladores de alimentos contaminen los alimentos, su establecimiento necesita un buen programa de higiene personal. Puede reducir el riesgo de enfermedades transmitidas por alimentos si establece un programa, da entrenamiento y hace que se cumpla. Lo más importante es que debe usted debe poner el ejemplo de los buenos hábitos de higiene personal.

Caso práctico para repasar el capítulo

Puede evitar pasar patógenos a los alimentos si sigue un buen programa de higiene personal. Esto incluye evitar las conductas personales que pueden contaminar los alimentos; lavarse y cuidarse las manos; seguir el código de vestimenta; limitar los lugares en que los manipuladores de alimentos pueden comer, beber, fumar y masticar chicle o tabaco; y prevenir que los manipuladores de alimentos que podrían portar patógenos trabajen con alimentos y cerca de ellos, y si es necesario, excluirlos del establecimiento.

Ahora tome lo que ha aprendido en este capítulo y aplíquelo en el siguiente caso práctico.

Randall trabaja en un establecimiento de carnes frías. Son las 7:47 a.m. y él se acaba de despertar. Tiene que estar en el establecimiento, listo para trabajar, a las 8:00 a.m. Cuando se levanta de la cama, se siente un poco mal del estómago. Le echa la culpa de esto a las cervezas que bebió la noche anterior. Afortunadamente, Randall vive a sólo cinco minutos del trabajo. Aún así, no tiene tiempo de ducharse. Se pone el mismo uniforme que llevaba el día anterior, cuando preparó pollo. También se pone su reloj y varios anillos.

Randall no tiene suerte hoy. En el camino al restaurante, la luz del aceite se enciende en su automóvil. Él tiene que parar el auto y agregar más aceite al motor. Cuando llega al trabajo se da cuenta de que dejó su gorra en la casa. El gerente está enojado cuando saluda a Randall. El gerente pone a trabajar a Randall inmediatamente, lo manda a cargar el asador con pollo crudo. Después Randall va a servir a un cliente que pide una ensalada recién hecha. Randall es famoso por sus ensaladas y prepara una que le gusta mucho al cliente.

El gerente le pide a Randall que saque la basura y que después prepare la ensalada de papas para la hora del almuerzo. Al regresar de sacar la basura, Randall le comenta al gerente que lo está molestando el estómago. El gerente, pensando que le faltan empleados, le pide a Randall que siga trabajando mientras pueda. Randall está de acuerdo y saca los ingredientes para la ensalada de papa. Después va al baño, esperando aliviar un poco sus síntomas. Después de enjuagarse las manos rápidamente en el baño, ve que no quedan toallas de papel. Tiene mucha prisa y se seca las manos en el delantal.

El gerente llama a Randall para que limpie las mesas del establecimiento que quedan disponibles para los clientes. Cuando termina, Randall toma una pieza de pollo del asador porque tiene hambre. Se lleva la pieza al área de preparación, para poder terminar de preparar la ensalada de papas.

Randall y su gerente cometieron varios errores. Identifique los que pueda y escríbalos en una hoja de papel.

Puede ver las respuestas en la página 3.21.

Preguntas de estudio

Encierre en un círculo la mejor respuesta para cada pregunta.

1. **¿Después de cuál actividad se deben lavar las manos los manipuladores de alimentos?**
   - A Después de ponerse los guantes
   - B Después de servir a los clientes
   - C Después de aplicarse antiséptico para manos
   - D Después de limpiar las mesas

2. **¿Qué deben hacer los manipuladores de alimentos después de preparar alimentos y antes de ir al baño?**
   - A Lavarse las manos
   - B Quitarse la gorra
   - C Cambiarse los guantes
   - D Quitarse el delantal

3. **¿Qué alhaja puede usar un manipulador de alimentos en su mano o brazo?**
   - A Un reloj
   - B Un anillo de diamantes
   - C Una sortija plana lisa
   - D Una pulsera con información médica

4. **¿Cuándo se deben usar los antisépticos para manos?**
   - A Después de lavarse las manos
   - B Antes de lavarse las manos
   - C Cuando no hay jabón
   - D Cuando no se usan guantes

5. **Un manipulador de alimentos usará guantes de un solo uso para cortar lechuga durante una hora. ¿Cuándo debe lavarse las manos?**
   - A Después de ponerse los guantes
   - B Antes de comenzar la tarea
   - C A mitad de la tarea
   - D Cada vez que se cambie los guantes

6. **Un cocinero se puso guantes de un solo uso para preparar hamburguesas con carne de res molida cruda. El cocinero siguió usando los mismos guantes mientras cortaba el pan para las hamburguesas. ¿Cuál fue el error?**
   - A El cocinero no se puso guantes reusables para manejar la carne de res molida cruda y el pan para las hamburguesas.
   - B El cocinero no lavó y sanitizó los guantes antes de tocar el pan para las hamburguesas.
   - C El cocinero no se lavó las manos antes de ponerse los mismos guantes para cortar el pan para las hamburguesas.
   - D El cocinero no se lavó las manos ni se puso guantes nuevos antes de cortar el pan para las hamburguesas.

7 **Un manipulador de alimentos tiene diarrea y ha sido diagnosticado con una enfermedad causada por *Shigella* spp. ¿Qué debe decirle que haga el gerente al manipulador de alimentos?**

A Que use guantes para manejar los alimentos.
B Que trabaje en un puesto donde no maneje los alimentos
C Que se quede en su casa hasta que se apruebe su regreso al trabajo.
D Que se lave las manos frecuentemente mientras maneja los alimentos.

8 **Un manipulador de alimentos prepara comidas y las entrega a ancianos que reciben tratamiento contra el cáncer en sus hogares. ¿Qué síntomas requieren que el manipulador de alimentos se quede en casa y no vaya al trabajo?**

A Sed y comezón
B Dolores en el cuerpo y fatiga
C Dolor de garganta y fiebre
D Dolor de cabeza y dolores en el cuerpo

9 **¿Cuándo es aceptable comer en un establecimiento?**

A Al preparar alimentos
B Al lavar platos
C Sentado en un área designada para descansos
D Al manejar utensilios

10 **¿Qué debe hacer el gerente de la cafetería de un hospital si el cocinero llama y dice que tiene dolor de cabeza, náuseas y diarrea?**

A Decirle que no vaya a trabajar y que vea a un médico.
B Decirle al cocinero que vaya a trabajar un par de horas y después podrá regresar a su casa.
C Decirle al cocinero que descanse un par de horas y después vaya a trabajar.
D Decirle que consulte a un médico y después vaya a trabajar de inmediato.

Puede ver las respuestas en la página 3.21.

Respuestas

3.3 ¿Quién está en riesgo?

Se deben marcar 1, 3, 5, 6 y 8.

3.14 Revise lo que sabe del lavado de manos

1. E
2. G
3. B
4. C
5. J

3.15 ¿Cuándo debe lavarse las manos?

Paul debía haberse lavado las manos en las situaciones siguientes:

- Antes de sacar el pollo del refrigerador.
- Antes de ponerse el primer par de guantes.
- Después de estrechar la mano al propietario y antes de ponerse el segundo par de guantes.
- Después de terminar de preparar el pollo.
- Después de cargar los platos en la máquina lavaplatos.
- Antes de ponerse los guantes y trabajar con las verduras de la barra de ensaladas.
- Después de estornudar y antes de ponerse el tercer par de guantes.
- Después de ir al baño.
- Antes de ponerse el cuarto par de guantes y seguir preparando las verduras.
- Antes de trabajar en la parrilla.
- Antes de tocar las pechugas de pollo crudas.
- Después de poner en la parrilla las pechugas de pollo crudas y antes de tocar el pan fresco.

3.15 ¿Exclusión o restricción?

1. R
2. E
3. E

3.17 Caso práctico para repasar el capítulo

Randall cometió los siguientes errores.

- Randall no se bañó ni se duchó antes de venir al trabajo.
- Randall se puso un uniforme sucio para ir a trabajar.
- Randall se debería haber quitado el reloj y los anillos (excepto la sortija lisa) antes de preparar y servir alimentos.
- Randall no se puso un protector para el cabello.
- Randall no reportó su enfermedad al gerente antes de venir al trabajo.
- Randall no se lavó las manos antes de trabajar con el pollo crudo.
- Randall no se lavó las manos después de trabajar con el pollo crudo.
- El gerente no le preguntó a Randall acerca de los síntomas. Si Randall hubiese informado que tenía diarrea, el gerente lo debería haber enviado a casa.
- Randall no se lavó las manos correctamente después de sacar la basura.
- Randall no se lavó las manos correctamente después de ir al baño.
- Randall no se secó las manos correctamente después de lavárselas. Se ensuciaron de nuevo cuando se las secó en el delantal.
- Randall llevaba puesto el delantal cuando entró al baño.
- El gerente no se aseguró de que el baño tuviera toallas de papel.
- Randall tocó el pollo listo para comer con las manos contaminadas.
- Randall estaba comiendo pollo mientras preparaba los alimentos.

3.18 Preguntas de estudio

1. D
2. D
3. C
4. A
5. B
6. D
7. C
8. C
9. C
10. A

capítulo 4
El camino de los alimentos: Introducción

Peligros en el camino de los alimentos
- El camino de los alimentos
- Contaminación cruzada
- Control de tiempo y temperatura

Monitoreo de tiempo y temperatura
- Termómetro bimetálico de varilla
- Termopares y termistores
- Termómetros infrarrojos (láser)
- Otros dispositivos para registrar la temperatura
- Pautas generales para los termómetros

((Noticias)) Un brote en la universidad

Debido a un brote de *Salmonella* se enfermaron 32 personas que visitaban una universidad del noreste de Estados Unidos. Estas personas habían asistido a un banquete ofrecido por el rector durante el fin de semana de graduación. Los reportes de la enfermedad llegaron hasta los medios de información locales, la clínica de la universidad y la autoridad reguladora local. Los síntomas incluían dolor estomacal, náuseas, diarrea, escalofríos y vómito.

Se determinó que una empleada nueva había provocado la contaminación cruzada de la lechuga romana que se usó para la ensalada César con pollo que se sirvió en el banquete. En su prisa por ponerse al corriente en un turno muy activo, la empleada cortó la lechuga en una tabla de cortar que había usado para preparar el pollo crudo para la ensalada. La tabla de cortar no se había limpiado y sanitizado entre un uso y otro.

El contratista de servicio de alimentos de la universidad anunció que colaboraría con el inspector local para corregir el problema. También implementarían inmediatamente un programa que prevendría la contaminación cruzada en el futuro.

Usted puede prevenir esto

Como pudo ver en la historia anterior, prevenir la contaminación cruzada es crítico para mantener seguros los alimentos. Pero también debe controlar el tiempo y la temperatura al manejar los alimentos. En este capítulo, aprenderá sobre las siguientes herramientas y prácticas para mantener seguros los alimentos:

- Prevenir la contaminación cruzada
- Prevención del abuso de tiempo y temperatura
- Uso del tipo correcto de termómetro para tomar la temperatura

Peligros en el camino de los alimentos

- El camino de los alimentos
- Contaminación cruzada
- Control de tiempo y temperatura

Monitoreo de tiempo y temperatura

- Termómetro bimetálico de varilla
- Termopares y termistores
- Termómetros infrarrojos (láser)
- Otros dispositivos para registrar la temperatura
- Pautas generales para los termómetros

Peligros en el camino de los alimentos

Para mantener seguros los alimentos, usted debe aplicar en el camino de los alimentos lo que aprendió en el programa ServSafe. Para esto, debe comprender cómo prevenir la contaminación cruzada y el abuso de tiempo y temperatura.

El camino de los alimentos

El camino de los alimentos es la ruta que éstos siguen en su establecimiento. Inicia al comprar los alimentos y termina al servirlos.

Compra	capítulo 5
Recepción	capítulo 5
Almacenamiento	capítulo 5
Preparación	capítulo 6
Cocción	capítulo 6
Almacenamiento	capítulo 7
Enfriamiento	capítulo 6
Recalentamiento	capítulo 6
Servicio	capítulo 7

Usted es responsable de la seguridad de los alimentos en cada punto de este camino; y a éstos les pueden suceder muchas cosas.

Por ejemplo, un alimento congelado podría ser seguro cuando sale de la planta procesadora. Pero en el recorrido desde la bodega, se podría descongelar. En su establecimiento, el alimento quizá no se almacene correctamente o quizá no se cocine a la temperatura interna correcta. Estos errores se pueden combinar y causar una enfermedad transmitida por alimentos.

Contaminación cruzada

Los patógenos se pueden transportar fácilmente en su establecimiento. Pueden pasar de los alimentos o las manos sin lavar, a las áreas de preparación, el equipo, los utensilios u otros alimentos.

La contaminación cruzada puede suceder en casi cualquier punto del camino de los alimentos. Si usted sabe cómo y dónde puede suceder, es muy fácil prevenirla. La manera más básica es mantener los alimentos listos para comer separados de los crudos.

Estas pautas le ayudarán a lograr este objetivo:

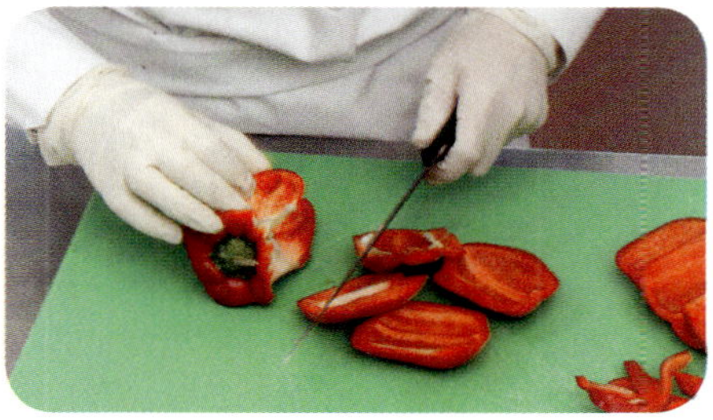

Use diferente equipo Para cada tipo de alimento se debe usar equipo diferente. Por ejemplo, use un juego de tablas de cortar, utensilios y recipientes para las aves crudas. Use otro juego para la carne cruda. Use un tercer juego para las frutas y verduras. Las tablas de cortar de colores y los utensilios con mangos de colores pueden ayudar a mantener separado el equipo. El color indica a los manipuladores de alimentos qué equipo deben usar con cada producto. Puede usar el amarillo para el pollo crudo, el rojo para la carne cruda y el verde para frutas y verduras, como lo hace el cocinero en la foto de la izquierda.

Limpieza y sanitización Limpie y sanitice todas las superficies de trabajo, el equipo y los utensilios después de cada tarea. Por ejemplo, después de cortar pollo crudo, debe hacer algo más que enjuagar el equipo. Los patógenos como la *Salmonella* no tifoidea pueden contaminar los alimentos a través de la contaminación cruzada. Para prevenir esto, debe lavar, enjuagar y sanitizar el equipo. Puede ver más información sobre limpieza y sanitización en el capítulo 10.

Preparación de alimentos a horas diferentes Si necesita usar la misma mesa para preparar diferentes tipos de alimentos, prepare la carne, el pescado y las aves crudos a una hora y los alimentos listos para comer, a otra. Debe limpiar y sanitizar los utensilios y las superficies de trabajo entre un tipo de alimento y otro. Por ejemplo, si prepara los alimentos listos para comer antes de preparar los alimentos crudos, puede reducir la posibilidad de la contaminación cruzada.

Comprar alimentos preparados Compre alimentos que no requieran mucha preparación o manipulación. Por ejemplo, podría comprar pechugas de pollo precocidas o lechuga picada, como se muestra en la foto de la izquierda.

Control de tiempo y temperatura

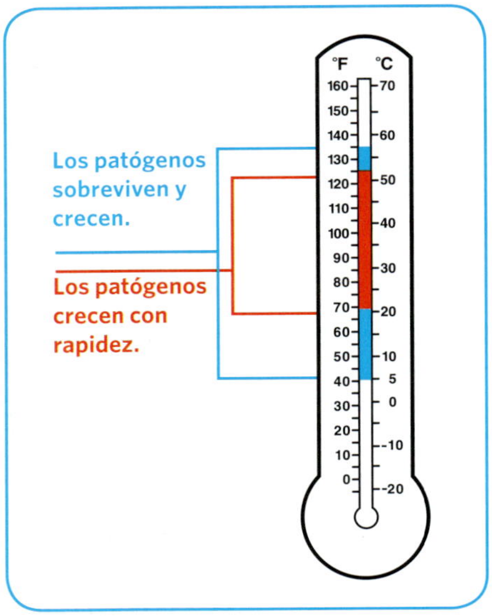

La mayoría de los casos de enfermedades transmitidas por alimentos ocurren porque los alimentos que necesitan control de tiempo y temperatura para su seguridad sufrieron abuso de tiempo y temperatura. Recuerde, estos alimentos sufren abuso de tiempo y temperatura cuando permanecen entre 41°F y 135°F (5°C y 57°C). A este intervalo se le llama zona de temperatura de peligro, porque en él se multiplican los patógenos. Pero la mayoría de los patógenos crecen mucho más rápido entre 70°F y 125°F (21°C y 52°C). Estos intervalos se muestran a la izquierda. Los alimentos sufren abuso de temperatura cuando se manejan de las siguientes maneras:

- Se cocinan a la temperatura interna incorrecta
- Se mantienen a la temperatura incorrecta
- Se enfrían o recalientan incorrectamente

Entre más tiempo están los alimentos en la zona de temperatura de peligro, más tiempo tendrán los patógenos para crecer. Para mantener seguros los alimentos, debe reducir el tiempo que están en este intervalo de temperatura. Si los alimentos estuvieron en este intervalo cuatro horas o más, los debe desechar.

Cómo evitar el abuso de tiempo y temperatura

Para evitar el abuso de tiempo y temperatura los manipuladores de alimentos deben seguir buenas normas y procedimientos.

Monitoreo Aprenda qué alimentos se deben revisar, con qué frecuencia y quién debe hacerlo. Asegúrese de que los manipuladores de alimentos sepan qué hacer, cómo hacerlo y por qué es importante hacerlo. Por ejemplo, el gerente de la foto de la izquierda se asegura de que el cocinero pueda revisar la temperatura de una pechuga de pollo.

Herramientas Asegúrese de que estén disponibles los tipos correctos de termómetros. Dé a los manipuladores de alimentos sus propios termómetros. Pídales que usen los relojes de las áreas de preparación para determinar cuánto tiempo duran los alimentos en la zona de temperatura de peligro.

Registros Pida a los manipuladores de alimentos que registren las temperaturas con frecuencia, como lo hace el chef en la foto de la izquierda. Asegúrese de anotar a qué hora se tomaron las temperaturas. Imprima formularios sencillos para anotar esta información. Póngalos en tablillas fuera de los refrigeradores y congeladores, cerca de las áreas de preparación y junto al equipo para cocinar y mantener alimentos.

Control de tiempo y temperatura Establezca procedimientos para reducir el tiempo que los alimentos pasan en la zona de temperatura de peligro. Podrían consistir en reducir la cantidad de alimentos que se pueden sacar de un refrigerador para prepararlos.

Medidas correctivas Asegúrese de que los manipuladores de alimentos sepan qué hacer cuando no se cumple con los estándares de tiempo y temperatura. Por ejemplo, si tiene sopa en una mesa de vapor y su temperatura baja a menos de 135°F (57°C) después de dos horas, debe recalentarla a la temperatura correcta o tirarla.

Use sus conocimientos

Más vale prevenir

Ponga una ✕ junto a la práctica que ayuda a prevenir la contaminación cruzada.

1. ________ Usar unas tablas de cortar diferentes para preparar carne cruda y para preparar verduras crudas.
2. ________ Lavar y enjuagar una tabla de cortar después de preparar pescado crudo.
3. ________ Comprar cebollas picadas en lugar de picarlas en el establecimiento.
4. ________ Preparar las ensaladas antes de preparar la carne cruda en la misma mesa de preparación.
5. ________ Usar cuchillos de mango verde para preparar frutas y verduras y cuchillos de mango amarillo para preparar aves crudas.
6. ________ Limpiar las mesas de preparación con un trapo de limpieza cuando va a cambiar de tarea.
7. ________ Cocinar el pollo en el establecimiento en lugar de comprar pollo precocido.

¿Es seguro?

Lea cada historia y decida si el manipuladores de alimentos manejó los alimentos con seguridad. Explique por qué sí, o por qué no, en el espacio disponible.

Anita tenía que preparar 6 sándwiches de ensalada de atún. Fue a refrigerador y sacó una gran bandeja de ensalada de atún y la puso en la mesa de preparación. La interrumpieron varias veces para que ayudara en otras tareas. Después de hacer los sándwiches, cubrió la bandeja de ensalada de atún, le puso la fecha y la regresó al refrigerador.

1. ¿Anita manejó los alimentos con seguridad? ¿Por qué sí o por qué no?

____

____

____

____

____

____

____

Jerry cortó pollos crudos sobre una tabla de cortar en la mesa de preparación. Luego lavó y enjuagó la mesa y el equipo que usó. Después de eso, rebanó cebollas y pimientos sobre la misma tabla de cortar en la mesa de preparación. Antes de terminar su turno, lavó, enjuagó y sanitizó la mesa de preparación y el equipo.

2. ¿Jerry manejó los alimentos con seguridad? ¿Por qué sí o por qué no?

____

____

____

____

____

____

____

Puede ver las respuestas en la página 4.14.

Peligros en el camino de los alimentos
- El camino de los alimentos
- Contaminación cruzada
- Control de tiempo y temperatura

Monitoreo de tiempo y temperatura
- Termómetro bimetálico de varilla
- Termopares y termistores
- Termómetros infrarrojos (láser)
- Otros dispositivos para registrar la temperatura
- Pautas generales para los termómetros

Monitoreo de tiempo y temperatura

Para mantener la seguridad de los alimentos, debe controlar el tiempo que éstos pasan en la zona de temperatura de peligro. Esto requiere de monitoreo. La herramienta más importante que tiene para monitorear la temperatura es el termómetro. Generalmente, en los establecimientos se usan tres tipos.

- Termómetros bimetálicos de varilla
- Termopares
- Termistores

Termómetro bimetálico de varilla

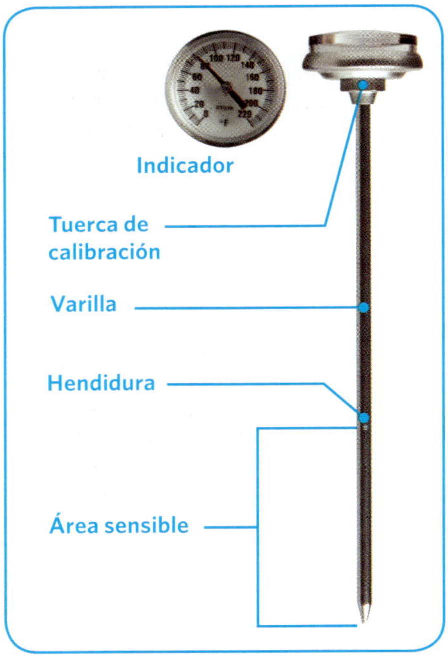

Con un termómetro bimetálico de varilla, como el que se muestra en la foto de la izquierda, se pueden revisar temperaturas de 0°F a 220°F (–18°C a 104°C). Por eso es muy útil para revisar las temperaturas durante el camino de los alimentos. Por ejemplo, lo puede usar para revisar la temperatura de los alimentos cuando los recibe. Y también lo puede usar para revisar los alimentos en las unidades de mantenimiento de alimentos fríos o calientes.

Los termómetros bimetálicos de varilla miden la temperatura mediante su varilla de metal. Cuando mida la temperatura, inserte la varilla en los alimentos hasta llegar a la hendidura. Debe hacer esto porque el área sensible del termómetro va de la punta de la varilla hasta la hendidura. Esta característica hace que el termómetro sea muy útil para revisar la temperatura de alimentos grandes o gruesos. Usualmente no es muy práctico para los alimentos delgados, como la carne para hamburguesas.

Si compra estos termómetros para su establecimiento, asegúrese de que tengan estas características.

Tuerca de calibración Con la tuerca de calibración, puede ajustar el termómetro para que sea preciso.

Marcas fáciles de leer Las marcas claras reducen la posibilidad de que se lea incorrectamente el termómetro. El termómetro debe tener una escala de, por lo menos, dos grados.

Hendidura La hendidura es la marca de la varilla que indica dónde termina el área sensible a la temperatura.

32°F > ice water T.
212°F > Hot boiling H2O T.

Termopares y termistores

En los establecimientos también se usan comúnmente los termistores y los termopares, como el que está en la foto de la izquierda. Miden la temperatura mediante una sonda de metal. Las temperaturas aparecen en una pantalla digital. El área sensible de los termopares y los termistores está en la punta de la sonda. De manera que no tiene que meterlos en los alimentos tanto como los termómetros bimetálicos de varilla para obtener una lectura correcta. Los termopares y los termistores son efectivos para revisar la temperatura de alimentos gruesos y delgados.

Los termopares y los termistores vienen en varios estilos y tamaños. Muchos traen diferentes tipos de sondas. En las fotos que están abajo se muestran varios tipos básicos.

Sondas de inmersión Se usan para medir la temperatura de los líquidos. Entre ellos, las sopas, las salsas y el aceite para freír.

Sondas de superficie Se usan para medir la temperatura del equipo plano para cocinar, como las planchas de las parrillas.

Sondas de penetración Se usan para medir la temperatura interna de los alimentos. Son muy útiles para revisar alimentos delgados, como la carne para hamburguesas y los filetes de pescado.

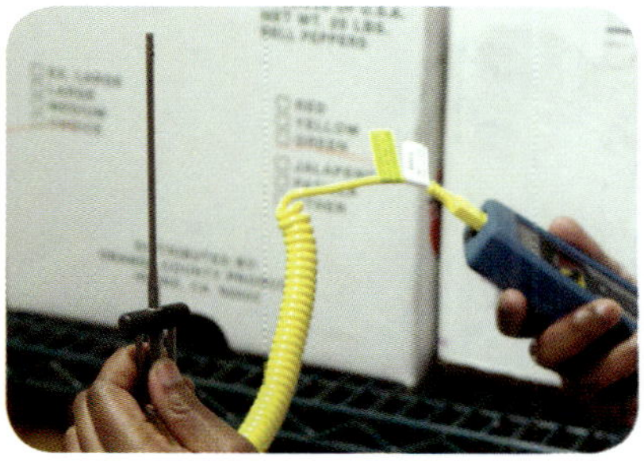

Sondas de aire Se usan para revisar la temperatura dentro de los refrigeradores y los hornos.

Termómetros infrarrojos (láser)

Los termómetros infrarrojos se usan para medir la temperatura de las superficies del equipo y los alimentos. Por ejemplo, el manipulador de alimentos que aparece en la foto de la izquierda está usando uno para medir la temperatura de una parrilla. Estos termómetros son rápidos y fáciles de usar.

Los termómetros infrarrojos no necesitan tocar una superficie para medir su temperatura. Así hay menos posibilidad de contaminación cruzada y de dañar los alimentos. Pero, estos termómetros no pueden medir la temperatura del aire ni la temperatura interna de los alimentos.

Siga estas pautas para usar los termómetros infrarrojos.

Distancia Mantenga el termómetro lo más cerca posible de los alimentos y el equipo sin que tocarlos.

Barreras Elimine todos los obstáculos entre el termómetro y los alimentos, el empaque de los alimentos y el equipo. **No** mida la temperatura a través de metales, como acero inoxidable o aluminio. **No** tome la temperatura a través de vidrios o cristales.

Instrucciones del fabricante Siempre debe seguir las pautas del fabricante. Así obtendrá lecturas más exactas.

Otros dispositivos para registrar la temperatura

Hay otras herramientas disponibles que le pueden ayudar a monitorear la temperatura. Un tipo de ellas es el termómetro de registro máximo. Este termómetro indica la temperatura más alta alcanzada durante su uso y se utiliza cuando no se pueden observar continuamente las lecturas de temperatura. Es muy eficaz para revisar la temperatura de enjuague final de las máquinas lavaplatos.

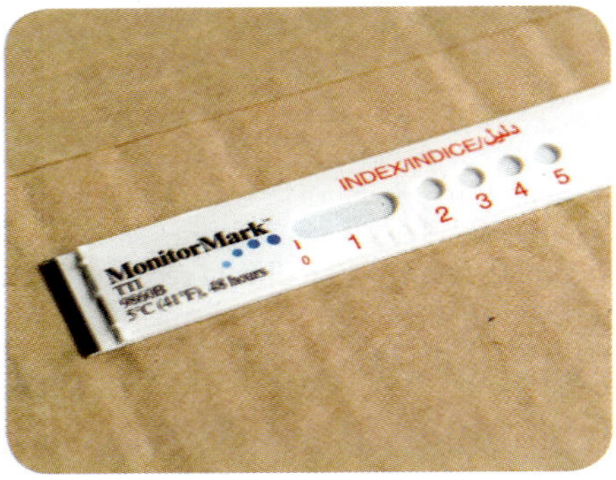

Hay dispositivos que monitorean el tiempo y la temperatura. Un ejemplo de ellos es el indicador de tiempo y temperatura, que se muestra en la foto de la izquierda. El proveedor pega estas etiquetas al empaque. El indicador cambia de color si los alimentos sufren abuso de tiempo y temperatura durante el envío o el almacenamiento. El cambio de color no se puede revertir, así que usted sabrá que los alimentos sufrieron abuso.

Algunos proveedores ponen dispositivos para registrar la temperatura en los camiones de entregas. Estos dispositivos revisan y registran las temperaturas constantemente. Al recibir los alimentos puede revisar el dispositivo para ver si estuvieron a temperaturas seguras durante el transporte.

Pautas generales para los termómetros

Debe saber cómo usar y cuidar cada tipo de termómetro que haya en su establecimiento. En general, siga estas pautas. Sin embargo, siempre debe seguir las instrucciones del fabricante.

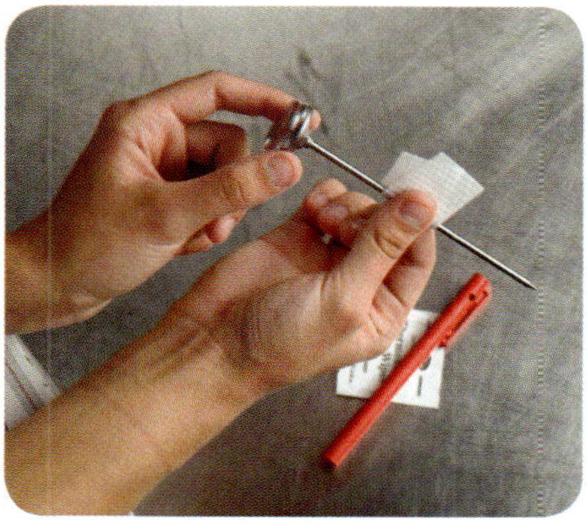

Limpieza y sanitización Los termómetros se deben lavar, enjuagar, sanitizar y secar al aire como se ve en la foto de la izquierda. También debe mantener limpias las cajas de almacenamiento. Para prevenir la contaminación cruzada, haga estas cosas antes y después de usar los termómetros. La solución sanitizante debe ser apropiada para superficies que tienen contacto con alimentos. Siempre debe tener a mano suficientes termómetros limpios y sanitizados.

Calibración Los termómetros pueden perder precisión cuando se golpean o se caen. Esto también puede suceder si sufren un cambio brusco de temperatura. Cuando esto sucede, se debe calibrar o ajustar el termómetro, para que la lectura sea correcta. Para asegurarse de que los termómetros sean exactos, calíbrelos con frecuencia. Debe hacer esto antes de cada turno. También debe hacer esto antes de que llegue la primera entrega. Algunos termómetros no se pueden calibrar y por eso se deben reemplazar. Otros se deben regresar al fabricante para que los calibre. Siga las instrucciones del fabricante acerca de la calibración.

Precisión Los termómetros que se usan para medir la temperatura de los alimentos deben tener una precisión de +/- 2°F o +/- 1°C. Los termómetros que se usan para medir la temperatura del aire en el equipo de almacenamiento de alimentos deben tener una precisión de +/- 3°F o +/- 1.5°C. Un ejemplo es un termómetro colgante en la cámara refrigeradora.

Termómetros de vidrio Los termómetros de vidrio, como los "de dulce" pueden convertirse en contaminantes físicos si se rompen. Sólo se deben usar cuando están dentro de una cubierta protectora.

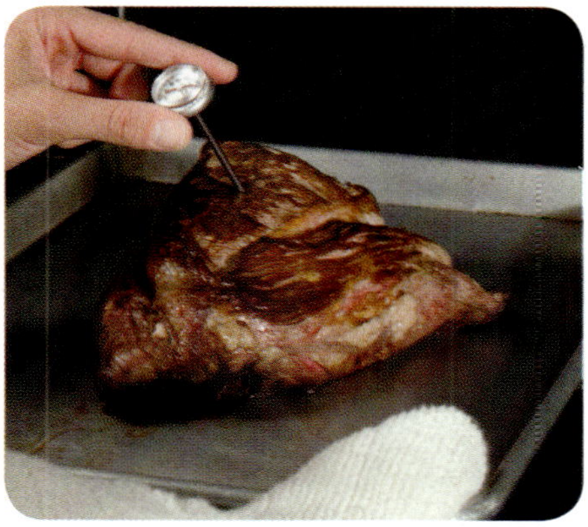

Revisión de la temperatura Al revisar la temperatura de los alimentos, inserte la sonda en la parte más gruesa del alimento, como se muestra en la foto de la izquierda. Usualmente es el centro. Además, debe tomar otra lectura en un lugar diferente. La temperatura podría variar según el área.

Antes de anotar la temperatura, espere a que la lectura del termómetro se estabilice. En los termómetros digitales se puede ver la temperatura de inmediato, pero en los termómetros bimetálicos de varilla se tomará más tiempo. Espere por lo menos 15 segundos después de insertar la varilla del termómetro en los alimentos.

Use sus conocimientos

Escoja el termómetro correcto

Para cada situación, seleccione el (los) mejor(es) termómetro(s). Algunos termómetros se pueden elegir más de una vez. Escriba la letra o las letras en el espacio correcto.

1. A D La temperatura interna de una pechuga de pollo
2. A D La temperatura interna de un asado
3. B La temperatura interna de una olla grande de sopa
4. C F La temperatura de la superficie de una parrilla
5. E La temperatura del aire de un refrigerador

A. Termómetro bimetálico de varilla
B. Termopar con sonda de inmersión
C. Termopar con sonda de superficie
D. Termopar con sonda de penetración
E. Termopar con sonda de aire
F. Termómetro infrarrojo

Puede ver las respuestas en la página 4.14.

Resumen

- El camino de los alimentos es el recorrido que los alimentos hacen por su establecimiento desde la compra hasta el servicio. En este recorrido por el establecimiento, les pueden suceder muchas cosas a los alimentos. Los dos mayores problemas son la contaminación cruzada y el abuso de tiempo y temperatura.
- Para prevenir la contaminación cruzada, use equipo distinto para cada tipo de alimento. Además, debe limpiar y sanitizar todas las superficies de trabajo, el equipo y los utensilios después de cada tarea. Una manera de reducir la posibilidad de la contaminación cruzada es preparar los alimentos listos para comer antes de preparar carne, aves y pescados crudos. Además puede comprar alimentos que no requieran mucha preparación o manipulación.
- El abuso de tiempo y temperatura sucede cuando los alimentos están a temperaturas entre 41°F y 135°F (5°C y 57°C). A este intervalo se le llama "zona de temperatura de peligro". Usted puede tratar de que los alimentos no estén en este intervalo.
- El termómetro es la herramienta más importante que puede usar para prevenir el abuso de tiempo y temperatura. Debe registrar la temperatura de los alimentos con frecuencia y anotar la hora en que se midió.
- Siempre debe meter la varilla o sonda del termómetro en la parte más gruesa del alimento. Si es un termómetro bimetálico de varilla, lo debe meter en el alimento desde la punta hasta el final del área sensible. Antes de anotar la temperatura, espere a que la lectura del termómetro se estabilice. Nunca use termómetros de vidrio en los alimentos a menos de que estén dentro de una cubierta protectora.
- Los termómetros se deben calibrar con frecuencia. Y, lo más importante, los termómetros se deben limpiar y sanitizar antes y después de cada uso.

Caso práctico para repasar el capítulo

Para mantener la seguridad de los alimentos, debe prevenir la contaminación cruzada, prevenir el abuso de tiempo y temperatura, revisar la temperatura de los alimentos usando el tipo correcto de termómetros y mantener exactos los termómetros.

Ahora tome lo que ha aprendido en este capítulo y aplíquelo en el siguiente caso práctico.

A las 6:00 a.m., Kim empezó a trabajar en The Little Bistro. Después de reunirse con el chef, su primera tarea fue hacer quiches (pays) de brócoli para el especial del almuerzo. Para las 6:15 a.m., ya había reunido todos los ingredientes, excepto el brócoli. Trajo sal, huevos, crema, mantequilla y queso y los puso en la mesa de preparación, junto la batidora. En su último viaje al refrigerador, sacó el brócoli. Le tomó más de una hora lavarlo y cortarlo. Finalmente, se puso a mezclar el relleno para la quiche. Rompió los huevos en un tazón. Luego agregó el resto de los ingredientes. Derramó clara de huevo en la mesa y la ensució. Dejó la crema y los huevos restantes en la mesa, trajo del congelador las bases para quiche, ya preparadas, y vertió en ellas el relleno. Cuando metió las quiches al horno ya eran las 10:30 a.m.

Kim se apresuró para empezar su siguiente tarea, hacer ensalada de frutas. Primero, se lavó las manos y se puso guantes. Rápidamente le quitó la cáscara a unos melones, y los rebanó en la mesa de preparación de ensaladas. Con el jugo se ensució la mesa, así que la tuvo que limpiar. Kim se quitó los guantes y se lavó las manos. El timbre del horno sonó antes de que ella pudiera continuar con el resto de la fruta.

Kim revisó las quiches. Se suponía que se debían hornear durante unos 30 minutos. Pero ella no quería cocinarlas demasiado. El chef había dicho que la temperatura interna debería ser de 155°F (68°C). Ella usó un termómetro infrarrojo para revisar la temperatura de una quiche en dos lugares. Las lecturas estaban dentro del intervalo correcto. Sacó las quiches del horno y las puso en una mesa para que se enfriaran. Mientras se enfriaban, Kim regresó a preparar la ensalada de frutas. Se lavó las manos y se puso guantes. Después se apresuró a cortar las fresas, los kiwis y las uvas en la misma mesa donde había cortado los melones. Cuando iba al refrigerador para sacar el aderezo de cítricos para la ensalada, se dio cuenta de que había dejado afuera los huevos y la crema.

A las 11:45 a.m. el almuerzo estaba en su punto más activo. Cuando regresaba al refrigerador tomó los huevos y los guardó. Después de aderezar la ensalada, la metió al refrigerador, junto con el aderezo. Limpió la mesa de preparación y guardó la crema sobrante. Cuando las cosas se tranquilizaron, Kim limpió y sanitizó la batidora y las dos mesas que había usado.

¿Qué errores cometió Kim?

Puede ver las respuestas en la página 4.14.

Preguntas de estudio

Encierre en un círculo la mejor respuesta para cada pregunta.

1. **Un manipulador de alimentos terminó de cortar pollo crudo en una tabla de cortar y la necesita para preparar verduras. ¿Qué le debe hacer a la tabla de cortar?**

   A Debe secarla con una toalla de papel.
   B Debe voltearla y usar el otro lado.
   C Debe lavarla, enjuagarla y sanitizarla.
   D Debe lavarla con agua caliente y secarla al aire.

2. **¿Hasta dónde se debe meter el termómetro bimetálico de varilla en los alimentos para obtener la temperatura precisa?**

   A Hasta la punta de la varilla del termómetro
   B Hasta un poco después de la punta de la varilla del termómetro
   C Hasta después de la hendidura de la varilla del termómetro
   D Hasta la hendidura de la varilla del termómetro

3. **¿Qué sonda se debe utilizar para revisar la temperatura de una olla grande de chili?**

   A Sonda de aire
   B Sonda de inmersión
   C Sonda de penetración
   D Sonda de superficie

4. **¿A qué temperaturas crece más rápidamente la mayoría de los patógenos transmitidos por alimentos?**

   A Entre 0°F y 41°F (-17°C y 5°C)
   B Entre 45°F y 65°F (7°C y 18°C)
   C Entre 70°F y 125°F (21°C y 52°C)
   D Entre 130°F y 165°F (54°C y 74°C)

5. **¿Qué tipo de termómetro puede leer la temperatura sin tocar la superficie del objeto?**

   A Sonda de aire
   B Sonda de inmersión
   C Infrarrojo
   D TTI (indicador de tiempo y temperatura)

⑥ **¿Qué precisión debe tener un termómetro que se use para medir la temperatura de los alimentos?**

A +/- 2°F ó +/- 1°C

B +/- 4°F ó +/- 3°C

C +/- 6°F ó +/- 5°C

D +/- 8°F ó +/- 7°C

⑦ **¿Qué dispositivo se puede usar para registrar el abuso de tiempo y temperatura durante la entrega de los alimentos?**

A Termómetro bimetálico de varilla

B Termistor

C Termopar

D Indicador de tiempo y temperatura

Puede ver las respuestas en la página 4.14.

Respuestas

4.5 Más vale prevenir

Se deben marcar 1, 3, 4 y 5.

4.5 ¿Es seguro?

① No. Anita sacó más ensalada de atún de la que necesitaba para hacer una pequeña cantidad de sándwiches. Esto causó que la ensalada de atún sufriera abuso de tiempo y temperatura, que empeoró por tantas interrupciones.

② No. Jerry no sanitizó la mesa y el equipo después de cortar los pollos. Los pollos podrían haber contaminado las cebollas y los pimientos.

4.10 Escoja el termómetro correcto

① A, D

② A, D

③ B

④ C, F

⑤ E

4.11 Caso práctico para repasar el capítulo

Kim cometió los siguientes errores.

- Dejó los huevos y la crema demasiado tiempo a temperatura ambiente. El relleno para las quiches estuvo a temperatura ambiente 4 horas y 15 minutos. La crema y los huevos sobrantes estuvieron a temperatura ambiente 5 horas y media. Debería haber tirado la crema y los huevos que sobraron.
- Usó el tipo incorrecto de termómetro para medir la temperatura interna de las quiches.
- Permitió que las quiches se enfriaran a temperatura ambiente y no las almacenó correctamente.
- No limpió ni sanitizó la mesa de preparación que estaba junto la batidora después de terminar de preparar las quiches.
- No limpió ni sanitizó la mesa de preparación de ensaladas después de que cortó los melones y antes de preparar el resto de la fruta.
- Se debería haber lavado las manos antes de preparar las quiches.

4.12 Preguntas de estudio

① C

② D

③ B

④ C

⑤ C

⑥ A

⑦ D

Notas

capítulo 5
El camino de los alimentos: Compra, recepción y almacenamiento

Principios generales de compra y recepción
- Compras
- Recepción e inspección

Almacenamiento
- Etiquetado
- Marcado de la fecha
- Temperaturas
- Rotación
- Prevención de la contaminación cruzada

((Noticias))

Brote mortal relacionado con prácticas de almacenamiento incorrectas

Dos muertos y 68 enfermos graves fueron el resultado de un brote de *E. coli* en un restaurante familiar del Medio Oeste. En una investigación se descubrió que varios paquetes de 10 libras de carne de res molida cruda se habían almacenado en el estante superior de una cámara refrigeradora. Las autoridades determinaron que el líquido de la carne de res molida había caído sobre el pan y las cajas de leche con chocolate que estaban debajo de la carne. Los clientes que comieron el pan o que bebieron la leche con chocolate se enfermaron. El establecimiento, que había cerrado voluntariamente para la investigación, nunca volvió a abrir sus puertas.

Usted puede prevenir esto

En la historia anterior, las prácticas incorrectas de almacenamiento causaron la contaminación de alimentos. Desafortunadamente, el problema no se descubrió a tiempo para prevenir la tragedia.

En este capítulo aprenderá sobre las prácticas de almacenamiento que pueden ayudarle a prevenir este tipo de situación. También aprenderá sobre las prácticas que puede implementar para ayudar a asegurarse de que los alimentos que reciba sean seguros.

- Comprar alimentos a proveedores aprobados y con buena reputación
- Usar criterios para aceptar o rechazar los alimentos durante la entrega
- Poner etiquetas y fechas a los alimentos
- Almacenar alimentos y otros productos para prevenir el abuso de tiempo y temperatura y la contaminación

Principios generales de compra y recepción
- Compras
- Recepción e inspección

Almacenamiento
- Etiquetado
- Marcado de la fecha
- Temperaturas
- Rotación
- Prevención de la contaminación cruzada

Principios generales de compra y recepción

Cuando los alimentos ya no son seguros no hay remedio. Por eso debe asegurarse de que a su establecimiento lleguen sólo alimentos seguros. Si compra los alimentos a proveedores aprobados y con buena reputación y tiene buenos procedimientos para las entregas, ayudará a proteger la seguridad y la calidad de los alimentos que usa su establecimiento.

Compras

Antes de aceptar las entregas, asegúrese de que los alimentos que compró sean seguros. Siga estas pautas:

Foto cortesía de Boskovich Farms, Inc.

Proveedores aprobados y de buena reputación   Los alimentos se deben comprar a proveedores aprobados y de buena reputación. Estos proveedores han sido inspeccionados y pueden mostrarle el informe de inspección. También cumplen todas las leyes federales, estatales y locales aplicables. Esto se aplica a todos los proveedores de la cadena de provisión. La cadena de provisión de su establecimiento podría incluir granjeros (como se muestra en la foto de la izquierda), intermediarios, empacadores, fabricantes, distribuidores (bodegas y camiones de flete) y mercados locales.

Desarrolle una relación con sus proveedores y conozca sus prácticas de seguridad de los alimentos. Analice si debe revisar los informes de inspección más recientes. Estos informes pueden provenir del Departamento de Agricultura de EE.UU. (USDA), de la Administración de Alimentos y Drogas (FDA) o de un inspector de otra organización. Se deben basar en las Prácticas de Buena Fabricación (GMP) o en las Prácticas de Buena Agricultura (GAP). Asegúrese de que el informe de inspección cubra las siguientes áreas:

- Recepción y almacenamiento
- Procesamiento
- Transportación
- Limpieza y sanitización
- Higiene personal
- Entrenamiento de los empleados
- Programa de retiro de productos
- Programa HACCP u otro sistema de seguridad de los alimentos

Muchos establecimientos hacen listas de proveedores basándose en las especificaciones, estándares y procedimientos de la compañía. Sin embargo, en estas listas sólo deben incluirse proveedores aprobados.

Entregas   Los proveedores deben entregar los alimentos cuando los empleados tengan tiempo suficiente para hacer las inspecciones. Programe las entregas para horas en que se puedan recibir correctamente.

Recepción e inspección

Debe tomar los pasos necesarios para asegurarse de que en el proceso de recepción e inspección no haya problemas y de que sea seguro. Asigne a empleados específicos la responsabilidad de recibir las entregas. Entrénelos para que sigan las pautas de seguridad de los alimentos. En la foto de la izquierda, una gerente está entrenando a un manipulador de alimentos sobre la inspección de frutas y verduras. Entregue a los empleados las herramientas que necesiten, incluyendo órdenes de compra, termómetros y básculas. Después asegúrese de que estén disponibles suficientes empleados entrenados para recibir e inspeccionar los alimentos oportunamente. Esto comienza con la inspección visual de los camiones de entregas para buscar señales de contaminación. Continúa con la inspección visual de los alimentos y su revisión para asegurarse de que se hayan recibido a la temperatura correcta. Después de la inspección, los alimentos se deben almacenar lo más rápido posible en las áreas correctas. Esto se aplica sobre todo a los productos congelados y refrigerados.

Entregas cuando el establecimiento está cerrado

Algunos establecimientos de servicio de alimentos reciben entregas cuando están cerrados. A esto se le conoce en inglés con el término "key drop delivery". Se le da al proveedor una llave o un método para entrar al establecimiento y hacer la entrega. Después los productos se llevan a los refrigeradores, congeladores y áreas de almacenamiento seco. La entrega se debe inspeccionar cuando usted llega al establecimiento y debe cumplir las siguientes condiciones:

- Proviene de una fuente aprobada.
- Se colocó en el lugar de almacenamiento correcto para mantener la temperatura requerida.
- Se protegió contra la contaminación durante el almacenamiento.
- No está contaminada.
- Se presentó con honradez.

Cómo rechazar artículos

Si tiene que rechazar un artículo, apártelo de los productos que va a aceptar. Y dígale al encargado de la entrega exactamente cuál es el problema del producto que va a rechazar. Asegúrese de que el encargado le dé una nota de crédito, o de ajuste, firmada antes de regresarle los productos rechazados. Finalmente, registre el incidente en la factura o en el comprobante de la entrega.

A veces podría reacondicionar y usar artículos que se podrían haber rechazado. Por ejemplo, un envío de latas que tienen superficies contaminadas se puede limpiar y sanitizar, y después de esto se podría usar. Sin embargo, estas mismas latas no se podrían reacondicionar si están dañadas.

Retirada de productos

Algunas veces, el fabricante de los alimentos que usted recibe podría retirarlos del mercado. Esto podría suceder cuando se sospecha o se confirma que hay contaminación de los alimentos. Esto también podría ocurrir cuando a los artículos se les puso la etiqueta o la marca incorrectas. Con frecuencia, los alimentos son retirados del mercado porque en la etiqueta no se identificaron las sustancias alergénicas. La mayoría de los proveedores le avisarán acerca del retiro de productos. Sin embargo, también debe monitorear las notificaciones de retiro de productos hechas por la Administración de Alimentos y Drogas (FDA) y por el Departamento de Agricultura de EE.UU. (USDA). Siga estas pautas cuando le notifiquen un retiro de productos.

- Para identificar los alimentos retirados del mercado, compare la información del aviso de retiro con el producto. Esto podría incluir la identificación del fabricante, la hora en que se manufacturó el artículo y su fecha de uso.
- Saque el artículo del inventario y póngalo en un lugar seguro y apropiado, como un refrigerador o un área de almacenamiento seco. El artículo retirado se debe almacenar separado de otros alimentos, utensilios, equipo, manteles, servilletas y artículos de un solo uso.
- Etiquete el artículo de manera que se prevenga que lo regresen al inventario. Algunos establecimientos les ponen a los productos retirados una etiqueta que indica que no se deben usar y no se deben tirar. Informe a los empleados que no deben usar este producto.
- Consulte la notificación del proveedor o el aviso de retiro para saber qué hacer con el artículo. Por ejemplo, le podrían indicar que lo tire o que lo regrese al proveedor.

Temperatura

Use termómetros para revisar la temperatura de los alimentos durante su recepción. Los siguientes ejemplos explican cómo revisar las temperaturas de varios tipos de alimentos.

Revisión de la temperatura de varios tipos de alimentos

Carne, aves y pescado Meta la varilla o sonda del termómetro directamente en la parte más gruesa del alimento. Usualmente el centro es la parte más gruesa.

Alimentos empacados con reducción de oxígeno (empacados con atmósfera modificada, al vacío y *sous vide*) Meta la varilla o sonda del termómetro entre dos paquetes. Si el paquete lo permite, dóblelo alrededor de la varilla o sonda del termómetro. Tenga cuidado de **NO** perforar el empaque.

Otros alimentos empacados Abra el paquete e introduzca la varilla o sonda del termómetro en el alimento. El área sensible debe estar completamente sumergida en el alimento. La varilla o sonda **NO** debe tocar el paquete.

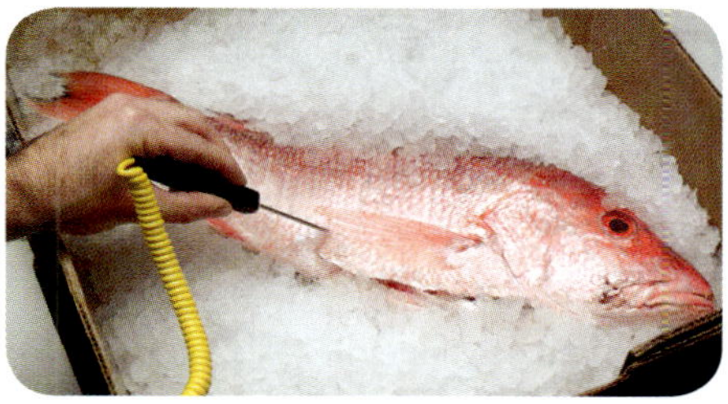

Las entregas también deben cumplir ciertos criterios de temperatura.

Alimentos fríos Reciba los alimentos fríos que necesitan control de tiempo y temperatura a 41°F (5°C), o menos, a no ser que se especifique otra cosa.

Mariscos vivos Reciba ostras, mejillones, almejas y vieiras a una temperatura del aire de 45°F (7°C) y a una temperatura interna menor a 50°F (10°C). Después de recibirlos, los mariscos se deben enfriar a 41°F (5°C), o menos, en cuatro horas.

Mariscos desbullados Recíbalos a 45°F (7°C), o menos. Enfríe los mariscos a 41°F (5°C), o menos, en cuatro horas.

Leche Se debe recibir a 45°F (7°C), o menos. Enfríe la leche a 41°F (5°C), o menos, en cuatro horas.

Huevos frescos Se deben recibir a una temperatura del aire de 45°F (7°C), o menor.

Alimentos calientes Mantenga los alimentos calientes que necesitan control de tiempo y temperatura a 135°F (57°C), o más.

Alimentos congelados Los alimentos congelados deben estar totalmente congelados cuando se reciben.

Rechace los alimentos congelados por las siguientes razones:

- Hay líquidos o manchas de agua en el fondo de la caja o en el empaque.
- Hay cristales de hielo o líquidos congelados en los alimentos o en el empaque. Esto podría ser evidencia de que se descongelaron y se congelaron de nuevo, lo que indica abuso de tiempo y temperatura. En la foto de la izquierda hay un alimento que tiene evidencias de que se descongeló y se volvió a congelar.

Empaque

Los alimentos y los artículos no comestibles, como los vasos de un solo uso, los utensilios y las servilletas, deben estar empacados correctamente cuando los reciba. Los artículos se deben entregar en su empaque original con la etiqueta del fabricante. El empaque debe estar intacto y limpio y debe proteger contra la contaminación los alimentos y las superficies que tienen contacto con ellos. Rechace los alimentos y otros artículos si el empaque tiene alguno de los siguientes problemas:

Daños Rechace los artículos que presenten agujeros, rasgaduras o perforaciones en el empaque. Igualmente, rechace las latas cuyas etiquetas no estén intactas o que tengan extremos inflados, herrumbre o abolladuras. Todos los alimentos empacados en un ambiente con reducción de oxígeno, cómo la carne empacada al vacío, se deben rechazar si el empaque está inflado o gotea. También debe rechazar los artículos con sellos o cartones rotos, y los artículos con empaque sucio o decolorado. **No** acepte cajas ni paquetes que parezcan haber sido alterados.

Líquidos Rechace los artículos que tengan fugas, estén húmedos o tengan manchas de agua (lo que indica que el artículo estuvo mojado en algún momento), como se muestra en la foto de la izquierda.

Plagas Rechace los artículos que tengan señales de plagas o de daños causados por plagas.

Fechas Los alimentos deben tener las etiquetas correctas. **No** acepte alimentos a los que les falten las fechas de uso o de caducidad del fabricante. Rechace los artículos que hayan sobrepasado sus fechas de uso o de caducidad. Algunos establecimientos ponen etiquetas a los alimentos indicando la fecha en que se recibieron los artículos para ayudar en la rotación de inventario durante el almacenamiento.

Documentos

Los alimentos se deben entregar con los documentos correctos. Por ejemplo, los mariscos deben traer sus etiquetas de identificación de mariscos. Estas etiquetas indican cuándo y dónde se pescó el marisco. Se deben conservar en el archivo durante 90 días a partir de la fecha en que se utilizó el último marisco del recipiente de la entrega.

El pescado que se comerá crudo o parcialmente cocinado se debe recibir con la documentación correcta. Estos documentos deben indicar que el pescado se congeló correctamente antes de que usted lo recibiera. Mantenga estos documentos 90 días a partir de la fecha de la venta del pescado. Si se trata de pescado de criadero, debe tener documentación que compruebe que el pescado se crió cumpliendo los estándares de la FDA. Estos documentos se deben mantener 90 días a partir de la fecha de la venta del pescado.

Calidad de los alimentos

La mala calidad de los alimentos puede ser una señal de que sufrieron abuso de tiempo y temperatura y quizá no sean seguros. Colabore con sus proveedores para definir criterios de seguridad y calidad específicos para los alimentos que recibe usualmente. Rechace los alimentos que tengan alguno de los siguientes problemas:

Aspecto Rechace los alimentos que tengan moho o un color anormal. También debe rechazar los alimentos que estén húmedos cuando deberían estar secos, como el salami. No acepte alimentos con señales de plagas o con daños causados por plagas.

Textura Rechace la carne, el pescado y las aves que tengan una textura viscosa, pegajosa o seca. También rechácelos si tienen una textura blanda en la que queda una marca al tocarlos.

Olor Rechace los alimentos que tengan olor desagradable o anormal.

Además de las pautas anteriores, debe rechazar los artículos que no cumplan con los estándares de calidad de la compañía.

Use sus conocimientos

¿Aceptar o Rechazar?

Escriba una **A** a un lado de los alimentos que debe aceptar. Escriba una **R** a un lado de los alimentos que debe rechazar.

1. ________ Pollo que se recibe a una temperatura interna de 50°F (10°C)
2. ________ Lata de frijoles bayos rojos que tiene una pequeña abolladura
3. ________ Huevos en cascarón recibidos a una temperatura del aire de 45°F (7°C)
4. ________ Salmón fresco cuya carne recupera su forma después de tocarla
5. ________ Bolsa de harina que está seca pero tiene huellas de humedad
6. ________ Ostras vivas sin etiquetas de identificación de mariscos
7. ________ Carne congelada con grandes cristales de hielo en el empaque
8. ________ Leche recibida a 50°F (10°C)
9. ________ Queso mozzarella con pequeños puntos de moho
10. ________ Tocino empacado al vacío con el sello roto pero sin otros daños evidentes

Puede ver las respuestas en la página 5.18.

Principios generales de compra y recepción
- Compras
- Recepción e inspección

Almacenamiento
- Etiquetado
- Marcado de la fecha
- Temperaturas
- Rotación
- Prevención de la contaminación cruzada

Almacenamiento

Seguir buenas pautas de almacenamiento para alimentos y otros productos le ayudará a mantenerlos seguros y a preservar su calidad. En general, debe etiquetar y marcar la fecha en sus alimentos correctamente. También debe rotar los alimentos y almacenarlos a la temperatura correcta. Finalmente, debe almacenar los artículos de manera en que se prevenga la contaminación cruzada.

Etiquetado

Etiquetar los alimentos es muy importante por muchas razones. Se han causado enfermedades debido a que productos químicos sin etiqueta fueron confundidos con harina, azúcar o levadura en polvo.

Hay clientes que sufrieron reacciones alérgicas porque los alimentos se prepararon accidentalmente con una sustancia alergénica que no tenía etiqueta.

Cómo etiquetar los alimentos para usarlos en el establecimiento

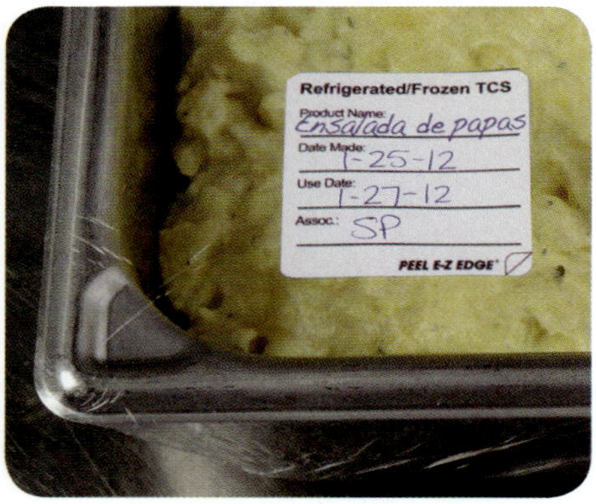

- Se deben etiquetar todos los artículos que no estén en sus recipientes originales.
- Las etiquetas de los alimentos deben incluir el nombre común del alimento o una declaración que lo identifique con claridad y exactitud, como se muestra en la foto de la izquierda.
- No es necesario etiquetar los alimentos si es obvio que no se confundirán con otros. Los alimentos deben ser fácilmente identificables con sólo verlos.

Cómo etiquetar los alimentos que se empacan en el establecimiento para vender al menudeo

Debe etiquetar los alimentos que se empacan en el establecimiento para venderlos a clientes que se los llevarán a casa, como el aderezo embotellado para ensalada. La etiqueta debe incluir la siguiente información.

- El nombre común del alimento o una declaración que lo identifique con claridad.
- La cantidad del alimento.
- La lista de ingredientes y subingredientes por peso, en orden descendente. Esto es necesario si el artículo contiene dos ingredientes o más.
- La lista de saborizantes y colorantes artificiales que tiene el alimento. También se deben enlistar los conservantes químicos.
- El nombre y el lugar del negocio del fabricante, empacador o distribuidor.
- La fuente de cada sustancia alergénica importante que contiene el alimento. Esto no es necesario si la fuente ya es parte del nombre común del ingrediente.

Estos requisitos de etiquetado no se aplican a las sobras de los clientes que se colocan en recipientes para llevar.

Marcado de la fecha

! Alerta de patógeno

La refrigeración hace más lento el crecimiento de las bacterias. Algunos tipos, como la *Listeria monocytogenes*, crecen bien a temperaturas de refrigeración. Cuando los alimentos se refrigeran por largos períodos, estas bacterias pueden crecer hasta el punto de causar enfermedades. Por esta razón, los alimentos listos para comer que necesitan control de tiempo y temperatura se deben marcar si se van a mantener más de 24 horas. Se debe marcar cuando se deben vender, comer o tirar los alimentos.

Los alimentos listos para comer que necesitan control de tiempo y temperatura se pueden almacenar sólo por siete días si se mantienen a 41°F (5°C), o menos. El conteo comienza el día que se preparan los alimentos o que se abre el recipiente comercial. Por ejemplo, el manipulador de alimentos que preparó y almacenó la ensalada de papa el 1 de octubre, debería escribir en la etiqueta el 7 de octubre como la fecha para tirarla.

Los establecimientos tienen diferentes sistemas para marcar la fecha. Algunos escriben en la etiqueta el día o la fecha en que se prepararon los alimentos. Otros escriben la fecha o el día de uso en la etiqueta, como se muestra en la foto de la izquierda.

Algunas veces, los alimentos procesados comercialmente tendrán una fecha de uso que es anterior a siete días desde que se abrió el recipiente. En este caso, el recipiente se debe marcar con esta fecha de uso, si la fecha se basa en la seguridad de los alimentos.

Al combinar alimentos en un platillo con diferentes fechas de uso, la fecha para desechar el platillo se debe basar en el alimento que se preparó primero.

Este es un ejemplo: un manipulador de alimentos usa camarones y salchicha para preparar un platillo jambalaya el 4 de diciembre. La fecha de uso de los camarones es el 8 de diciembre y la fecha de uso de la salchicha es el 10 de diciembre. Por eso, la fecha de uso del jambalaya es el 8 de diciembre.

Temperaturas

Los patógenos pueden crecer cuando los alimentos no se almacenan a la temperatura correcta. Siga estas pautas para mantener seguros los alimentos:

- Almacene los alimentos que necesitan control de tiempo y temperatura a una temperatura interna de 41°F (5°C), o menos, o de 135°F (57°C), o más.
- Almacene los alimentos congelados a temperaturas que los mantengan congelados.
- Asegúrese de que las unidades de almacenamiento tengan por lo menos un dispositivo para medir la temperatura del aire. Deben tener una exactitud de +/- 3°F ó +/- 1.5°C. Este dispositivo se debe poner en la parte más caliente de las unidades refrigeradas y en la parte más fría de las unidades de mantenimiento caliente. El termómetro colgante de la foto de la izquierda es un tipo de instrumento para medir la temperatura que se usa en los refrigeradores.

- No llene demasiado los refrigeradores y congeladores. Si almacena demasiados artículos, obstruirá la circulación del aire y la unidad trabajará más para mantenerse fría. Recuerde que al abrir con frecuencia el refrigerador entrará aire caliente, lo que puede afectar la seguridad de los alimentos.
- Use estantes abiertos. No forre los estantes con papel aluminio, bandejas de metal o papel. Esto bloquea la circulación del aire frío en la unidad.
- Monitoree con frecuencia la temperatura de los alimentos. Tome al azar la temperatura de los alimentos almacenados para verificar que el refrigerador esté funcionando.

Rotación

Los alimentos se deben rotar en el almacenamiento para mantener la calidad y limitar el crecimiento de patógenos. Los alimentos se deben rotar para que los que tienen la fecha de uso o de caducidad se usen antes de los que tienen fechas posteriores.

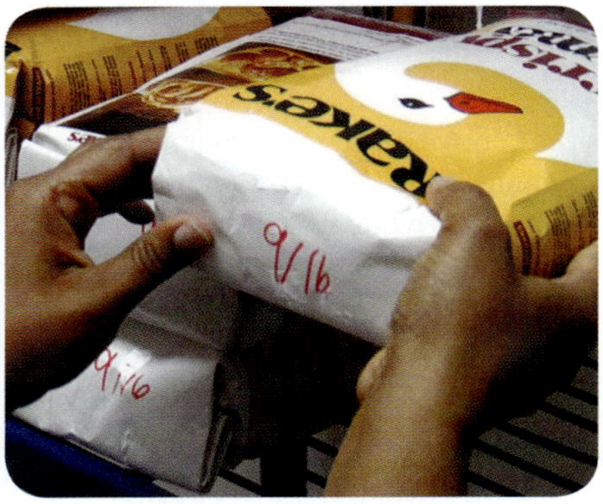

Muchos establecimientos usan el método Primeras entradas, primeras salidas para rotar los alimentos refrigerados, congelados y secos. Esta es una manera de usar tal método:

1. Identifique la fecha de uso o de caducidad del alimento.
2. Almacene los artículos que tienen la fecha de caducidad más próxima delante de los artículos que tienen fechas posteriores, como se muestra en la foto de la izquierda.
3. Después de almacenar los artículos, use primero los del frente.
4. Tire los alimentos que hayan rebasado la fecha de uso o de caducidad establecida por el fabricante.

Prevención de la contaminación cruzada

Los alimentos se deben almacenar de manera que se prevenga la contaminación cruzada. Siga las pautas de esta sección.

Suministros

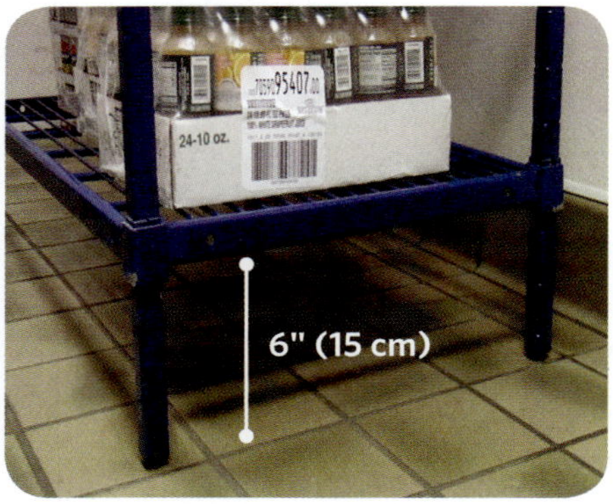

- Coloque los alimentos en las áreas de almacenamiento designadas.
- Almacene los alimentos lejos de las paredes y separados al menos seis pulgadas (15 centímetros) del piso, como se muestra en la foto de la izquierda.
- Almacene los artículos de un solo uso (por ejemplo, vasos de un solo uso, guantes de un solo uso) en su empaque original.

Recipientes

- Almacene los alimentos en recipientes diseñados para este propósito.
- Use recipientes que sean duraderos, a prueba de goteo y se puedan tapar o sellar.
- **NUNCA** guarde productos químicos en recipientes de alimentos vacíos. **NUNCA** ponga alimentos en recipientes de productos químicos vacíos.

Limpieza

Mantenga las áreas de almacenamiento limpias y secas. Limpie con frecuencia los pisos, paredes y estantes de los refrigeradores, congeladores, áreas de almacenamiento seco y los gabinetes calientes, como se muestra en la foto de la izquierda. Limpie los derrames y los goteos de inmediato para evitar que contaminen los alimentos.

- Limpie los carritos y las bandejas con frecuencia.
- Almacene los alimentos en recipientes que hayan sido limpiados y sanitizados.
- Almacene las servilletas y manteles sucios lejos de los alimentos. Póngalos en recipientes limpios no absorbentes. También los puede guardar en bolsas para ropa sucia que se puedan lavar.

Orden del almacenamiento

- Envuelva o cubra los alimentos. Almacene la carne, las aves y los mariscos crudos separados de los alimentos listos para comer. Si los alimentos crudos y los listos para comer no se pueden almacenar por separado, almacene los alimentos listos para comer arriba de la carne, las aves y los mariscos crudos, como se muestra en la foto de abajo. Así se evitará que los jugos de los alimentos crudos caigan sobre los alimentos listos para comer.
- La carne, las aves y los mariscos crudos se pueden almacenar con los alimentos listos para comer o arriba de ellos en el congelador si todos los productos fueron procesados y empacados comercialmente. Los alimentos congelados que se están descongelando en refrigeradores también se deben poner debajo de los alimentos listos para comer.
- Almacene la carne, las aves y los mariscos crudos en los refrigeradores en el orden siguiente de arriba hacia abajo: mariscos, cortes enteros de res y cerdo, carne molida y pescado molido y aves enteras y molidas. Este orden se basa en la temperatura interna mínima de cocción de cada alimento. Como excepción, la carne molida y el pescado molido se pueden almacenar arriba de los cortes enteros de res y cerdo. Para lograr esto, asegúrese de que el empaque mantenga afuera a los patógenos y los productos químicos. Tampoco debe gotear.

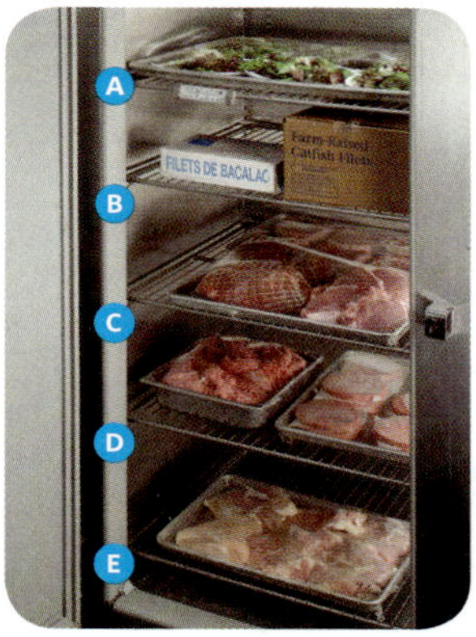

A Alimentos listos para comer

B Mariscos

C Cortes enteros de res y cerdo

D Carne molida y pescado molido

E Aves enteras y molidas

Lugar de almacenamiento

Los alimentos se deben almacenar en un lugar limpio y seco lejos del polvo y de otros contaminantes. **NUNCA** almacenar los alimentos en estas áreas para prevenir la contaminación:

- Armarios o vestuarios
- Baños o áreas para basura
- Cuartos de máquinas
- Debajo de cañerías expuestas o de tuberías que goteen
- Debajo de escaleras

Use sus conocimientos

Cargue el refrigerador

A un lado de cada alimento, escriba la letra del estante en el que se debe colocar.

① ______ Carne entera

② ______ Pollo entero

③ ______ Pay de nuez

④ ______ Carne de res molida cruda

⑤ ______ Pescado crudo

¿Cuáles son los errores en este dibujo?

Encuentre las prácticas peligrosas que hay en esta ilustración.

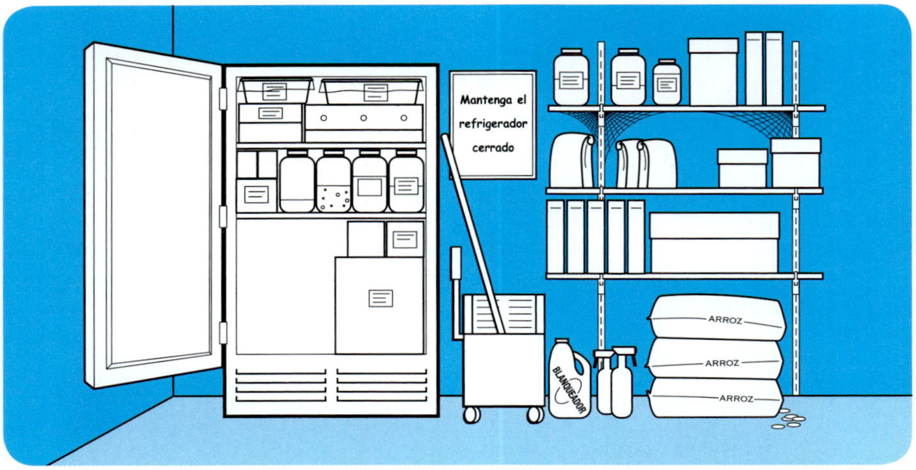

____

____

____

Puede ver las respuestas en la página 5.18.

Resumen del capítulo

- Los alimentos se deben comprar a proveedores aprobados y con buena reputación. Estos proveedores se deben inspeccionar y cumplir todas las leyes federales, estatales y locales aplicables.
- Las entregas se deben inspeccionar por empleados designados y entrenados para seguir las pautas de seguridad de los alimentos. Esto incluye una inspección visual de los alimentos y revisiones para asegurarse de que los alimentos se reciban a la temperatura correcta.
- Algunas veces, el fabricante de los alimentos podría retirarlos del mercado. Identifique estos artículos, sáquelos del inventario y póngalos en un lugar seguro y apropiado. Márquelos para que los empleados no los usen.
- Los alimentos fríos que necesitan control de tiempo y temperatura se deben recibir a 41°F (5°C), o menos. Los alimentos calientes que necesitan control de tiempo y temperatura se deben recibir a 135°F (57°C), o más. Los alimentos congelados siempre se deben recibir congelados. Algunos artículos tienen otros requerimientos de temperatura. Los alimentos recibidos deben tener el color, la textura y el olor correctos.
- El empaque de los alimentos entregados debe estar intacto y limpio y debe proteger contra la contaminación. No debe haber señales de plagas ni de humedad. Los alimentos deben tener las etiquetas correctas y contener la documentación correcta.
- Los alimentos se deben almacenar de manera que se prevenga la contaminación cruzada. Mantenga la carne, las aves y los pescados crudos, separados de los alimentos cocinados y listos para comer. Si esto no es posible, almacene los alimentos listos para comer arriba de la carne, las aves y los mariscos crudos.
- Los alimentos se deben etiquetar antes de almacenarlos. La etiqueta debe tener el nombre común del alimento. También se debe poner la fecha a los alimentos que necesitan control de tiempo y temperatura preparados en su establecimiento y que se mantendrán más de 24 horas. Estos alimentos se deben almacenar sólo siete días si se mantienen a 41°F (5°C), o menos.
- Los alimentos sólo se deben almacenar en las áreas de almacenamiento designadas. Deben estar lejos de las paredes y separados por lo menos 6 pulgadas (15 centímetros) del piso. Los alimentos almacenados siempre se deben rotar para usar los artículos más viejos primero.

Caso práctico para repasar el capítulo

Para mantener seguros los alimentos durante la compra, la recepción y el almacenamiento, debe saber cómo comprar a proveedores aprobados y con buena reputación; usar criterios para aceptar o rechazar los alimentos durante la entrega; etiquetar y fechar los alimentos, y almacenar alimentos y otros productos para prevenir el abuso de tiempo y temperatura y la contaminación.

Ahora tome lo que ha aprendido en este capítulo y aplíquelo en el siguiente caso práctico.

En un cálido día de verano, llegó una entrega al restaurante italiano Enrico's. Alyce, que está a cargo de recibir las entregas, empezó a inspeccionar el envío. Primero inspeccionó las bolsas de camarones congelados. Alyce notó que había cristales de hielo dentro de las bolsas y creyó que eso era una buena señal de que los camarones todavía estaban congelados.

Después usó un termómetro para tomar la temperatura de los paquetes de carne de res molida empacada al vacío, que era de 40°F (4°C). Posteriormente Alyce usó el mismo termómetro para medir la temperatura del salmón fresco. El salmón estaba en hielo, pero parecía que mucho del hielo se había derretido. La temperatura interna del salmón era de 43°F (6°C) y la carne recuperaba su forma después de tocarla. Aceptó la carne de res molida y el salmón y los puso a un lado para llevarlos adentro.

Alyce no deseaba malgastar tiempo limpiando y sanitizando la sonda y tocó con la mano varios envases de crema agria. Se sentían fríos, así que Alyce los puso a un lado para almacenarlos. Finalmente, Alyce inspeccionó las cajas de pasta. Una de las cajas estaba desgarrada, pero la pasta que estaba dentro no parecía dañada.

Cuando terminó de recibir los alimentos, Alyce estaba lista para almacenarlos. Primero llevó las bolsas de camarones al congelador. Se preguntó quién habría dejado la puerta del congelador entreabierta. Alyce cargó la crema agria en un carrito y la llevó al refrigerador pequeño. Cuando abrió el refrigerador, notó que estaba muy lleno. Pero pudo poner la caja en el estante más alto, aunque estaba un poco apretada.

Después, llevó varias cajas de carne de res molida fresca y de salmón fresco a la cámara refrigeradora. Notó que la pantalla que está afuera del refrigerador indicaba 39°F (4°C). Alyce empujó las cortinas plásticas de la cámara y, cuando entraba, chocó con una olla grande de sopa caliente. Hizo a un lado la sopa y creó un espacio para la carne de res molida. Pudo poner el salmón en el estante arriba de la sopa. Alyce saludó a Mary, que acababa de limpiar los estantes de la unidad y los estaba recubriendo con papel aluminio nuevo.

1. ¿Qué errores cometió Alyce al recibir los productos?

2. ¿Qué errores de almacenamiento se cometieron en el establecimiento?

Puede ver las respuestas en la página 5.19.

Preguntas de estudio

Encierre en un círculo la mejor respuesta para cada pregunta.

1. **¿Cuál es el factor más importante para escoger un proveedor de alimentos?**
   - A Tiene un programa HACCP u otro sistema de seguridad de los alimentos.
   - B Tiene prácticas documentadas de fabricación y empaque.
   - C Su bodega está cerca del establecimiento, lo que reduce el tiempo de envío.
   - D Fue inspeccionado y cumple con las leyes federales, estatales y locales.

2. **¿Cuál es el mejor método para revisar la temperatura de una entrega de pescado fresco?**
   - A Tocar el pescado para asegurarse de que esté frío.
   - B Meter la sonda de un termómetro en la parte más gruesa del pescado.
   - C Poner un indicador de tiempo y temperatura en la superficie del pescado.
   - D Usar un termómetro infrarrojo para revisar la temperatura del pescado.

3. **¿Cuál es la temperatura correcta para recibir alimentos fríos que necesitan control de tiempo y temperatura?**
   - A 32°F (0°C), o menor
   - B 41°F (5°C), o menor
   - C 45°F (7°C), o menor
   - D 50°F (10°C), o menor

4. **¿Bajo que condición se puede recibir la leche a 45°F (7°C)?**
   - A Se tira después de 2 días.
   - B Se enfría a 41°F (5°C), o menos, en 4 horas.
   - C Se enfría inmediatamente a 41°F (5°C), o menos.
   - D Se sirve o se usa en el establecimiento en menos de 2 horas.

5. **En la entrega se rechazan los camarones congelados porque tienen grandes cristales de hielo en el alimento y en el empaque. ¿Qué problema causó esto?**
   - A Contacto cruzado
   - B Contaminación cruzada
   - C Abuso de tiempo y temperatura
   - D Limpieza y sanitización incorrectas

6. **¿Qué se requiere al recibir pescado que se servirá crudo o parcialmente cocido?**
   - A Debe estar vivo en la entrega.
   - B Se debe descongelar en el horno de microondas.
   - C Se debe usar dentro de las 24 horas de recibido.
   - D Debe estar correctamente congelado antes de que lo reciba.

7 **¿Qué se debe incluir en la etiqueta de los alimentos que necesitan control de tiempo y temperatura que se preparan en el establecimiento?**

A La fecha en que se recibieron los alimentos

B El nombre de cada ingrediente del contenido que necesita control de tiempo y temperatura

C La fecha en que se deben tirar los alimentos

D La lista de todos los ingredientes potenciales del alimento

8 **¿Cuánto tiempo se pueden almacenar los alimentos que necesitan control de tiempo y temperatura preparados en el establecimiento?**

A 3 días

B 5 días

C 7 días

D 9 días

9 **Al almacenar alimentos con el método Primeras entradas, primeras salidas, ¿dónde se deben almacenar los alimentos cuyas fechas de uso están más próximas?**

A Debajo de los alimentos con fechas de uso posteriores.

B Detrás de los alimentos con fechas de uso posteriores.

C Delante de los alimentos con fechas de uso posteriores.

D A un lado de los alimentos con fechas de uso posteriores.

10 **¿Cuál es el problema de almacenar la carne de res molida cruda arriba de las ensaladas preparadas?**

A Contaminación cruzada

B Malos hábitos de higiene personal

C Abuso de tiempo y temperatura

D Contacto cruzado con sustancias alergénicas

11 **En un orden de arriba hacia abajo, ¿cómo se deben almacenar en el refrigerador un asado de cerdo fresco, salmón fresco, una caja de lechuga y una bandeja de pechugas de pollo frescas?**

A Lechuga, salmón fresco, asado de cerdo fresco y pechugas de pollo frescas

B Salmón fresco, asado de cerdo fresco, pechugas de pollo frescas y lechuga

C Lechuga, pechugas de pollo frescas, asado de cerdo fresco y salmón fresco

D Salmón fresco, lechuga, pechugas de pollo frescas y asado de cerdo fresco

12 **¿A cuántas pulgadas (centímetros) del piso se deben almacenar los alimentos?**

A A por lo menos 1 pulgada (3 cm)

B A por lo menos 2 pulgadas (5 cm)

C A por lo menos 4 pulgadas (10 cm)

D A por lo menos 6 pulgadas (15 cm)

Puede ver las respuestas en la página 5.19.

Respuestas

5.7 ¿Aceptar o Rechazar?

① R
② R
③ A
④ A
⑤ R
⑥ R
⑦ R
⑧ R
⑨ R
⑩ R

5.12 Cargue el refrigerador

① C
② E
③ A
④ D
⑤ B

5.12 ¿Cuáles son los errores en este dibujo?

Estas son las prácticas de almacenamiento peligrosas:

- Se almacenaron productos químicos junto a alimentos.
- Se almacenaron alimentos en el piso.
- No se pusieron etiquetas a las cajas de alimentos.
- No se limpiaron los alimentos derramados.
- La puerta del refrigerador está abierta.
- El refrigerador está demasiado lleno.
- El área no está limpia.
- Hay artículos sin etiqueta en el refrigerador.

5.14 Caso práctico para repasar el capítulo

1. Alyce cometió los siguientes errores al recibir los productos:
   - Debería haber rechazado los camarones. Los cristales de hielo son evidencia de que se descongelaron y se volvieron a congelar.
   - No limpio ni sanitizó la sonda que usó para medir la temperatura de la carne de res molida y del pescado.
   - Debería haber rechazado el salmón. La temperatura del pescado era mayor a 41°F (5°C) y el hielo derretido podría ser evidencia del abuso de tiempo y temperatura.
   - Ella tocó con la mano los envases de crema agria en lugar de medir la temperatura interna del alimento.
   - Debería haber rechazado el cartón desgarrado de pasta.
   - Puso los alimentos fríos a un lado mientras recibía los alimentos secos.
2. El establecimiento cometió los siguientes errores al almacenar los productos:
   - La puerta del congelador estaba abierta.
   - Alyce puso una caja de crema agria en un refrigerador que ya estaba demasiado lleno.
   - Alyce puso el salmón crudo arriba de un alimento listo para comer (la sopa).
   - Alyce revisó la pantalla de la temperatura del refrigerador, que era buena; pero también debería haber revisado la temperatura interna de los alimentos almacenados dentro de él.
   - En la cámara refrigeradora se almacenó una olla de sopa caliente. Nunca se debe poner comida caliente en un refrigerador.
   - Mary estaba forrando los estantes del refrigerador con papel aluminio. Esto puede obstruir la circulación del aire dentro de la unidad.

5.16 Preguntas de estudio

1 D	4 B	7 C	10 A
2 B	5 C	8 C	11 A
3 B	6 D	9 C	12 D

capítulo 6
El camino de los alimentos: Preparación

Preparación	Cómo cocinar alimentos		Cómo enfriar y cómo recalentar alimentos
— Prácticas generales de preparación — Descongelación — Preparación de alimentos específicos — Prácticas de preparación que tienen requerimientos especiales	— Cómo revisar las temperaturas — Requerimientos de cocción para alimentos específicos	— Advertencias para los consumidores — Establecimientos que sirven principalmente a poblaciones con alto riesgo	— Requerimientos de temperatura para enfriar alimentos — Métodos para enfriar alimentos — Cómo recalentar alimentos

Noticias: Albóndigas poco cocidas producen un brote mortal

Una mujer de 73 años murió y 51 personas fueron hospitalizadas después de comer albóndigas de pavo poco cocidas en un buffet del sureste de Estados Unidos. Todas las víctimas se enfermaron debido a la *Salmonella*. En una investigación se descubrió que el chef había dorado las albóndigas pero no las había terminado de hornear. Por eso el centro de las albóndigas no se cocinó bien.

Usted puede prevenir esto

La enfermedad de la historia anterior se podría haber evitado si el chef se hubiera asegurado de que las albóndigas se habían cocinado a la temperatura interna correcta. En este capítulo, aprenderá sobre las temperaturas específicas de cocción para mantener seguros los alimentos. También aprenderá otras pautas para mantener seguros los alimentos durante la preparación.

- Cómo prevenir la contaminación cruzada y el abuso de tiempo y temperatura
- Cómo descongelar correctamente los alimentos
- Cómo cocinar los alimentos a su temperatura interna mínima
- Cómo enfriar y recalentar los alimentos a la temperatura correcta y en el tiempo correcto

Preparación
- Prácticas generales de preparación
- Descongelación
- Preparación de alimentos específicos
- Prácticas de preparación que tienen requerimientos especiales

Cómo cocinar alimentos
- Cómo revisar las temperaturas
- Requerimientos de cocción para alimentos específicos
- Advertencias para los consumidores
- Establecimientos que sirven principalmente a poblaciones con alto riesgo

Cómo enfriar y cómo recalentar alimentos
- Requerimientos de temperatura para enfriar alimentos
- Métodos para enfriar alimentos
- Cómo recalentar alimentos

Preparación

La contaminación cruzada y el abuso de tiempo y temperatura pueden ocurrir fácilmente mientras prepara los alimentos. Pero, si usted toma buenas decisiones para preparar los alimentos, puede prevenir que los patógenos se esparzan y crezcan.

Prácticas generales de preparación

Sea cual sea el tipo de alimento que esté preparando, debe empezar con estas pautas:

Equipo Asegúrese de que los puestos de trabajo, las tablas de cortar y los utensilios estén limpios y sanitizados.

Cantidad Saque del refrigerador sólo la cantidad de alimentos que pueda preparar en un período corto. Así evita que los ingredientes estén afuera mucho tiempo. En la foto de la izquierda, el manipulador de alimentos sacó demasiada ensalada de atún.

Almacenamiento Vuelva a poner en el refrigerador los alimentos preparados o cocínelos lo más pronto posible.

Aditivos Si usa aditivos para alimentos o aditivos de color al preparar alimentos, siga estas pautas.

- Use sólo los aditivos que haya aprobado la autoridad reguladora local. **NUNCA** use más de la cantidad permitida por la ley.
  NUNCA use aditivos para alterar la apariencia de los alimentos.
- **No** venda frutas y verduras que hayan recibido tratamiento con sulfitos antes de llegar al establecimiento. **NUNCA** agregue sulfitos a las frutas y verduras que se comerán crudas.

Presentación Los alimentos se deben ofrecer a los clientes de una manera que no implique engaño ni información errónea. Los clientes deben poder juzgar la apariencia, color y calidad verdaderos de los alimentos. **No** use nada de lo siguiente para dar un aspecto falso de los alimentos.

- Aditivos para alimentos o aditivos de color
- Envolturas de color
- Luces

Los alimentos que no se presenten honestamente, se deben tirar.

Medidas correctivas Los alimentos que se hayan convertido en peligrosos se deben tirar, a menos de que se puedan reacondicionar de forma segura. Todos los alimentos (especialmente los alimentos listos para comer) se deben tirar en las siguientes situaciones:

- Cuando los manejan empleados que han sido restringidos o excluidos del establecimiento debido a una enfermedad.
- Cuando los contaminaron las manos o los fluidos corporales de la nariz o la boca.
- Cuando ya no cumplen los requerimientos de tiempo y temperatura diseñados para mantener seguros los alimentos.

Algunas veces los alimentos se pueden restaurar a una condición segura. A esto se le llama reacondicionamiento. Por ejemplo, un alimento caliente que no se haya mantenido a la temperatura correcta se podría recalentar si no ha estado en la zona de temperatura de peligro por más de dos horas. Así el alimento puede regresar a una condición segura.

Descongelación

Cuando se descongela un alimento y se expone a la zona de temperatura de peligro, los patógenos que hay en los alimentos comenzarán a crecer. Para reducir este crecimiento, **NUNCA** debe descongelar alimentos a temperatura ambiente. Descongele los alimentos que necesitan control de tiempo y temperatura de las siguientes maneras:

Refrigeración Descongele los alimentos en un refrigerador, manteniendo su temperatura a 41°F (5°C), o menor.

Agua corriente Sumerja los alimentos bajo un chorro de agua potable a 70°F (21°C), o menos. El flujo del agua debe ser suficientemente fuerte para llevar al desagüe las partículas de alimentos sueltas. Cuando descongele los alimentos así use siempre un fregadero de preparación de alimentos limpio y sanitizado. **NUNCA** deje que la temperatura de los alimentos suba a más de 41°F (5°C), por más de cuatro horas.

Esto incluye el tiempo para descongelar los alimentos y el tiempo para prepararlos o para enfriarlos. La foto de la izquierda muestra la manera correcta de descongelar alimentos bajo un chorro de agua.

Microondas Descongele en un horno de microondas los alimentos que se vayan a cocinar inmediatamente después de descongelarlos, y luego los debe cocinar en equipo de cocción convencional, como un horno.

Cocción Descongele los alimentos como parte del proceso de cocción.

Descongelamiento de pescado empacado con reducción de oxígeno

El pescado congelado puede suministrarse empacado con reducción de oxígeno. Este pescado debe, por lo general, mantenerse congelado hasta que se vaya a utilizar. Si así se indica en la etiqueta, el pescado deberá sacarse del empaque en los siguientes momentos.

- Antes de descongelarlo en el refrigerador.
- Antes o inmediatamente después de descongelarlo bajo un chorro de agua.

Preparación de alimentos específicos

Se debe tener cuidado especial al manejar hielo y al preparar frutas y verduras, huevos y ensaladas que contienen alimentos que necesitan control de tiempo y temperatura.

Frutas y verduras

Cuando prepare frutas y verduras, siga estas pautas:

Contaminación cruzada Asegúrese de que las frutas y las verduras **NO** toquen las superficies que están expuestas a la carne, las aves o los mariscos crudos.

Lavado Lave muy bien las frutas y las verduras bajo un chorro de agua. Es muy importante hacer esto antes de cortarlas, cocinarlas o combinarlas con otros ingredientes.

- El agua debe estar un poco más caliente que las frutas y las verduras.
- Ponga atención especial a los vegetales con hojas, como la lechuga y las espinacas, tal como lo hace el manipulador de alimentos de la foto de la izquierda. Quite las hojas exteriores, separe completamente las hojas de lechuga y espinaca y enjuáguelas con cuidado.
- Se pueden usar ciertos productos químicos para lavar las frutas y verduras. Además, las frutas y verduras se pueden tratar lavándolas con agua que contiene ozono. Este tratamiento ayuda a controlar los patógenos.

Consulte los requerimientos de los reglamentos locales.

Remojo o almacenamiento Al remojar o almacenar frutas y verduras en agua estancada o en agua con hielo, **NO** mezcle diferentes productos ni diferentes lotes del mismo producto.

Frutas y verduras recién cortadas Refrigere y mantenga a 41°F (5°C), o menos los melones rebanados, los tomates cortados y las verduras de hoja cortadas. En muchos establecimientos también se mantienen a esta temperatura las frutas y verduras recién cortadas.

Brotes vegetales crudos Si su establecimiento sirve principalmente a una población con alto riesgo, **NO** sirva brotes vegetales crudos.

Huevos y mezclas de huevos

Cuando prepare huevos y mezclas de huevos, siga estas pautas:

Huevos combinados Manipule con cuidado los huevos combinados (si la autoridad reguladora local permite usarlos). Los huevos combinados son huevos que se sacan del cascarón y se combinan en un recipiente, como se muestra en la foto de la izquierda. Cocínelos inmediatamente después de combinarlos o almacénelos a 41°F (5°C), o menos. Antes de hacer una nueva tanda, limpie y sanitice los recipientes que se usaron para guardar los huevos.

Huevos pasteurizados Considere la posibilidad de usar huevos en cascarón pasteurizados o productos de huevo para preparar platillos con huevos que requieren poca o ninguna cocción. Entre los ejemplos están el aderezo para ensalada César, la salsa holandesa, el tiramisú y la mousse.

Poblaciones con alto riesgo Si sirve principalmente a poblaciones con alto riesgo, como las de hospitales y residencias de ancianos, use huevos pasteurizados o productos de huevo cuando sirva platillos que se servirán crudos o poco cocidos. Los huevos en cascarón que se combinen también deben haber sido pasteurizados. Puede usar huevos en cascarón sin pasteurizar si el platillo se cocinará completamente, como por ejemplo las omeletes y los pasteles.

Ensaladas que contienen alimentos que necesitan control de tiempo y temperatura para su seguridad

! Alerta de patógeno

Las ensaladas de pollo, atún, huevo, pasta y papas han estado relacionadas con brotes de enfermedades transmitidas por alimentos. Estas ensaladas no suelen cocinarse después de su preparación. Esto significa que usted no tiene oportunidad de reducir los patógenos, como el *Staphylococcus aureus*, que podrían haber llegado a la ensalada. Por eso debe tomar algunos pasos extra. Siga estas pautas:

Cómo usar las sobras Puede usar alimentos que necesitan control de tiempo y temperatura, como pasta, pollo y papas, sólo si se cocinaron, mantuvieron y enfriaron correctamente.

Cómo almacenar sobras Después de siete días, tire las sobras que se mantuvieron a 41°F (5°C), o menos. Revise la fecha de caducidad antes de usar los alimentos que están almacenados.

Hielo

Siga estas pautas para evitar la contaminación del hielo en su establecimiento.

Consumo Haga el hielo con agua potable.

Enfriamiento de alimentos **NUNCA** use hielo como ingrediente si se usó para enfriar alimentos. Por ejemplo, el hielo que se usa para enfriar los alimentos en una barra de ensaladas no se debe usar en las bebidas.

Recipientes y cucharones Use cucharones y recipientes limpios y sanitizados para pasar hielo de una máquina de hielo a otros recipientes.

- Guarde los cucharones para hielo fuera de la máquina de hielo, en un lugar limpio y protegido, como se muestra en la foto de la izquierda.
- **NUNCA** mantenga ni transporte hielo en recipientes que hayan contenido carne, aves o mariscos crudos, o productos químicos.
- **NUNCA** toque el hielo con las manos ni use vasos de vidrio para sacar hielo.

Prácticas de preparación que tienen requerimientos especiales

Necesitará un permiso cuando vaya a preparar alimentos en determinadas maneras. Un permiso es un documento emitido por una autoridad reguladora en que se autoriza la modificación o la cancelación de un requerimiento.

Cuando solicite un permiso, la autoridad reguladora le podría pedir que presente un plan HACCP. El plan debe incluir los peligros para la seguridad de los alimentos relacionados a la manera en que planea preparar el producto.

Necesitará un permiso si su establecimiento planea preparar alimentos en una de las maneras siguientes:

- Empacar jugo fresco en el establecimiento para venderlo después, a menos que el jugo tenga una etiqueta de advertencia.
- Ahumar los alimentos como una manera de preservarlos (pero no para mejorar el sabor), como se muestra en la foto de la izquierda.
- Usar aditivos para alimentos o agregar componentes, como vinagre, para preservar o alterar los alimentos para que no se necesite control de tiempo y temperatura para su seguridad.
- Curar los alimentos.
- Procesar animales con métodos privados para uso personal. Por ejemplo, un cazador trae un venado al restaurante para que se lo preparen y se lo lleva como comida a su casa para consumirla posteriormente.

! Alerta de patógeno

- Empacar alimentos usando un método de empaque con reducción de oxígeno. Esto incluye alimentos empacados con atmósfera modificada, al vacío y *sous vide*. El *Clostridium botulinum* y la *Listeria monocytogenes* son un peligro para los alimentos que se empacan de esta manera.
- Germinar semillas o brotes vegetales.
- Ofrecer mariscos vivos tomados de un tanque de exhibición.

Use sus conocimientos

¿Cuál es el problema?

1. Reggie llenó con agua fría y hielo un fregadero limpio y sanitizado. Después remojó juntas una caja parcial de cebollas verdes que había sacado del refrigerador y una caja nueva de cebollas que habían entregado esa mañana.

   ¿Se preparó correctamente el alimento? ________

   ¿Por qué sí o por qué no? ____

   ____

2. Linda necesitaba hacer 20 cajas con comida para el almuerzo, que iban a recoger en 3 horas. Sacó el pan, la carne y el queso y los dejó en la mesa de preparación, para poder hacer los sándwiches mientras pasaba de una tarea a otra.

   ¿Se preparó correctamente el alimento? ________

   ¿Por qué sí o por qué no? ____

   ____

3. Brandon cortó un asado de carne sin cocinar en la tabla de cortar roja. Después se lavó las manos y usó otro cuchillo para rebanar tomates en la tabla de cortar verde.

   ¿Se preparó correctamente el alimento? ________

   ¿Por qué sí o por qué no? ____

   ____

4. Jessica leyó un artículo acerca de los germinados y brotes vegetales. Eso la inspiró a utilizarlos en su restaurante. Usó algunos de los brotes vegetales recién germinados en uno de sus especiales diarios.

   ¿Se preparó correctamente el alimento? ________

   ¿Por qué sí o por qué no? ____

   ____

5. Norris quería preparar los famosos Huevos estilo Benedicto para las personas que viven en la residencia de ancianos donde trabaja. Tomó huevos en cascarón crudos y mezcló las yemas con mantequilla y jugo de limón y vertió la salsa sin cocinar sobre varias bandejas que contenían huevos hervidos.

   ¿Se preparó correctamente el alimento? ________

   ¿Por qué sí o por qué no? ____

   ____

Puede ver las respuestas en la página 6.24.

Use sus conocimientos

Elija la manera correcta de preparar los alimentos

Ponga una **X** junto a la respuesta correcta de cada par.

1. Para descongelar alimentos congelados:

________ (A) Ponga el alimento en una mesa de preparación a temperatura ambiente.

________ (B) Ponga el alimento en un refrigerador que lo mantenga a 41°F (5°C), o menos.

2. Al ahumar los alimentos para preservarlos:

________ (A) Asegúrese de que el alimento se haya descongelado antes de ahumarlo.

________ (B) Asegúrese de contactar a la autoridad reguladora local para pedir un permiso.

3. Al usar sobras de alimentos que necesitan control de tiempo y temperatura para hacer ensaladas:

________ (A) Asegúrese de tirar las sobras que se mantuvieron a 41°F (5°C), o menos, después de 7 días.

________ (B) Asegúrese de tirar las sobras que se mantuvieron a 41°F (5°C), o menos, después de 10 días.

4. Al usar huevos combinados:

________ (A) Cocínelos inmediatamente después de mezclarlos o almacénelos a temperatura ambiente.

________ (B) Cocínelos inmediatamente después de mezclarlos o almacénelos a 41 °F (5 °C), o menos.

Cómo manejar el hielo

Ponga una **X** junto a cada práctica peligrosa al manipular hielo.

1. ________

3. ________

2. ________

4. ________

Puede ver las respuestas en la página 6.24.

Cómo cocinar alimentos

La única manera de reducir los patógenos de los alimentos a niveles seguros es cocinarlos a su temperatura interna mínima. Esta temperatura es diferente para cada alimento. Después de que los alimentos alcancen esta temperatura, los debe mantener en ella un tiempo específico. Si un cliente pide una temperatura más baja, usted debe informarle del peligro potencial de una enfermedad transmitida por alimentos. También debe conocer las restricciones especiales del menú si sirve a una población con alto riesgo.

Aunque al cocinar los alimentos se reducen los patógenos, no se destruyen las esporas ni las toxinas que éstos podrían haber producido. Y debe seguir manipulando correctamente los alimentos antes de cocinarlos.

Cómo revisar las temperaturas

Para asegurarse de que los alimentos que está cocinando lleguen a la temperatura correcta, debe saber cómo tomar la temperatura correctamente. Siga estas pautas:

✓

✗

Seleccione un termómetro que tenga la sonda del tamaño correcto para los alimentos.

✓

✗

Revise la temperatura en la parte más gruesa de los alimentos.

Tome por lo menos dos lecturas en lugares distintos.

Requerimientos de cocción para alimentos específicos

Monitoree la temperatura de los alimentos cocinados para asegurarse de que alcanzaron la temperatura correcta. Se han desarrollado temperaturas mínimas para los alimentos que necesitan control de tiempo y temperatura. Estas temperaturas están el la página siguiente. Sin embargo, su establecimiento o su área podrían requerir temperaturas diferentes.

Consulte los requerimientos de los reglamentos locales.

Requerimientos para cocinar tipos específicos de alimentos

Temperatura interna mínima	Tipo de alimento
165°F (74°C) por 15 segundos	• Aves, incluyendo pollo, pavo y pato enteros o molidos • Relleno hecho con pescado, carne o aves • Carne, mariscos, aves y pasta rellenos • Platillos que incluyen alimentos previamente cocinados o ingredientes que necesitan control de tiempo y temperatura (los ingredientes crudos se deben cocinar a su temperatura interna mínima)
155°F (68°C) por 15 segundos	• Carne molida, que incluye carne de res, cerdo y otras carnes • Carnes inyectadas, que incluyen jamón con salmuera y asados con sabores inyectados • Carne ablandada mecánicamente • Aves rátidas, incluyendo avestruz y emu • Mariscos molidos, que incluyen mariscos en trozos o desmenuzados • Huevos en cascarón que se mantendrán calientes para servirlos
145°F (63°C) por 15 segundos	• Mariscos, incluyendo pescado, mariscos y crustáceos • Steaks/chuletas de cerdo, res, ternera y cordero • Animales de caza criados comercialmente • Huevos en cascarón que se servirán inmediatamente
145°F (63°C) por 4 minutos	• Asados de cerdo, res, ternera y cordero • Los asados se pueden cocinar a temperaturas y tiempos de cocción alternativos dependiendo de los tipos de asado y de horno usados: 130°F (54°C) — 112 minutos 131°F (55°C) — 89 minutos 133°F (56°C) — 56 minutos 135°F (57°C) — 36 minutos 136°F (58°C) — 28 minutos 138°F (59°C) — 18 minutos 140°F (60°C) — 12 minutos 142°F (61°C) — 8 minutos 144°F (62°C) — 5 minutos
135°F (57°C)	• Frutas, verduras, granos (arroz y pasta) y leguminosas (frijoles y frijoles refritos) que se mantendrán calientes para servirlos

Cómo cocinar en el horno de microondas los alimentos que necesitan control de tiempo y temperatura

La carne, los mariscos, las aves y los huevos que cocine en el horno de microondas se deben cocinar a 165°F (74°C). Además, siga estas pautas:

- Cubra los alimentos para evitar que la superficie se seque.
- Haga girar los alimentos o agítelos a mitad del proceso de cocción para que el calor llegue más parejo al alimento.
- Después de cocinarlos, deje reposar los alimentos tapados por los menos dos minutos para que la temperatura se estabilice.
- Revise la temperatura en dos lugares, por lo menos, para asegurarse de que los alimentos estén bien cocidos.

Cocción parcial durante la preparación

En algunos establecimientos se cocinan parcialmente los alimentos durante la preparación y se terminan de cocinar justo antes de servirlos. Si planea cocinar parcialmente carne, mariscos, aves y huevos y platillos que contengan estos productos, debe seguir estos pasos:

1. No cocine los alimentos más de 60 minutos durante la cocción inicial.

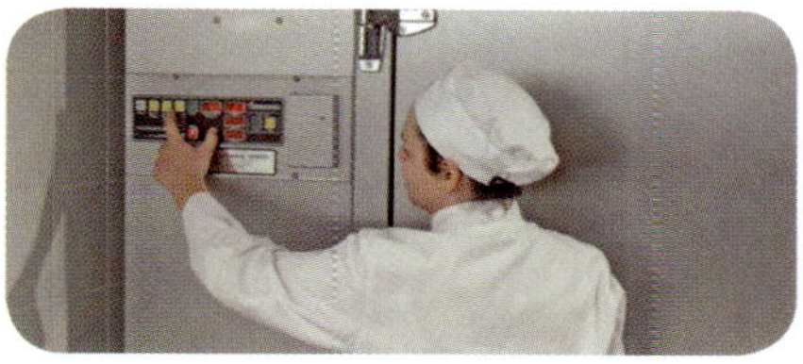

2. Enfríe los alimentos inmediatamente después de la cocción inicial.

3. Congele o refrigere los alimentos después de enfriarlos. Si refrigera los alimentos, asegúrese de que se mantengan a 41°F (5°C), o menos.

4. Caliente los alimentos a la temperatura interna mínima requerida antes de venderlos o servirlos.

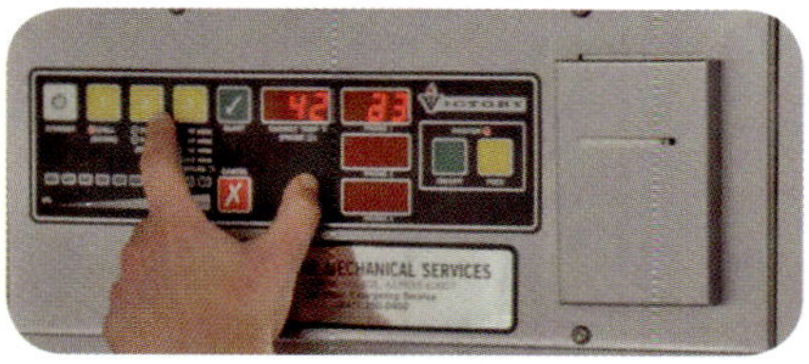

5. Enfríe los alimentos si no se van a servir inmediatamente o si se van a mantener para servirlos.

La autoridad reguladora local podría requerir que usted tenga procedimientos por escrito que expliquen cómo se prepararán y almacenarán los alimentos cocidos mediante este proceso. Estos procedimientos deben ser aprobados por la autoridad reguladora y deben describir lo siguiente:

- Cómo se monitorearán y documentarán los requerimientos
- Qué medidas correctivas se tomarán si no se cumplen los requerimientos
- Cómo se marcarán estos alimentos después de la cocción inicial para indicar que se deben cocinar más
- Cómo se separarán estos alimentos de los alimentos listos para comer mientras están almacenados, después de la cocción inicial

Advertencias para los consumidores

Debe cocinar los alimentos que necesitan control de tiempo y temperatura a las temperaturas internas mínimas que se mencionan en este capítulo, a menos que el cliente pida otra cosa. Esto podría suceder con frecuencia en su establecimiento, sobre todo si sirve carne, huevos o mariscos.

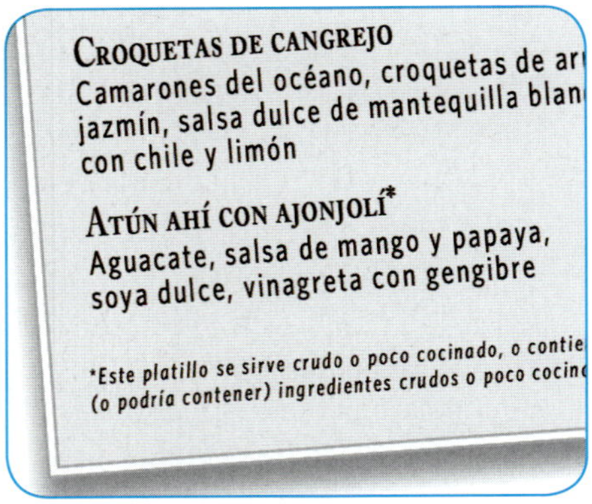

Aclarar Si su menú incluye alimentos que necesitan control de tiempo y temperatura crudos o poco cocidos, debe indicarlo en el menú, junto a estos artículos. Para hacerlo, puede poner un asterisco junto al artículo, que indique a los clientes que deben ver el pie de página del menú. El pie de página debe incluir una declaración que indique que el artículo está crudo o poco cocido, o que contiene ingredientes crudos o poco cocidos. El menú de la foto de la izquierda muestra un ejemplo de esta comunicación.

Recordatorio Debe informar a los clientes que piden alimentos crudos o poco cocidos que esto aumenta el riesgo de contraer enfermedades transmitidas por alimentos. Para hacerlo, puede poner un aviso en el menú. Además, puede dar esta información en folletos, carteles en las mesas, letreros u otros medios escritos.

Consulte los requerimientos de los reglamentos locales.

Menús para niños

La Administración de Alimentos y Drogas (FDA) aconseja que no se ofrezca a los niños carne, aves, mariscos ni huevos crudos o poco cocinados. Esto se aplica sobre todo a la carne de res molida poco cocida, que podría estar contaminada con *E. coli* O157:H7 productora de toxina Shiga.

Establecimientos que sirven principalmente a poblaciones con alto riesgo

Los establecimientos que sirven principalmente a poblaciones con alto riesgo, como las residencias de ancianos y las guarderías infantiles, no pueden servir ciertos artículos. **NUNCA** sirva brotes vegetales crudos ni huevos, carne o mariscos crudos o poco cocidos. Algunos ejemplos son los huevos poco cocinados, los ostiones en su concha crudos y las hamburguesas poco cocinadas.

Use sus conocimientos

¿Cómo lo debe revisar?

Identifique las fotos que muestran la manera correcta de revisar la temperatura. Escriba sus respuestas en el espacio correcto.

1 ______

A

B

2 ______

A

B

Puede ver las respuestas en la página 6.24.

Use sus conocimientos

¿Cuál es la temperatura?

Identifique la temperatura interna mínima de cocción de cada alimento. Escriba la letra en el espacio correcto. Algunas letras se pueden seleccionar más de una vez.

Ⓐ 135°F (57°C)
Ⓑ 145°F (63°C)
Ⓒ 155°F (68°C)
Ⓓ 165°F (74°C)

1. ________ Filete de salmón
2. ________ Verduras asadas que se mantendrán calientes
3. ________ Carne de cerdo molida
4. ________ Chuletas de cordero
5. ________ Huevos que se servirán inmediatamente
6. ________ Pato
7. ________ Pasta
8. ________ Steak de res
9. ________ Enchiladas de pollo hechas con pollo previamente cocido
10. ________ Lomo de cerdo inyectado con marinada
11. ________ Brócoli cocinado en un horno microondas que se mantendrá caliente
12. ________ Filete de avestruz
13. ________ Arroz silvestre que se mantendrá caliente
14. ________ Ravioles rellenos de queso
15. ________ Steak de búfalo (criado comercialmente)

Puede ver las respuestas en la página 6.24.

Preparación
- Prácticas generales de preparación
- Descongelación
- Preparación de alimentos específicos
- Prácticas de preparación que tienen requerimientos especiales

Cómo cocinar alimentos
- Cómo revisar las temperaturas
- Requerimientos de cocción para alimentos específicos
- Advertencias para los consumidores
- Establecimientos que sirven principalmente a poblaciones con alto riesgo

Cómo enfriar y cómo recalentar alimentos
- Requerimientos de temperatura para enfriar alimentos
- Métodos para enfriar alimentos
- Cómo recalentar alimentos

Cómo enfriar y cómo recalentar alimentos

Si no va a servir los alimentos cocinados inmediatamente, los debe sacar de la zona de temperatura de peligro lo más rápido posible. O sea, los debe enfriar rápido. También debe recalentarlos correctamente, especialmente si los va a mantener.

Requerimientos de temperatura para enfriar alimentos

Como sabe, los patógenos crecen bien en la zona de temperatura de peligro. Sin embargo, crecen mucho más rápido a temperaturas entre 125°F y 70°F (52°C y 21°C). Los alimentos deben pasar por este intervalo de temperatura rápido para reducir el crecimiento.

Enfríe los alimentos que necesitan control de tiempo y temperatura de 135°F a 41°F (57°C a 5°C), o menos, en menos de 6 horas.

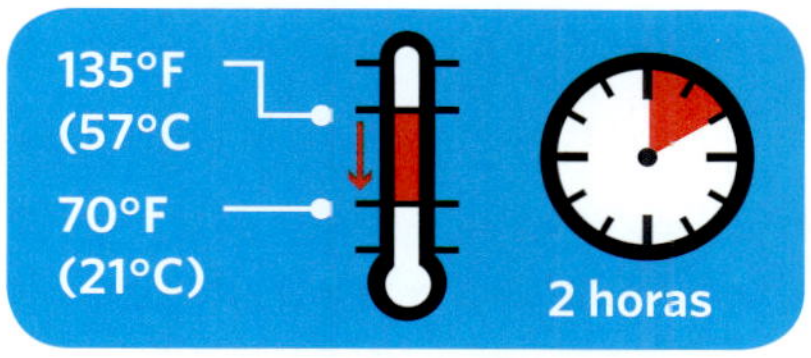

Primero, enfríe los alimentos de 135°F a 70°F (57°C a 21°C) en menos de 2 horas.

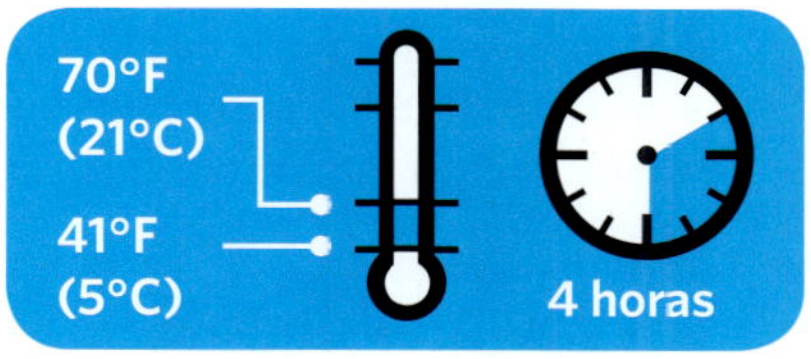

Después, enfríelos de 70°F a 41°F (21°C a 5°C) , o menos, en las 4 horas siguientes.

Si los alimentos no alcanzan los 70°F (21°C) en menos de dos horas, se deben recalentar y después volver a enfriar.

Si puede enfriar los alimentos de 135°F a 70°F (57°C a 21°C) en menos de dos horas, puede usar el tiempo restante para enfriarlos a 41°F (5°C), o menos. Sin embargo, el tiempo total de enfriamiento no debe ser mayor a seis horas. Por ejemplo, si enfría los alimentos de 135°F a 70°F (57°C a 21°C) en una hora, puede usar las cinco horas restantes para enfriarlos a 41°F (5°C), o menos.

Consulte los requerimientos de los reglamentos locales.

Métodos para enfriar alimentos

Los siguientes factores afectan la rapidez del enfriamiento de los alimentos.

El grosor o la densidad de los alimentos Mientras más denso sea un alimento, más lentamente se enfriará.

El tamaño del alimento Los alimentos grandes se enfrían más lentamente que los más pequeños. Para que los alimentos se enfríen más rápido, reduzca su tamaño. Corte los alimentos grandes en piezas más pequeñas. Divida los alimentos de recipientes grandes en recipientes más pequeños o bandejas poco profundas, como se muestra en la foto de la izquierda.

El recipiente de almacenamiento El acero inoxidable transfiere el calor de los alimentos más rápido que el plástico. Los recipientes poco profundos permiten que el calor del alimento se disperse más rápido que los recipientes hondos.

NUNCA enfríe grandes cantidades de alimentos calientes en el refrigerador. La mayoría de los refrigeradores no se diseñaron para enfriar rápido grandes cantidades de alimentos calientes. Además, al colocar alimentos calientes en un refrigerador es posible que no pasen por la zona de temperatura de peligro con suficiente rapidez. Estos son algunos métodos eficaces para enfriar alimentos con rapidez y seguridad.

Baño de agua con hielo Después de dividir los alimentos en recipientes más pequeños, póngalos en un fregadero de preparación limpio o en un recipiente grande con agua y hielo. El manipulador de alimentos de la foto de la izquierda está enfriando un recipiente que tiene salsa con carne de esta manera.

Agite los alimentos para enfriarlos por igual con más rapidez.

Abatidor de temperatura (blast chiller) Los abatidores de temperatura envían una corriente de aire frío a alta velocidad sobre los alimentos para quitarles el calor. Típicamente se usan para enfriar grandes cantidades de alimentos.

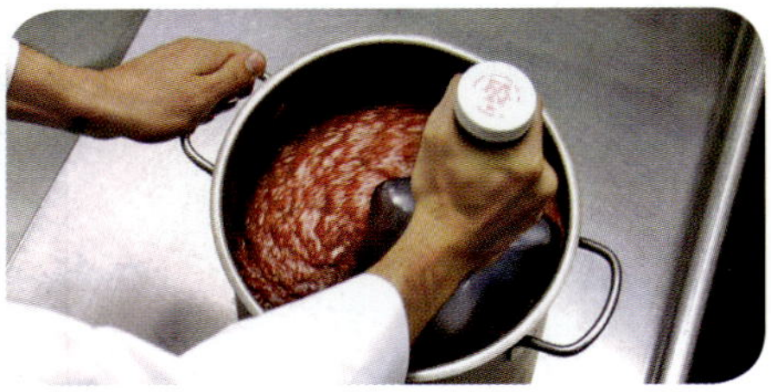

Pala de hielo Hay palas de plástico que se llenan de hielo o de agua y después se congelan. Agitándolos con estas palas, los alimentos se enfrían rápidamente, como se muestra en la foto de la izquierda.

Los alimentos se enfrían más rápido si se ponen en un baño de agua con hielo y se agitan con una pala de hielo.

Hielo o agua fría como ingrediente Al enfriar sopas o guisados, la receta se prepara con menos agua de la requerida. Después de cocinar el producto se añade agua fría o hielo para enfriarlo y con esta agua o hielo se completa la receta.

Cómo almacenar los alimentos para enfriarlos más

Ponga una tapa a los recipientes con alimentos antes de almacenarlos. Los alimentos se pueden dejar descubiertos si se almacenan de manera que no les lleguen contaminantes. Almacenar recipientes descubiertos sobre otros alimentos, sobre todo mariscos, carne y aves crudos, ayudará a prevenir la contaminación cruzada.

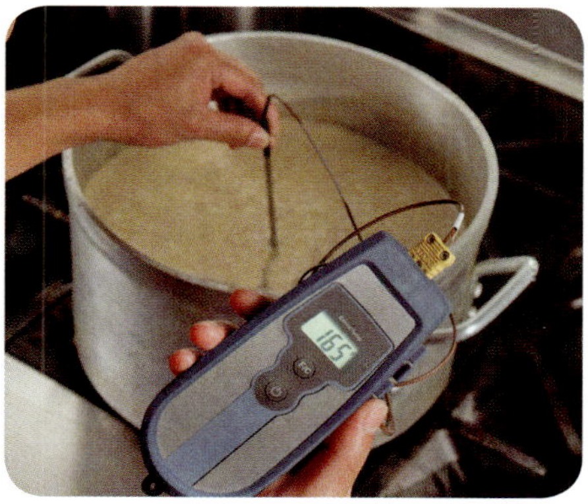

Cómo recalentar alimentos

La manera de recalentar los alimentos depende de cómo va a usarlos. Siga estas pautas al recalentar alimentos:

Alimentos recalentados para servirlos de inmediato Puede recalentar a cualquier temperatura los alimentos que se servirán de inmediato, como la carne de res para un sándwich. Pero debe asegurarse de que el alimento se haya cocinado y enfriado correctamente.

Alimentos recalentados para mantenerlos calientes Debe calentar los alimentos que necesitan control de tiempo y temperatura a una temperatura interna de 165°F (74°C), durante 15 segundos. Asegúrese de que los alimentos alcancen esta temperatura en menos de dos horas de principio a fin. El manipulador de alimentos de la foto de la izquierda está recalentando la sopa de almejas para mantenerla caliente. Estas pautas se aplican a todos los métodos de recalentamiento, como los hornos convencionales y los de microondas.

Recaliente a una temperatura interna de, por lo menos, 135°F (57°C) los alimentos listos para comer empacados y procesados comercialmente. Entre ellos se incluyen alimentos como los palitos de queso y los vegetales fritos.

Use sus conocimientos

Cómo enfriar alimentos

Ponga una ✕ junto a cada alimento que se haya enfriado correctamente.

① ________

La salsa con carne se enfrió de 135°F a 70°F (57°C a 21°C), en 1 hora, y después de 70°F a 41°F (21°C a 5°C), en 4 horas.

② ________

El chili se enfrió de 135°F a 70°F (57°C a 21°C), en 2 horas, y después de 70°F a 41°F (21°C a 5°C), en 4 horas.

Puede ver las respuestas en la página 6.24.

Use sus conocimientos

¿Está suficientemente caliente?

Decida si es seguro servir los alimentos de cada situación. Explique por qué sí o por qué no.

1. A las 9:00 a. m., Lin marcó su entrada, saludó al gerente y empezó a hacer las preparaciones para el buffet. Quince minutos después se dirigió a la cámara refrigeradora, de donde sacó la olla de chili que se había preparado unos días antes. Puso la olla en la estufa y comenzó a recalentarla. A las 11:30 a.m., revisó la temperatura del chili, que había alcanzado los 155°F (68°C). Quedó satisfecha y pasó a la siguiente tarea.

   ¿Es seguro servir el chili? ____________

   ¿Por qué sí o por qué no? ____

   ____

   ____

   ____

2. El jueves, durante el almuerzo, un cliente ordenó un sándwich caliente de asado de res y queso cheddar. Mina tomó del refrigerador pequeño las rebanadas de asado precocinadas y las puso en un baño caliente con jugos de carne. Calentó las rebanadas unos minutos. Después hizo el sándwich, le agregó el queso cheddar derretido y lo puso en la ventanilla para que lo recogieran.

   ¿Es seguro servir el sándwich? ________

   ¿Por qué sí o por qué no? ____

   ____

   ____

   ____

Puede ver las respuestas en la página 6.24.

Resumen del capítulo

- Para proteger los alimentos durante la preparación, se deben manejar con seguridad. Las claves son el control de tiempo y temperatura y la prevención de la contaminación cruzada.
- La congelación no destruye a los patógenos. Los patógenos que están en los alimentos crecerán si se exponen a la zona de temperatura de peligro durante la descongelación. Descongele los alimentos congelados en un refrigerador, bajo un chorro de agua, en un horno de microondas o como parte del proceso de cocción. Nunca descongele alimentos a temperatura ambiente.
- Prevenga la contaminación cruzada y el abuso de tiempo y temperatura cuando prepara alimentos. Prepare los alimentos en cantidades pequeñas y mantenga limpios y sanitizados los puestos de trabajo y los utensilios. Los alimentos preparados que no se vayan a cocinar inmediatamente se deben regresar al refrigerador.
- La cocción puede reducir a niveles seguros los patógenos que hay en los alimentos. Debe cocinar los alimentos a sus temperaturas internas mínimas durante un tiempo específico. Estas temperaturas varían de un alimento a otro. La cocción no mata las esporas ni las toxinas producidas por algunos patógenos.
- Debe aconsejar a los clientes que ordenan alimentos crudos o poco cocinados que esto aumenta el peligro de enfermedades transmitidas por alimentos. Puede hacer esto de varias maneras. Si su menú incluye alimentos que necesitan control de tiempo y temperatura crudos o poco cocinados, debe indicar esto en el menú, junto a estos artículos. La FDA aconseja que no se ofrezcan alimentos crudos o poco cocinados en los menús de niños.
- Los alimentos que necesitan control de tiempo y temperatura se deben enfriar de 135°F a 70°F (57°C a 21°C), en menos de 2 horas. Después, se deben enfriar de 70°F a 41°F (21°C a 5°C), o menos, en las 4 horas siguientes.
- Antes de enfriar los alimentos, los debe reducir de tamaño. Corte los alimentos grandes en piezas más pequeñas. Divida el contenido de un recipiente grande en varios más pequeños. Para enfriar los alimentos con seguridad, use un baño de agua con hielo, agite los alimentos con palas de hielo o use un abatidor de temperatura (blast chiller) o un enfriador giratorio.
- Debe calentar a una temperatura interna de 165°F (74°C), por 15 segundos, los alimentos recalentados que necesitan control de tiempo y temperatura y que se mantendrán calientes. Asegúrese de que los alimentos alcancen esta temperatura en menos de dos horas.

Caso práctico para repasar el capítulo

Puede evitar brotes de una enfermedad transmitida por alimentos en su establecimiento si prepara sus alimentos con seguridad. Esto incluye seguir las prácticas generales para descongelar y preparar los alimentos, cocinar completamente los alimentos y enfriar y recalentar correctamente los alimentos.

Ahora tome lo que ha aprendido en este capítulo y aplíquelo en el siguiente caso práctico.

Angie iba a tener un día muy ocupado en la residencia de ancianos Sunnydale. Al mirar el congelador, Angie se dio cuenta de que había olvidado descongelar las pechugas de pollo que planeaba servir en la cena. Actuó rápido, puso el pollo congelado en un fregadero de preparación y abrió la llave del agua caliente. Mientras esperaba a que se descongelara el pollo, tomó del refrigerador una bandeja con sobras de sopa y la puso a calentar en la mesa de vapor.

A las 7:30 p.m., todos los residentes habían cenado. Cuando comenzaba a limpiar, Angie se dio cuenta de que habían sobrado muchas pechugas de pollo cocinadas. Betty, la nueva asistente de gerente, había olvidado decir a Angie que varios residentes iban a un festival esa tarde y no cenarían en la residencia. "No importa", pensó Angie. "Podemos usar el pollo que queda para hacer ensalada de pollo".

Angie dejó las pechugas de pollo, calientes todavía, en una bandeja sobre la mesa de preparación, mientras guardaba otros alimentos y limpiaba. A las 9:45 p. m., cuando todo estaba limpio, puso la mano sobre la bandeja de pechugas de pollo y decidió que ya se habían enfriado lo suficiente. Tapó la bandeja con una envoltura de plástico y la llevó al refrigerador.

Tres días más tarde, Angie llego a trabajar en el turno del desayuno. Cuando comenzó su turno, decidió hacer ensalada de pollo con las pechugas que habían sobrado. Angie sacó del refrigerador todos los ingredientes que necesitaba para la ensalada de pollo y los puso sobre la mesa de preparación. Después se dedicó a preparar el desayuno.

Primero, rompió tres docenas de huevos y los vertió en un recipiente grande, añadió leche y puso el recipiente cerca de la estufa. Luego, sacó el tocino del refrigerador y lo puso en la mesa de preparación, junto a los ingredientes de la ensalada de pollo. Separó las tiras de tocino sobre una bandeja plana y puso la bandeja en el horno. Después fue a la estufa a batir los huevos y verterlos sobre la placa caliente de la parrilla. Cuando parecían listos, Angie revisó la temperatura. Los huevos habían llegado a 145°F (63°C). Angie sacó los huevos revueltos, los puso en una bandeja y los colocó en la mesa de vapor.

1. ¿Qué errores cometió Angie?

   ____

   ____

2. ¿Qué debería haber hecho de otro modo Angie?

   ____

   ____

Puede ver las respuestas en la página 6.25.

Preguntas de estudio

Encierre en un círculo la mejor respuesta para cada pregunta.

1. **¿Cuál es la temperatura máxima del agua permitida al descongelar alimentos bajo un chorro de agua?**

   A 70°F (21°C)
   B 65°F (18°C)
   C 60°F (16°C)
   D 55°F (13°C)

2. **¿Qué les deben hacer los manipuladores de alimentos a los alimentos inmediatamente después de descongelarlos en el horno de microondas?**

   A Mantenerlos.
   B Cocinarlos.
   C Enfriarlos.
   D Congelarlos.

3. **¿Qué podría ocurrir si las mesas de preparación no se limpian y sanitizan entre un uso y otro?**

   A Alimentos con sabores extraños
   B Contaminación cruzada
   C Envenenamiento por metales tóxicos
   D Abuso de tiempo y temperatura

4. **Un manipulador de alimentos descongela varios pavos en una mesa de preparación. ¿Cuál es el peligro que esto representa para los alimentos?**

   A Alimentos con sabores extraños
   B Contaminación cruzada
   C Envenenamiento por metales tóxicos
   D Abuso de tiempo y temperatura

5. **Un manipulador de alimentos saca del refrigerador una gran bandeja con ensalada de atún y la usa para preparar seis sándwiches de ensalada de atún. ¿Cuál es el problema en esta situación?**

   A Contaminación cruzada
   B Malos hábitos de higiene personal
   C Abuso de tiempo y temperatura
   D Limpieza y sanitización deficientes

6. **¿Cuál es la temperatura interna mínima de cocción de las chuletas de cerdo rellenas?**

   A 135°F (57°C), por 15 segundos
   B 145°F (63°C), por 15 segundos
   C 155°F (68°C), por 15 segundos
   D 165°F (74°C), por 15 segundos

Continúa en la página siguiente ►

► *Continuación de la página anterior*

7 **¿Cuál es la temperatura interna mínima de cocción de los huevos, la carne, las aves y los mariscos que se cocinan en un horno de microondas?**

A 135°F (57°C)
B 145°F (63°C)
C 155°F (68°C)
D 165°F (74°C)

8 **¿Cuál es la temperatura interna mínima de cocción de los huevos que se mantendrán calientes para servirlos?**

A 135°F (57°C), por 15 segundos
B 145°F (63°C), por 15 segundos
C 155°F (68°C), por 15 segundos
D 165°F (74°C), por 15 segundos

9 **¿Cuál es la temperatura interna mínima de cocción de la carne de res molida?**

A 135°F (57°C), por 15 segundos
B 145°F (63°C), por 15 segundos
C 155°F (68°C), por 15 segundos
D 165°F (74°C), por 15 segundos

10 **¿Cuál alimento no se debe ofrecer en el menú para niños: una hamburguesa poco cocida, tiras de pollo fritas, sándwich de queso a la parrilla o spaghetti con salsa con carne?**

A La hamburguesa poco cocida
B Las tiras de pollo fritas
C El sándwich de queso a la parrilla
D El spaghetti con salsa con carne

11 **Un manipulador de alimentos puede enfriar una olla de sopa de almejas poniéndola en un/una**

A refrigerador.
B congelador.
C fregadero con agua y hielo.
D unidad para mantener alimentos fríos.

12 **¿A qué temperatura se deben recalentar los alimentos que necesitan control de tiempo y temperatura que se mantendrán calientes?**

A 135°F (57°C), por 15 segundos
B 145°F (63°C), por 15 segundos
C 155°F (68°C), por 15 segundos
D 165°F (74°C), por 15 segundos

13 **Un manipulador de alimentos está recalentando palitos de queso procesados comercialmente, los cuales se mantendrán calientes en un buffet. ¿A qué temperatura se deben recalentar los palitos de queso?**

A 135°F (57°C)
B 145°F (63°C)
C 155°F (68°C)
D 165°F (74°C)

14 **Al cocinar alimentos parcialmente para servirlos más tarde, ¿cuál es el tiempo máximo que estos pueden calentarse durante el paso de cocción inicial?**

A 60 minutos
B 70 minutos
C 80 minutos
D 90 minutos

Puede ver las respuestas en la página 6.25.

Respuestas

6.7 ¿Cuál es el problema?

1. No. Una tanda de cebollas verdes podría causar contaminación cruzada. Entre tandas, él debería haber vaciado, limpiado y sanitizado el fregadero, además de cambiar el agua con hielo.
2. No. La carne y el queso están sufriendo abuso de tiempo y temperatura. Ella debería haber sacado del refrigerador sólo la cantidad que podía usar en un período corto.
3. Sí. Usó equipo diferente para la carne y para las frutas y verduras.
4. No. Ella debería haber contactado a su autoridad reguladora local antes de germinar los brotes vegetales. Iba a necesitar un permiso para hacer esto.
5. No. Porque sirve alimentos en una residencia de ancianos, no puede usar huevos en cascarón crudos en platillos que se servirán crudos o poco cocidos. Además, los huevos en cascarón hervidos están poco cocinados y no se deben servir en una residencia de ancianos a menos que se hayan pasteurizado.

6.8 Elija la manera correcta de preparar los alimentos

1 B	3 A
2 B	4 B

6.8 Manipulación del hielo

Se deben marcar los números 1, 2 y 4.

6.13 ¿Cómo lo debe revisar?

1 A

2 A

6.14 ¿Cuál es la temperatura?

1 B	5 B	9 D	13 A
2 A	6 D	10 C	14 D
3 C	7 A	11 A	15 B
4 B	8 B	12 C	

6.17 Cómo enfriar alimentos

Se deben marcar los números 1 y 2.

6.18 ¿Está suficientemente caliente?

1. No. El chili no alcanzó una temperatura interna de 165°F (74°C), en menos de dos horas.
2. Sí. Suponiendo que el asado de res se haya cocinado y enfriado correctamente, se puede recalentar a cualquier temperatura porque se va a servir inmediatamente.

6.20 Caso práctico para repasar el capítulo

① Estos son los errores que cometió Angie.

- Descongeló incorrectamente las pechugas de pollo. No las debía haber descongelado con agua caliente.
- Enfrió incorrectamente las sobras de las pechugas de pollo. No debía haber dejado que se enfriaran a temperatura ambiente.
- Hizo que los ingredientes de la ensalada de pollo sufrieran abuso de tiempo y temperatura cuando los dejó en la mesa de preparación.
- Combinó huevos en cascarón al preparar los huevos revueltos. Se deben usar huevos en cascarón pasteurizados si los va a combinar para servirlos a una población con alto riesgo, por ejemplo a quienes viven en una residencia de ancianos. El problema empeoró cuando Angie no cocinó completamente los huevos.
- No manejó correctamente los huevos combinados. Dejó el recipiente en la zona de temperatura de peligro cuando lo puso cerca de una estufa caliente.
- No cocinó los huevos revueltos a la temperatura correcta antes de almacenarlos en una mesa de vapor.
- No limpió ni sanitizó la mesa de preparación después de hacer el tocino y antes de picar el apio y cortar el pollo.

② Esto es lo que Angie debería haber hecho de otro modo.

- Si Angie necesitaba descongelar rápido las pechugas de pollo, debería haber usado un microondas o las debería haber puesto bajo un chorro de agua a 70°F (21°C), o menos.
- Para enfriar rápido las pechugas de pollo con un método de enfriamiento en dos etapas, podría haber usado un abatidor de temperatura (blast chiller) o podría haber puesto el recipiente de las pechugas de pollo en un baño de agua con hielo. Después podría haberlos pasado al refrigerador.
- Debería haber dejado los ingredientes de la ensalada de pollo en el refrigerador hasta que estuviera lista para preparar la ensalada.
- Debería haber usado huevos en cascarón o productos con huevo pasteurizados.
- Debería haber mantenido los huevos en el refrigerador hasta que estuviera lista para cocinarlos.
- Debería haber cocinado los huevos a, por lo menos, 155°F (68°C), por 15 segundos, para mantenerlos para servirlos después.
- Debería haber limpiado y sanitizado la mesa de preparación después de hacer el tocino y antes de picar el apio y cortar el pollo.

6.21 Preguntas de estudio

① A	⑤ C	⑨ C	⑬ A
② B	⑥ D	⑩ A	⑭ A
③ B	⑦ D	⑪ C	
④ D	⑧ C	⑫ D	

capítulo 7
El camino de los alimentos: Servicio

Mantenimiento de alimentos
- Pautas para el mantenimiento de alimentos
- Mantenimiento de alimentos sin control de temperatura

Servicio de alimentos
- Pautas para los empleados de la cocina
- Pautas para los meseros
- Áreas de autoservicio
- Servicio fuera del establecimiento
- Máquinas vendedoras

Noticias: Cien personas se enferman por un brote de Norovirus

Debido al empleado de un buffet se enfermaron 100 clientes de un campo de golf del Suroeste del país. Quienes se enfermaron presentaban síntomas tales como vómito severo, diarrea y debilidad física. Posteriormente un manipulador de alimentos dio positivo por Norovirus. El manipulador de alimentos declaró que, aunque no tenía síntomas en el momento del brote, había tenido vómito y diarrea una semana antes.

Las autoridades reguladoras locales determinaron que el manipulador de alimentos había contaminado los artículos de la línea del buffet. El manipulador de alimentos no se lavó las manos correctamente ni se cambió los guantes al pasar de una estación del buffet a otra. Las autoridades creen que los clientes usaron utensilios que habían sido contaminados por el manipulador de alimentos. Esto provocó el brote.

Usted puede prevenir esto

En el establecimiento de la historia anterior hubo dos problemas. Primero, el manipulador de alimentos debería haber reportado su enfermedad una semana antes del brote. Segundo, el manipulador de alimentos debería haberse lavado las manos y cambiado sus guantes correctamente cuando servía alimentos.

Servir los alimentos en la manera correcta habría ayudado a prevenir este brote. En este capítulo, aprenderá las pautas para mantener la seguridad de los alimentos después de prepararlos y cocinarlos. Entre estas pautas están las siguientes.

- Mantenimiento de alimentos calientes
- Mantenimiento de alimentos fríos
- Uso del tiempo como un método de control de los alimentos
- Prevención de la contaminación de los alimentos en las áreas de autoservicio y al servir los alimentos a los clientes

Mantenimiento de alimentos
- Pautas para el mantenimiento de alimentos
- Mantenimiento de alimentos sin control de temperatura

Servicio de alimentos
- Pautas para los empleados de la cocina
- Pautas para los meseros
- Áreas de autoservicio
- Servicio fuera del establecimiento
- Máquinas vendedoras

Mantenimiento de alimentos

Los alimentos que se mantienen para servirlos corren el riesgo de sufrir abuso de tiempo y temperatura y contaminación cruzada. Si su establecimiento mantiene los alimentos, debe aplicar normas para reducir estos peligros. Concéntrese en el control de tiempo y temperatura, pero no olvide proteger los alimentos contra la contaminación. En algunos casos, quizá podría mantener los alimentos sin controlar su temperatura.

Pautas para el mantenimiento de alimentos

Cree normas sobre cuánto tiempo se mantendrán los alimentos en el establecimiento. Además, cree normas sobre cuándo tirar los alimentos que estuvieron en mantenimiento. Por ejemplo, sus normas podrían permitirle volver a llenar la bandeja de ternera de un buffet todo el día, siempre y cuando tire lo que quede al final del día. En sus normas también debe tomar en consideración lo siguiente.

Tapas para alimentos y protectores contra estornudos Cubra los alimentos e instale protectores contra estornudos para protegerlos contra los contaminantes. Además, las tapas, como las que aparecen en la foto de la izquierda, también ayudan a mantener la temperatura interna de los alimentos.

Temperatura Mantenga los alimentos que necesitan control de tiempo y temperatura para su seguridad a su temperatura interna correcta.

! Alerta de patógeno

- Mantenga los alimentos calientes a 135°F (57°C), o más. Así prevendrá que los patógenos, como el *Bacillus cereus* se reproduzcan hasta llegar a niveles peligrosos.
- Mantenga los alimentos fríos a 41°F (5°C), o menos. Así prevendrá que los patógenos, como el *Staphylococcus aureus* se reproduzcan hasta llegar a niveles peligrosos.

Termómetro Use un termómetro para revisar la temperatura interna de los alimentos, tal como lo hace el manipulador de alimentos que está en la fotografía de la izquierda. **NUNCA** use el medidor de temperatura de una unidad de mantenimiento para hacer esto. Este medidor no calcula la temperatura interna de los alimentos.

Tiempo Revise la temperatura de los alimentos por lo menos cada cuatro horas.

- Deseche los alimentos que no estén a una temperatura de 41°F (5°C), o menor, o a una de temperatura de 135°F (57°C), o mayor.
- También puede revisar la temperatura cada 2 horas. Así habrá tiempo para tomar una medida correctiva. Por ejemplo, los alimentos calientes que necesitan control de tiempo y temperatura y que se hayan mantenido a menos de 135°F (57°C) se pueden recalentar y después se pueden regresar a la unidad de mantenimiento caliente.

Equipo para mantener alimentos calientes **NUNCA** use este tipo de equipo para recalentar alimentos a menos que haya sido construido para hacer esto. La mayoría del equipo para mantener alimentos calientes no hace que los alimentos pasen por la zona de temperatura de peligro con la rapidez necesaria. Recaliente los alimentos correctamente. Y después páselos a la unidad de mantenimiento caliente.

Consulte los requerimientos de los reglamentos locales.

Cómo me afecta esto

¿A qué temperatura se deben mantener los alimentos calientes que necesitan control de tiempo y temperatura para su seguridad en su establecimiento?

____

¿A qué temperatura se deben mantener los alimentos fríos que necesitan control de tiempo y temperatura para su seguridad en su establecimiento?

____

Mantenimiento de alimentos sin control de temperatura

Su establecimiento quizá desee exhibir o mantener sin control de temperatura los alimentos que necesitan control de tiempo y temperatura para su seguridad. Estos son algunos ejemplos de cuándo se podrían mantener alimentos sin control de temperatura:

- Al exhibir alimentos por un período corto, por ejemplo en un evento con catering fuera del establecimiento, como se muestra en la foto de la izquierda.
- Cuando no haya electricidad para que trabaje el equipo para mantener alimentos.

Si su establecimiento exhibe o mantiene sin control de temperatura los alimentos que necesitan control de tiempo y temperatura, lo debe hacer en ciertas condiciones. Recuerde que las condiciones para el mantenimiento de alimentos fríos son diferentes a las del mantenimiento de alimentos calientes.

Antes de usar el tiempo como un método de control, pregunte a su agencia reguladora local los requerimientos específicos.

Alimentos fríos

Puede mantener alimentos fríos sin control de temperatura hasta por 6 horas, si cumple estas condiciones:

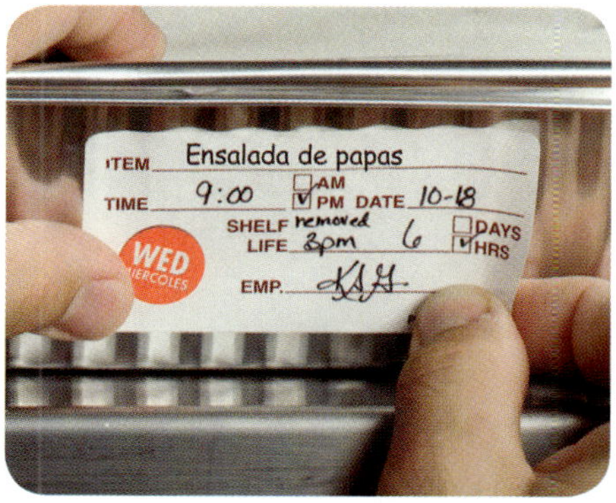

- Mantenga los alimentos a 41°F (5°C), o menos, antes de sacarlos del refrigerador.
- Ponga a los alimentos una etiqueta que indique la hora en que los sacó de la refrigeración y la hora en que se deben tirar. En la etiqueta debe estar la hora para tirarlos que será 6 horas después de sacarlos de la refrigeración, como se muestra en la foto de la izquierda. Por ejemplo, si saca la ensalada de papa de la refrigeración a las 3:00 p.m. para servirla en un picnic, la etiqueta debe indicar 9:00 p.m como la hora para tirarla, ya que a esa hora se cumplirán 6 horas de sacarla de la refrigeración.
- Asegúrese de que los alimentos no estén por arriba de 70°F (21°C) cuando los sirva. Deseche todos los alimentos que hayan sobrepasado esta temperatura.
- Venda, sirva o tire los alimentos dentro de las 6 horas.

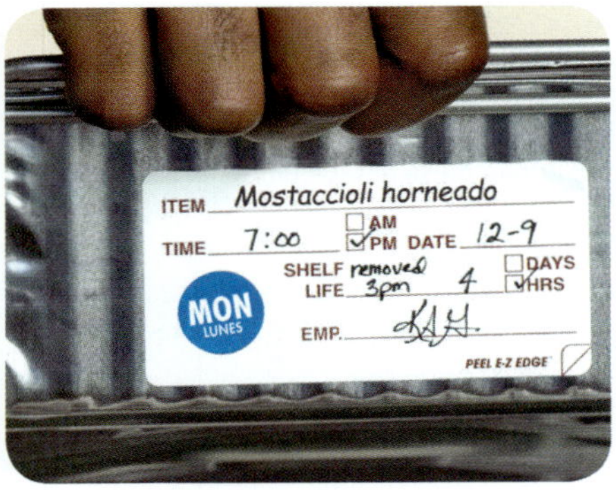

Alimentos calientes

Puede mantener alimentos calientes sin control de temperatura hasta por 4 horas, si cumple estas condiciones:

- Mantenga los alimentos a 135°F (57°C), o más, antes de sacarlos del control de temperatura.
- Ponga una etiqueta a los alimentos que indique a qué hora se deben tirar. En la etiqueta debe estar la hora para tirarlos que será 4 horas después de sacarlos del control de temperatura, como se muestra en la foto de la izquierda.
- Venda, sirva o tire los alimentos dentro de las 4 horas.

Cómo me afecta esto

¿En su jurisdicción se permite mantener sin control de temperatura los alimentos listos para comer que necesitan control de tiempo y temperatura?

____

Si es así, ¿cuáles son los requerimientos?

____

____

____

Use sus conocimientos

¿Se están manejando con seguridad?

Ponga una ✘ junto a cada alimento que no se esté manejando de forma segura.

① ________ Sopa que se mantiene a 120°F (49°C)

③ ________ Ensalada de papa que se mantiene a 75°F (24°C)

② ________ Ensalada de pasta que se mantiene a 39°F (4°C)

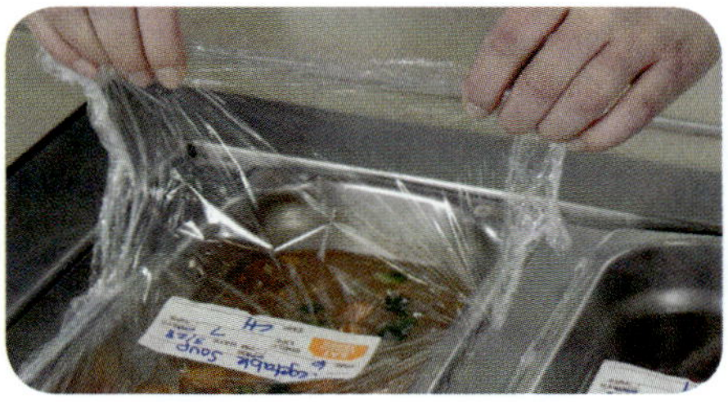

④ ________ Sopa que se pone en una unidad de mantenimiento caliente a 40°F (4°C)

Puede ver las respuestas en la página 7.15.

Mantenimiento de alimentos
- Pautas para el mantenimiento de alimentos
- Mantenimiento de alimentos sin control de temperatura

Servicio de alimentos
- Pautas para los empleados de la cocina
- Pautas para los meseros
- Áreas de autoservicio
- Servicio fuera del establecimiento
- Máquinas vendedoras

Servicio de alimentos

El mayor peligro para los alimentos que están listos para servirse es la contaminación. Los meseros y los empleados de la cocina deben saber cómo servir los alimentos de manera que se mantengan seguros. Los comedores, las áreas de autoservicio, el servicio fuera del establecimiento y las máquinas vendedoras tienen pautas específicas que deben seguir los empleados.

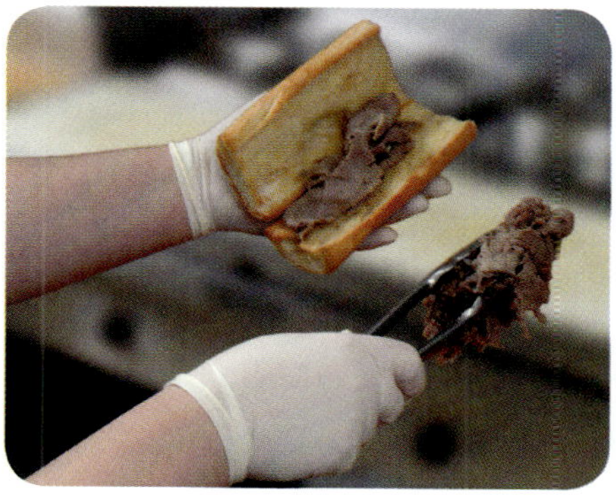

Pautas para los empleados de la cocina

Entrene a los empleados de la cocina para que sirvan los alimentos de estas maneras.

Contacto de las manos descubiertas con los alimentos Cuando toquen alimentos listos para comer, los manipuladores de alimentos deben usar guantes de un solo uso. Como alternativa, los alimentos se pueden manejar con espátulas, tenacillas, papel para delicatessen u otros utensilios. La foto de la izquierda muestra dos maneras de evitar el contacto de las manos descubiertas. Recuerde que en algunas circunstancias, el contacto de las manos descubiertas con los alimentos listos para comer puede ser aceptable. Por ejemplo, si un platillo no contiene carne, aves o mariscos crudos, pero se cocinará al menos a 145°F (63°C).

Consulte los requerimientos de los reglamentos locales.

Utensilios limpios y sanitizados Use diferentes utensilios para cada alimento. Límpielos y sanitícelos después de cada tarea. Si usa los utensilios continuamente, límpielos y sanitícelos por lo menos cada 4 horas.

Utensilios de servicio Almacene los utensilios de servicio en los alimentos con el mango extendido encima del borde del recipiente, como se muestra en la foto de la izquierda. También puede colocarlos en una superficie de contacto con alimentos limpia y sanitizada. Las cucharas y cucharones utilizados para servir alimentos, como helado o puré de papas, pueden guardarse bajo un chorro de agua. Asimismo, puede almacenarlos en un recipiente de agua que se mantenga a una temperatura de al menos 135°F (57°C).

Rellenado de recipientes para llevar En algunas jurisdicciones, los manipuladores de alimentos están autorizados a rellenar con alimentos y bebidas recipientes de comida para llevar que traen los clientes. Los recipientes para llevar se pueden volver a llenar si cumplen con estas condiciones.

- Están diseñados para ser reutilizados.
- Fueron entregados al cliente por el establecimiento.
- Están correctamente limpios y sanitizados.

Los recipientes de bebidas para llevar también se pueden rellenar siempre y cuando la bebida no sea un alimento que necesite control de tiempo y temperatura y el recipiente se vaya a rellenar para el mismo cliente. Además, el recipiente también debe cumplir con las siguientes condiciones.

- Debe ser apto para limpiarse tanto en el hogar como en el establecimiento.
- Se enjuagará antes de rellenarlo con agua potable caliente bajo presión.
- El personal lo rellenará en el establecimiento o lo hará el cliente utilizando un proceso que impida la contaminación.

Pautas para los meseros

Los meseros debe ser tan cuidadosos como los empleados de la cocina. Ellos pueden contaminar los alimentos simplemente al tocar el área de contacto con alimentos de los vasos, los platos y los utensilios. Los meseros deben seguir estas pautas al servir alimentos:

Tomar los platos por debajo o por la orilla.

Sujetar los vasos y las copas por la mitad, la parte inferior o la base.

No tocar los platos, vasos o copas en las áreas que tienen contacto con los alimentos.

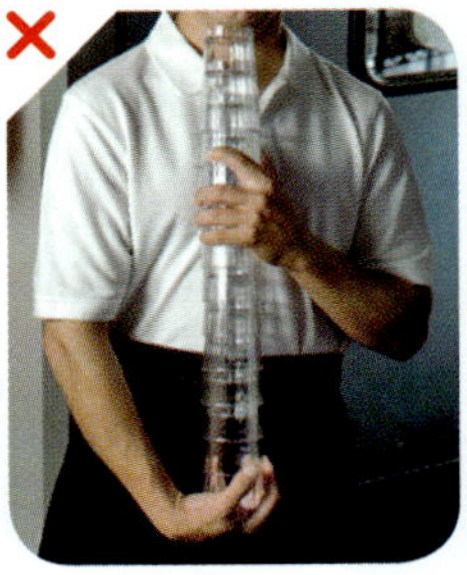

Llevar los vasos en una rejilla o en una bandeja para evitar tocar las superficies que tienen contacto con alimentos.

No apilar los vasos al transportarlos.

Tomar los cubiertos por el mango.

No tomar los cubiertos por la superficie que tiene contacto con los alimentos.

Almacenar los cubiertos de manera que los empleados agarren los mangos, no las superficies que tocan los alimentos.

Evitar el contacto de las manos descubiertas con alimentos listos para comer.

Usar tenacillas o cucharones para tomar el hielo.

Nunca sacar hielo con las manos descubiertas ni con un vaso. Los vasos se pueden romper o astillar.

✕

Cómo poner los cubiertos

Si en su establecimiento se ponen los cubiertos en las mesas por anticipado, debe tomar varios pasos para evitar que se contaminen. Entre ellos se incluye envolver o cubrir los artículos, como se muestra en la foto de la izquierda.

Los cubiertos que están en las mesas no necesitan envolverse o cubrirse si los cubiertos extra cumplen estos requerimientos.

- Se retiran cuando los clientes se sientan a la mesa.
- Si se dejan en la mesa, se limpian y sanitizan cuando los clientes se van.

Cómo servir alimentos de nuevo

Los empleados de la cocina y los meseros también deben conocer las reglas para servir de nuevo alimentos que se sirvieron previamente a un cliente.

Productos del menú **No** sirva a un cliente productos devueltos por otro cliente.

Condimentos Debe proteger los condimentos contra la contaminación. Sírvalos en sus empaques o envases originales o en recipientes diseñados para prevenir la contaminación. Ofrecer condimentos en porciones o paquetes individuales también puede ayudar a mantenerlos seguros. **Nunca** sirva de nuevo los condimentos abiertos o destapados. **No** combine los condimentos sobrantes con condimentos nuevos, como lo hace el manipulador de alimentos de la foto que está a la izquierda. Tire las porciones abiertas o los platos de condimentos después de servirlos a los clientes. Por ejemplo las salsas, la mantequilla, la mayonesa y la salsa ketchup.

Pan y bollos **No** sirva a unos clientes el pan o los bollos que no comieron otros clientes. Cambie las servilletas de las cestas de pan después de cada cliente.

Guarniciones **Nunca** sirva de nuevo las guarniciones, como fruta o pepinillos, a otro cliente. Tire las guarniciones servidas que no se hayan comido.

Alimentos preempacados Por lo general, sólo se pueden servir otra vez los alimentos preempacados que no se hayan abierto y que estén en buenas condiciones. Entre ellos, los paquetes de condimentos y las galletas saladas en su empaque. Puede volver a servir las botellas de salsa ketchup, mostaza y otros condimentos. Los recipientes deben permanecer cerrados cuando no se usen.

Áreas de autoservicio

Las áreas de autoservicio se pueden contaminar fácilmente. Siga estas pautas para prevenir la contaminación y el abuso de tiempo y temperatura:

Protección Los alimentos que están en exhibición se pueden proteger contra la contaminación mediante protectores contra estornudos. Deben estar a 14 pulgadas (36 centímetros) de la mesa y se deben extender hasta 7 pulgadas (18 centímetros) de los alimentos, como se muestra en la foto de la izquierda. También puede proteger los alimentos poniéndolos en vitrinas o empacándolos de manera que los proteja contra la contaminación. Las frutas y verduras enteras crudas y las nueces y cacahuates con cáscara que requieran pelarse o descascararse no requieren las medidas de protección mencionadas arriba.

Etiquetas Ponga etiquetas a los alimentos que están en las áreas de autoservicio. Ponga el nombre del alimento, por ejemplo el tipo de aderezo para ensalada, en el mango de los cucharones.

Temperatura Mantenga la temperatura de los alimentos calientes, a 135°F (57°C), o más. Mantenga fríos los alimentos fríos, a 41°F (5°C), o menos.

Alimentos crudos y alimentos listos para comer Típicamente, la carne, las aves y los mariscos crudos y sin empaque no se pueden ofrecer para autoservicio. Sin embargo, estos artículos son excepciones.

- Los alimentos listos para comer en buffets o barras de ensaladas que sirven alimentos tales como sushi o mariscos crudos
- Porciones listas para cocinar que se cocinarán y consumirán inmediatamente en el establecimiento, tales como la barbacoa estilo mongol
- Langosta o camarones con cáscara congelados crudos

! Alerta de patógeno

Volver a servirse No deje que los clientes se sirvan de nuevo en platos sucios, ni que usen utensilios sucios en las áreas de autoservicio. Los patógenos como el Norovirus se pueden transferir fácilmente mediante los platos y los utensilios que ya se usaron. Asigne a un empleado a supervisar los clientes. Ponga anuncios para recordarles a los clientes que no deben usar los platos y los utensilios para volver a servirse.

Utensilios Coloque en las unidades de exhibición de alimentos los utensilios correctos para servirse la comida. Entre estos podría incluir tenacillas, cucharones y papel para delicatessen.

Hielo El hielo usado para mantener fríos los alimentos y las bebidas **NUNCA** se debe usar como ingrediente.

Cómo poner etiquetas a los alimentos a granel

Se deben poner etiquetas a los alimentos a granel que están en las áreas de autoservicio. Las etiquetas deben estar a la vista de los clientes. Al poner etiquetas a los alimentos, puede incluir la etiqueta que el fabricante o la planta procesadora proveyó con los alimentos. Como alternativa, puede poner esta información en una tarjeta, un anuncio u otro elemento.

Los alimentos a granel sin empaque, como los productos de panadería y las porciones de alimentos sin empacar, no necesitan etiquetas si cumplen estas condiciones.

- El producto no hace ninguna afirmación en relación con el contenido de nutrientes ni con la salud.
- No hay leyes que requieran que se les pongan etiquetas.
- Los alimentos se fabrican o se preparan en el establecimiento.
- Los alimentos se fabrican o se preparan en otra planta procesadora o establecimiento de alimentos propiedad de la misma persona. El establecimiento debe cumplir los reglamentos.

Servicio fuera del establecimiento

Los retrasos entre el punto de preparación y el punto de servicio aumentarán el riesgo de que los alimentos estén expuestos a la contaminación o al abuso de tiempo y temperatura. Para transportar los alimentos correctamente, siga estos procedimientos:

Recipientes para alimentos   Ponga los alimentos en recipientes con aislante. Use sólo recipientes apropiados para alimentos, como los que se muestran en la foto de la izquierda. Deben haber sido diseñados para que los alimentos no se mezclen, no goteen ni se derramen. En el lugar donde se van a servir los alimentos, use los recipientes y el equipo apropiados para mantener los alimentos a la temperatura correcta.

Vehículos de entrega   Limpie regularmente el interior de los vehículos de entrega.

Temperatura interna   Revise la temperatura interna de los alimentos. Si los recipientes o los vehículos de entrega no mantienen los alimentos a la temperatura correcta, vuelva a evaluar lo largo de las rutas de entrega y la eficiencia del equipo que usa.

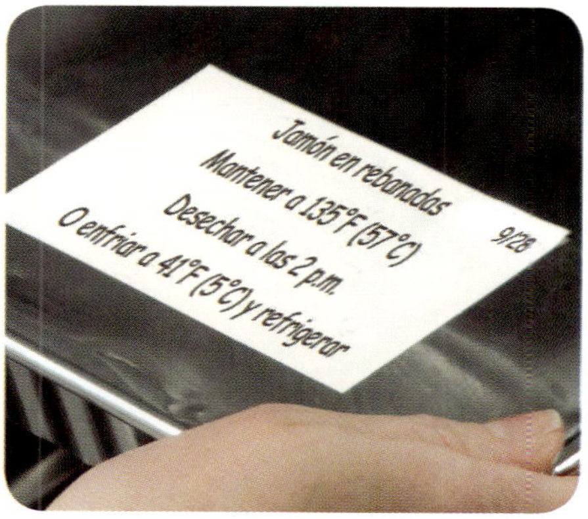

Etiquetas   Ponga etiquetas a los alimentos con la hora y la fecha de caducidad y las instrucciones para recalentarlos y servirlos, para que las vea el personal del lugar donde se servirán. Esto se muestra en la foto de la izquierda.

Servicios públicos   Asegúrese de que el lugar donde se van a servir los alimentos tengan los servicios públicos correctos.

- Agua segura para cocinar y lavar platos y lavarse las manos
- Botes de basura lejos de las áreas de preparación, almacenamiento y servicio de alimentos

Almacenamiento   Almacene la carne, las aves y los mariscos crudos separados de los alimentos listos para comer. Por ejemplo, guarde el pollo crudo separado de las ensaladas listas para comer.

Máquinas vendedoras

Maneje los alimentos preparados y empacados para máquinas vendedoras con el mismo cuidado que el resto de los alimentos servidos a los clientes. Los operadores de las máquinas vendedoras deben proteger los alimentos contra la contaminación y el abuso de tiempo y temperatura durante el transporte, la entrega y el servicio. Para la seguridad de los alimentos en máquinas vendedoras, siga estas pautas:

- Revise la fecha de caducidad de los productos a diario. Usualmente los productos tienen una fecha de uso, por ejemplo una fecha de expiración o de caducidad, como se muestra en la foto de la izquierda. Si ya pasó esa fecha, tire los alimentos inmediatamente. Tire los alimentos refrigerados preparados en el establecimiento que no se hayan vendido siete días después de prepararlos.
- Mantenga a la temperatura correcta los alimentos que necesitan control de tiempo y temperatura para su seguridad. Se deben exhibir a 41°F (5°C), o menos, o a 135°F (57°C), o más. Estas máquinas deben tener controles para prevenir que se sirvan alimentos que necesitan control de tiempo y temperatura si la temperatura permanece en la zona de peligro durante un tiempo específico. Estos alimentos se deben tirar.
- Sirva los alimentos que necesitan control de tiempo y temperatura para su seguridad en sus recipientes originales.
- Antes de ponerlas en las máquinas, lave y envuelva las frutas frescas con cáscaras que se pueden comer.

Use sus conocimientos

¿Se están sirviendo con seguridad?

Ponga una ✕ junto a cada alimento que no se esté sirviendo de forma segura.

① __________

③ __________

② __________

④ __________

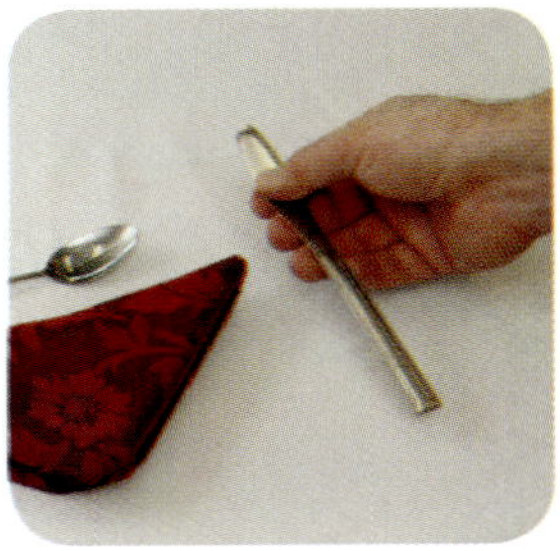

Puede ver las respuestas en la página 7.15.

Use sus conocimientos

¿Volver a servir o tirar?

Escriba una T junto al alimento que debe tirar. Escriba una V junto al alimento que puede volver a servir.

1. ____________ Chili que se mantiene sin control de temperatura durante 5 horas
2. ____________ Una cesta de pan, servida previamente, que nadie ha tocado
3. ____________ Una botella de salsa ketchup
4. ____________ Una rebanada de pay con crema batida que devolvió un cliente sin haberla tocado
5. ____________ Galletas saladas empacadas individualmente
6. ____________ Mantequilla sin envoltura, servida en un plato
7. ____________ Paquetes de mostaza
8. ____________ Hielo usado para mantener alimentos fríos en un área de autoservicio
9. ____________ Pescado empanizado que regresó un cliente que quería pescado a la parrilla
10. ____________ Una manzana que estaba lavada y envuelta y que ha estado 8 días en una máquina vendedora

Puede ver las respuestas en la página 7.15.

Resumen del capítulo

- Si va a servir alimentos que necesitan control de tiempo y temperatura, mantenga los alimentos calientes a una temperatura de 135°F (57°C), o más alta. Para recalentar alimentos, nunca use equipo para mantener alimentos calientes. Mantenga los alimentos fríos a 41°F (5°C), o menos. Revise la temperatura interna de los alimentos por lo menos cada 4 horas. Tire los alimentos si no están a la temperatura correcta.
- Revise las pautas para mantener seguros los alimentos durante su mantenimiento sin control de temperatura.
- En general, los empleados deben estar entrenados para evitar el contacto de las manos descubiertas con los alimentos listos para comer. También deben aprender a usar diferentes utensilios para servir diferentes alimentos.
- Enseñe a los empleados las maneras correctas de manejar cubiertos y artículos de servicio. Los empleados también deben estar entrenados sobre los posibles riesgos de servir de nuevo alimentos, como guarniciones, pan y condimentos abiertos.
- Los clientes y los empleados pueden contaminar las áreas de autoservicio. Para proteger los alimentos que están en exhibición use protectores contra estornudos, empaques u otras herramientas diseñadas para este propósito. Ponga letreros con las reglas del autoservicio. Asegúrese de que los clientes entiendan que deben usar platos limpios para volver a servirse. Ponga las etiquetas correctas a los alimentos en exhibición y a los alimentos a granel disponibles para el autoservicio. Asegúrese de que el equipo mantenga los alimentos a la temperatura correcta. Siga los procedimientos de seguridad cuando prepare, entregue o sirva alimentos fuera del establecimiento.
- Los alimentos de las máquinas vendedoras se deben manejar con el mismo cuidado que el resto de los alimentos. Revise la fecha de caducidad de los productos a diario. Mantenga a la temperatura correcta los alimentos que necesitan control de tiempo y temperatura para su seguridad.

Caso práctico para repasar el capítulo

Para mantener seguros los alimentos durante su mantenimiento y servicio, debe saber cómo mantener los alimentos calientes y fríos; cómo usar el tiempo como un método de control de los alimentos, y cómo prevenir la contaminación de los alimentos en las áreas de autoservicio y al servirlos a los clientes.

Ahora tome lo que ha aprendido en este capítulo y aplíquelo en el siguiente caso práctico.

Jill es una cocinera del turno de la mañana en el Hospital Memorial; ella estaba muy ocupada ayudando a los empleados de la cocina a poner los alimentos en el equipo de exhibición para el almuerzo en la cafetería del hospital. Ann, la gerente de la cocina que usualmente supervisa el almuerzo en la cafetería, estaba en un seminario sobre seguridad de los alimentos que duró todo el día. Además, Jill era responsable de asegurarse de que las comidas se pusieran en bandejas y se colocaran en los carritos para llevarlas a los cuartos de los pacientes. Los empleados también están encargados de empacar dos docenas de comidas cada día para un grupo comunitario que las entregó a ancianos que no pueden salir de su casa.

Primero, Jill buscó los recipientes para alimentos con aislante usados para la entrega de comidas. Como no los encontró y sabía que el chofer llegaría a recogerlas muy pronto, metió las comidas en cajas de cartón que halló cerca de la puerta trasera. En el período del almuerzo hubo mucha actividad. La cafetería estaba llena y los empleados tenían que poner muchas comidas en bandejas y entregarlas.

Jill dio un respiro de alivio cuando terminó el almuerzo. Recorrió la línea de servicio de la cafetería, revisando la temperatura de los alimentos. Una de las cacerolas estaba a 130°F (54°C). Jill revisó el nivel del agua de la mesa de vapor y subió la temperatura en el termostato. Después fue a limpiar la cocina y terminó su turno.

1. ¿Qué errores cometió Jill?

2. ¿Qué debería haber hecho Jill?

Puede ver las respuestas en la página 7.15.

Preguntas de estudio

Encierre en un círculo la mejor respuesta para cada pregunta.

1. **¿Qué parte del plato deben evitar tocar los manipuladores de alimentos al servir a los clientes?**

   A Parte inferior
   B Borde
   C Lateral
   D Parte superior

2. **El establecimiento tenía una barra de ensaladas pequeña con 8 artículos. ¿Cuántos utensilios de servicio se necesitan para servir los artículos de la barra de ensaladas?**

   A 2
   B 4
   C 6
   D 8

3. **¿A qué temperatura interna máxima se deben mantener los alimentos fríos que necesitan control de tiempo y temperatura para su seguridad?**

   A 0°F (-17°C)
   B 32°F (0°C)
   C 41°F (5°C)
   D 60°F (16°C)

4. **¿Qué objeto deben tomar los clientes cada vez que regresan al área de autoservicio por más comida?**

   A Un plato limpio
   B Servilletas extra
   C Sanitizante para las manos
   D Un nuevo cucharón para servirse

5. **¿A qué temperatura mínima se deben mantener los alimentos calientes que necesitan control de tiempo y temperatura para su seguridad?**

   A 115°F (46°C)
   B 125°F (52°C)
   C 135°F (57°C)
   D 145°F (63°C)

Continúa en la página siguiente ►

► *Continuación de la página anterior*

⑥ **Un establecimiento está en una jurisdicción que permite que los alimentos calientes que necesitan control de tiempo y temperatura para su seguridad se mantengan sin control de temperatura. ¿Cuántas horas se pueden exhibir estos alimentos sin control de temperatura antes de venderlos, servirlos o tirarlos?**

A 2
B 4
C 6
D 8

⑦ **¿Qué alimentos se pueden exhibir en un área de autoservicio sin usar empaque, protectores contra estornudos ni vitrinas para protegerlos contra la contaminación?**

A Bollos a granel
B Nueces y cacahuates con cáscara
C Pescado apropiado para sushi
D Camarones cocidos

⑧ **¿Cuál es la distancia máxima entre los protectores contra estornudos y la mesa de autoservicio para proteger los alimentos contra la contaminación?**

A 8 pulgadas (20 cm)
B 10 pulgadas (25 cm)
C 12 pulgadas (30 cm)
D 14 pulgadas (35 cm)

Puede ver las respuestas en la página 7.15.

Respuestas

7.4 ¿Se están manipulando de forma segura?

Se deben marcar los números 1, 3 y 4. La sopa del número 1 se debe mantener a una temperatura de 135°F (57°C), o mayor. Se está manteniendo a 120°F (49°C) solamente, que es una temperatura peligrosa. La ensalada de papa del número 3 se mantiene sin control de temperatura, pero la temperatura ya superó los 70°F (21°C), por lo que es peligrosa. La sopa en el número 4 no se está manejando con seguridad porque se está recalentando en una unidad de mantenimiento caliente.

7.10 ¿Se están sirviendo de forma segura?

Se deben marcar 1, 2, 3 y 4.

7.11 ¿Volver a servir o tirar?

① T	⑥ T
② T	⑦ R
③ R	⑧ T
④ T	⑨ T
⑤ R	⑩ R

7.12 Caso práctico para repasar el capítulo

① Estos son los errores que cometió Jill.

- Empacó las entregas en cajas de cartón en lugar de usar recipientes con aislante para alimentos.
- No se aseguró de que la temperatura interna de los alimentos que estaban en la mesa de vapor se revisara por lo menos cada cuatro horas. Esto la habría alertado de que la mesa de vapor no mantenía la temperatura correcta y de que la cacerola estaba en la zona de temperatura de peligro.

② Esto es lo que Jill debería haber hecho.

- Debería haber mantenido las comidas de la entrega en un gabinete de mantenimiento caliente o debería haber dejado los alimentos en una mesa de vapor hasta que hallara recipientes apropiados o hasta que llegara el chofer.
- Debería haber tirado la cacerola y toda la comida que no estuviera a la temperatura correcta, ya que no sabía cuánto tiempo habían estado en la zona de temperatura de peligro.

7.13 Preguntas de estudio

① D	⑤ C
② D	⑥ B
③ C	⑦ B
④ A	⑧ D

capítulo 8
Sistemas de administración de seguridad de los alimentos

Sistemas de administración de seguridad de los alimentos

- Visión general de los sistemas de administración de seguridad de los alimentos
- Control activo de los gerentes
- HACCP

Noticias: Este restaurante sabe resolver sus problemas

El jueves por la mañana comenzaron las llamadas al Café Blue Skies, un restaurante pequeño pero muy popular en un área de la ciudad muy activa. Las personas se quejaban de retortijones y diarrea. La dueña del café tomó las primeras llamadas y se dio cuenta de que se podría tratar del brote de una enfermedad transmitida por alimentos. Completó un reporte de incidentes por cada llamada y después llamó a la autoridad reguladora local.

El inspector de salud pública asignado al caso declaró: "También nosotros recibimos llamadas, por eso fuimos al café para investigar lo que había sucedido. Con la cooperación de la dueña, pudimos identificar el aderezo César como la fuente de la enfermedad de los clientes".

Una tanda del aderezo se había preparado con huevos contaminados. Se enfermaron 30 personas. Debido a que el aderezo César no se cocina completamente, el café no podía haber preparado el aderezo en una manera diferente. La dueña declaró: "Para corregir el problema ahora usamos huevos pasteurizados para el aderezo y hacemos nuevas tandas después de varias horas".

El inspector indicó que la calificación de la inspección del café no cambió por el brote. Tampoco exigieron cerrar el establecimiento. Él agregó: "Manejaron el problema muy rápido y el resto del establecimiento es limpio e higiénico". Además, el seguro del café cubrió los costos de los gastos médicos y los salarios perdidos que causó el brote.

Usted puede prevenir esto

Los brotes de enfermedades transmitidas por alimentos son la pesadilla de todos los gerentes. Pero, como puede ver en la historia anterior, usted puede sobrevivir un brote. La creación de un sistema de administración de seguridad de los alimentos le ayudará a prevenir problemas.

En este capítulo, aprenderá sobre los siguientes sistemas:

- Sistemas de administración de seguridad de los alimentos
- Control activo de los gerentes
- Análisis de peligros para puntos críticos de control (HACCP)

Sistemas de administración de seguridad de los alimentos

- — Visión general de los sistemas de administración de seguridad de los alimentos
- — Control activo de los gerentes
- — HACCP

Sistemas de administración de seguridad de los alimentos

En los capítulos 4 a 7 usted aprendió a manejar con seguridad los alimentos durante su camino por el establecimiento. Ahora aprenderá a aplicar todo esto a un sistema de administración de seguridad de los alimentos. Para eso, debe entender cómo funciona este sistema.

Visión general de los sistemas de administración de seguridad de los alimentos

Un sistema de administración de seguridad de los alimentos es un grupo de prácticas y procedimientos que tienen el propósito de prevenir enfermedades transmitidas por alimentos. Esto se consigue mediante el control activo de peligros durante el camino de los alimentos.

Si ya tiene algunos programas de seguridad de los alimentos, éstos le pueden servir como la base de su sistema. Los principios presentados en el programa ServSafe son la base de estos programas. Estos son algunos ejemplos de los programas que necesita su establecimiento:

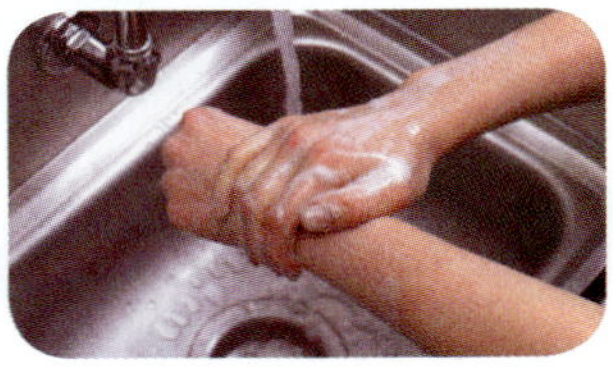
Programa de higiene personal

Programa de entrenamiento sobre seguridad de los alimentos

Programa de especificaciones y selección de proveedores

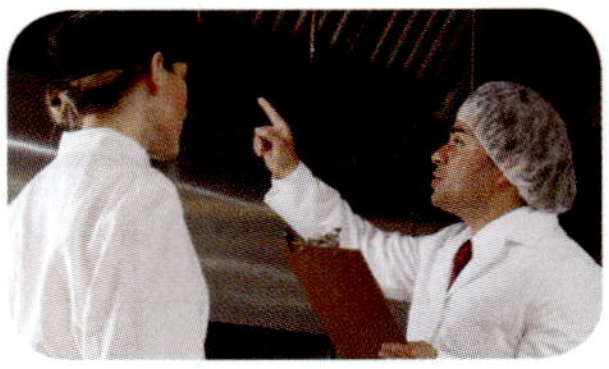
Programas de certeza de calidad y de control de calidad

Programa de limpieza y sanitización

Procedimientos estándar de operación (SOPs)

Programa de diseño del establecimiento y mantenimiento del equipo

Programa de control de plagas

HACCP Hazard Analisys Critical Control Point

Control activo de los gerentes

Ya aprendió que hay cinco factores comunes de peligro para enfermedades transmitidas por alimentos.

1. Comprar alimentos a proveedores con seguridad deficiente
2. No cocinar correctamente los alimentos
3. Mantener los alimentos a temperaturas incorrectas
4. Usar equipo contaminado
5. Practicar malos hábitos de higiene personal

Es responsabilidad del gerente controlar activamente estos y otros factores de peligro. A esto se le llama control activo de los gerentes. Es importante señalar que el control activo de los gerentes es proactivo, no reactivo. Debe anticipar los peligros y planear para ellos.

Hay muchas maneras de lograr el control activo de los gerentes. Según la Administración de Alimentos y Drogas (FDA), usted puede usar herramientas sencillas como los programas de entrenamiento, la supervisión del gerente y la incorporación de procedimientos estándar de operación. El control activo de los gerentes también se puede lograr a través de soluciones más complejas, como un programa HACCP.

El monitoreo es esencial para el éxito del control activo de los gerentes. Los alimentos serán seguros si los gerentes monitorean las actividades críticas. Por ejemplo, la gerente de la foto de la izquierda está monitoreando a la empleada mientras ella completa la tarea crítica de enfriar alimentos correctamente. Los gerentes también deben tomar las medidas correctivas necesarias cuando se requiera. También deben verificar que en verdad funcionen las medidas tomadas para controlar los factores de peligro para enfermedades transmitidas por alimentos.

SOP Standard Operation Procedures

Algo para analizar

¡Cuidado con el asa!

Una autoridad reguladora local estaba inspeccionando un establecimiento de una cadena de servicio rápido muy grande. El inspector notó que el empleado de la parrilla que trabajaba con filetes de pollo crudo también ponía los filetes cocinados en un cajón para mantenerlos calientes. Una preparadora de sándwiches tocaba el asa del cajón cada vez que sacaba un filete cocinado.

El inspector vio que el operador de la parrilla estaba contaminando el asa del cajón. Y esto sucedía cada vez que ponía allí un filete cocinado, porque ya había tocado pollo crudo con sus manos. Cuando la preparadora de sándwiches tocaba el asa contaminada, se creaba una oportunidad para la contaminación cruzada.

El inspector colaboró con el gerente y le recomendó que le pusiera una segunda asa al cajón. Una de las asas se le asignaría al operador de parrilla y la otra, a la preparadora de sándwiches. La cadena adoptó la recomendación en todas sus unidades.

Para enfrentar el peligro de contaminación, la cadena puso en práctica el control activo de los gerentes. Esto incluía la modificación de sus procedimientos estándar de operación (SOPs) para controlar el peligro y volver a entrenar a los empleados. También incorporaron los nuevos SOPs en el programa de monitoreo de la cadena.

Las intervenciones sobre salud pública de la FDA

La FDA da recomendaciones específicas para controlar los factores de peligro para enfermedades transmitidas por alimentos. Se las conoce como intervenciones sobre salud pública. Tienen el propósito de proteger la salud del público.

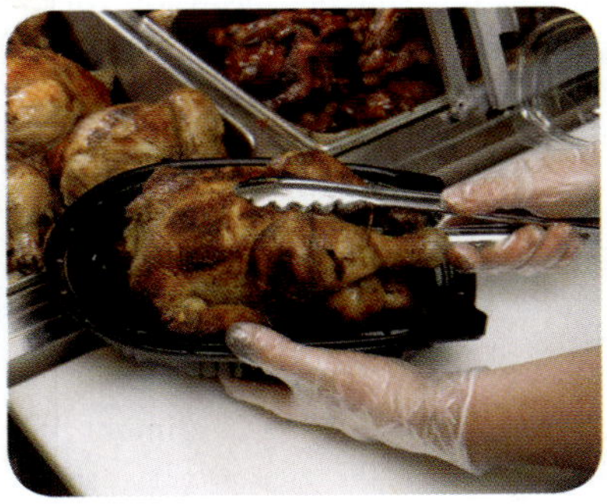

Demostración de conocimientos Como gerente, debe ser capaz de demostrar que sabe qué hacer para mantener seguros los alimentos. Recibir la certificación en seguridad de los alimentos es una manera de demostrar esto.

Controles de la salud de los empleados Se deben aplicar procedimientos para asegurarse de que los empleados tengan buenos hábitos de higiene personal. Por ejemplo, los empleados deben saber que deben reportar a los gerentes las enfermedades y los síntomas de enfermedades.

Control de las manos como vehículo de contaminación Se deben aplicar controles para prevenir el contacto de las manos descubiertas y los alimentos listos para comer. Para esto se podría requerir el uso de tenacillas para manejar los alimentos listos para comer, como se muestra en la foto de la izquierda.

Parámetros de tiempo y temperatura para controlar patógenos Se deben aplicar procedimientos para limitar el tiempo que los alimentos pasan en la zona de temperatura de peligro. Un ejemplo sería requerir que los manipuladores de alimentos revisen la temperatura de los alimentos que se mantienen calientes cada dos horas.

Advertencias para los consumidores Si sirve alimentos crudos o poco cocinados, se debe informar a los clientes. Estas advertencias deben incluir una declaración sobre el peligro de comer estos alimentos.

HACCP

Hay muchos sistemas que puede implementar para lograr el control activo de los gerentes, de los factores de riesgo para enfermedades transmitidas por alimentos. El Análisis de peligros para puntos críticos de control (HACCP) es uno de esos sistemas. HACCP (se pronuncia jásip) se basa en la identificación de peligros biológicos, químicos o físicos importantes en puntos específicos del camino de un producto. Después de identificar los peligros, éstos se pueden prevenir, eliminar o reducir a niveles seguros.

Para ser efectivo, un sistema HACCP debe estar basado en un plan escrito. Este plan debe ser específico para cada establecimiento, para su menú, clientes, equipo, procesos y operaciones. Debido a que cada plan HACCP es único, un plan que funcione en un establecimiento quizá no funcione en otro.

El enfoque de HACCP

Un plan HACCP se basa en siete principios básicos que fueron creados por el Comité Nacional de Asesoramiento sobre Criterios Microbiológicos para los Alimentos. Estos principios son los siete pasos que indican cómo crear un plan HACCP.

Los siete principios de HACCP

Cada principio de HACCP se basa en la información obtenida en el principio anterior. Al desarrollar su plan debe tomar en consideración los siete principios en la secuencia correcta.

Estos son los siete principios:

1. Efectuar un análisis de peligros.
2. Determinar los puntos críticos de control.
3. Establecer límites críticos.
4. Establecer procedimientos de monitoreo.
5. Identificar medidas correctivas.
6. Verificar que el sistema funcione.
7. Establecer procedimientos para registrar y guardar la documentación.

En términos generales, los principios se dividen en tres grupos:

- Los principios 1 y 2 le ayudan a identificar y evaluar los peligros.
- Los principios 3, 4 y 5 le ayudan a establecer maneras para controlar estos peligros.
- Los principios 6 y 7 le ayudan a mantener su sistema y su plan HACCP y a verificar su efectividad.

En las siguientes páginas se presenta una introducción a estos principios. También hay un resumen de la manera de crear un programa HACCP.

Para cada principio se incluyó un ejemplo de la vida real. En ellos se muestran los esfuerzos del restaurante italiano Enrico's para implementar un programa HACCP. El ejemplo está después de la explicación de cada principio.

Principio 1: Efectuar un análisis de peligros

Primero, identifique y evalúe los peligros potenciales de los alimentos que sirve. Para empezar, observe cómo se procesan los alimentos en su establecimiento. Muchos tipos de alimentos se procesan en una manera similar. Estos son algunos procesos comunes:

- Preparar y servir sin cocinar (ensaladas, sándwiches fríos, etc.)
- Preparar y cocinar para servir el mismo día (sándwiches de pollo a la parrilla, hamburguesas, etc.)
- Preparar, cocinar, mantener, enfriar, recalentar y servir (chili, sopa, pasta y salsa con carne, etc.)

Vea su menú e identifique los artículos que se procesan de estas maneras. Después identifique los alimentos que necesitan control de tiempo y temperatura para su seguridad. Determine donde es más probable que se presenten peligros contra la seguridad de cada alimento que necesita control de tiempo y temperatura. Hay varios tipos de peligros de los que debe estar pendiente. Estos pueden provenir de contaminantes biológicos, químicos o físicos.

Principio #1
Analizar peligros

Ejemplo del principio 1

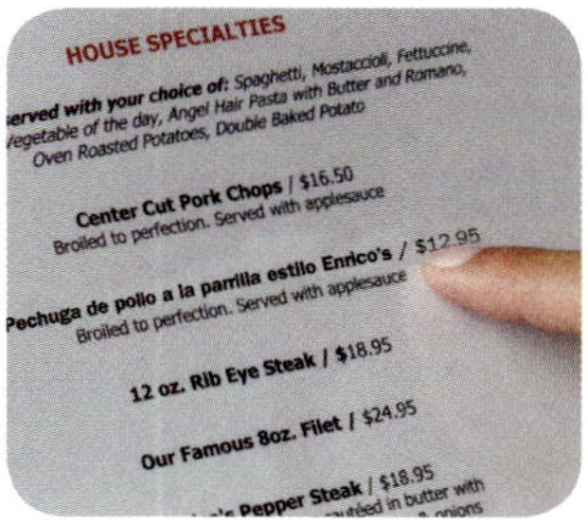

El equipo de gerentes de Enrico's decidió implementar un programa HACCP. Para empezar analizaron sus peligros.

El equipo notó que muchos de sus platillos se recibían, almacenaban, preparaban, cocinaban y servían el mismo día. El más popular de estos artículos era la pechuga de pollo a la parrilla.

El equipo determinó que las bacterias eran el peligro más probable para los alimentos que se preparan de esta manera.

Principio #2
Puntos críticos de control para prevenir, eliminar o reducir. (CCP)

Principio 2: Determinar los puntos críticos de control

Encuentre los puntos del proceso en los que los peligro(s) identificado(s) se pueden prevenir, eliminar o reducir a niveles seguros. Estos son los puntos críticos de control (CCPs). Dependiendo del proceso, podría haber más de un punto crítico de control.

Ejemplo del principio 2

Los gerentes de Enrico's identificaron la cocción como el punto crítico de control para los alimentos que se preparan y cocinan para servirse de inmediato. Entre ellos estaban las pechugas de pollo.

Estos productos se deben manejar correctamente en todo el camino de los alimentos, pero la cocción correcta es el único paso que eliminará o reducirá las bacterias a un nivel seguro.

Debido a que las pechugas de pollo se preparaban para servirse inmediatamente, la cocción fue el único punto crítico de control que se identificó.

Principio #3
Establecer límites críticos
En el caso de pechuga de pollo decidieron cocinarlo a 165° por 15 segundos (durante 16 minutos en parrilla)

Principio 3: Establecer límites críticos

Establezca límites mínimos o máximos para cada punto crítico de control. Se deben respetar estos límites para prevenir o eliminar el peligro, o para reducirlo a un nivel seguro.

Ejemplo del principio 3

Ya que en Enrico's identificó la cocción como el punto crítico de control de las pechugas de pollo, se necesitaba un límite crítico. La gerencia determinó que el límite crítico sería cocinar la pechuga a una temperatura interna mínima de 165°F (74°C), por 15 segundos.

Decidieron que el límite crítico podría cumplirse poniendo las pechugas de pollo en la parrilla durante 16 minutos.

Principio #4
Monitoreo

Principio 4: Establecer procedimientos de monitoreo

Después de crear los límites críticos, determine la mejor manera en que su establecimiento puede verificarlos. Asegúrese de que los límites se cumplan siempre. Identifique quién los monitoreará y con qué frecuencia.

Ejemplo del principio 4

En Enrico's, cada pechuga de pollo a la parrilla se cocina a la orden. El equipo decidió revisar el límite crítico insertando una sonda de termopar limpia y sanitizada en la parte más gruesa de cada pechuga.

El cocinero encargado de la parrilla debe revisar la temperatura de cada pechuga después de cocinarla. Cada pechuga debe alcanzar una temperatura interna mínima de 165°F (74°C), por 15 segundos.

Principio #5
Correctivas
si no se cumple

Principio 5: Identificar medidas correctivas

Identifique los pasos que se deben tomar cuando no se cumple un límite crítico. Estos pasos se deben determinar por anticipado.

Ejemplo del principio 5

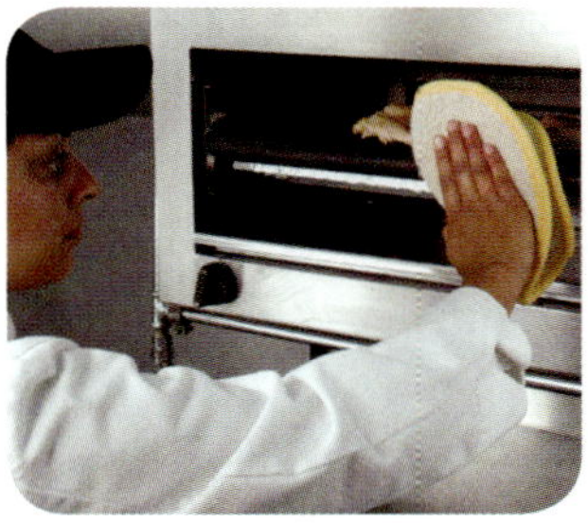

Si las pechugas de pollo no han cumplido el límite crítico en el tiempo de cocción de 16 minutos, el cocinero encargado de la parrilla de Enrico's debe cocinarlas hasta que lo cumplan.

Esta y otras medidas correctivas se anotan en el registro de temperatura.

Principio #6 Verificar

Principio seis: Verificar que el sistema funcione

Determine si el plan está funcionando como se pretende. Evalúelo con frecuencia. Use sus cuadros de monitoreo, registros, análisis de peligros, etc. y determine si su plan previene, reduce o elimina los peligros identificados.

Ejemplo del principio 6

El equipo de gerentes de Enrico's realiza las revisiones de HACCP una vez por turno. Se aseguran de que se hayan cumplido los límites críticos y se hayan tomado las medidas correctivas apropiadas cuando sea necesario.

Además revisan los registros de temperatura cada semana para identificar patrones. Esto ayuda a determinar si deben cambiar procesos o procedimientos. Por ejemplo, en varias semanas notaron que los problemas aparecían al final de cada semana. Con frecuencia, las pechugas de pollo no cumplían el límite crítico. Se tomó la medida correctiva apropiada.

La gerencia descubrió que Enrico's recibía cargamentos de pollo de un proveedor diferente los jueves. Este proveedor entregaba pechugas de pollo de seis onzas. Las especificaciones de Enrico's se aplicaban a las pechugas de cuatro onzas. La gerencia colaboró con el proveedor para asegurarse de recibir pechugas de cuatro onzas. Se cambiaron los procedimientos para las entregas para incluir una revisión del peso.

Principio #7 Documentación

Principio siete: Establecer procedimientos para registrar y guardar la documentación

Mantenga su plan HACCP y guarde la documentación que creó al desarrollar el plan. Mantenga un registro de las siguientes acciones:

- Monitoreo de las actividades
- Tomar medidas correctivas
- Validar el equipo (asegurarse de que esté en buenas condiciones)
- Colaborar con los proveedores (por ejemplo, en estudios de fechas de caducidad, facturas, especificaciones, estudios de disputas)

Ejemplo del principio 7

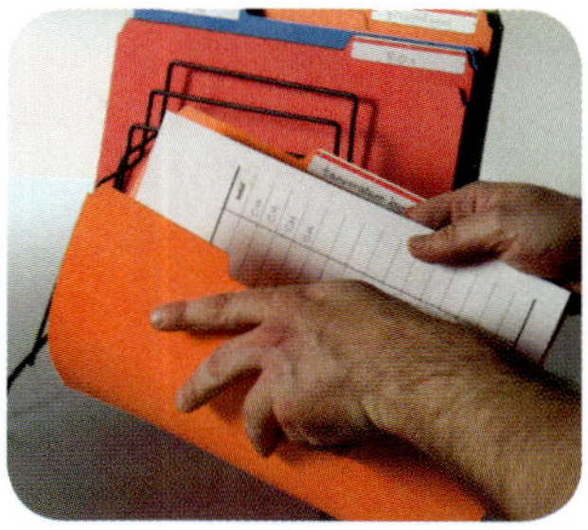

El equipo de gerentes de Enrico's determinó que los registros de tiempo y temperatura se guardarían tres meses. Las facturas de productos recibidos se guardarían 60 días. El equipo usa esta documentación para respaldar y revisar su plan HACCP cuando es necesario.

Otro ejemplo de HACCP

El ejemplo de Enrico's muestra un tipo de plan HACCP. Otros planes podrían ser diferentes si son para alimentos que se procesan de manera más sencilla. Por ejemplo, se necesita otro enfoque para los alimentos que se preparan y se sirven sin cocinarlos.

Éste es un ejemplo del plan HACCP del restaurante The Fruit Basket. En este establecimiento sólo se venden frutas y es conocido por su producto principal: la ensalada de melones.

1. Analizar los peligros El equipo encargado de HACCP en The Fruit Basket decidió analizar los peligros que enfrentaba la ensalada de melones. La ensalada contiene sandía, melón y melón tipo "honeydew". El equipo determinó que las bacterias son un peligro para los melones recién cortados.

2. Determinar los puntos críticos de control Los melones se preparan, mantienen y sirven sin cocinarlos. El equipo determinó que la preparación y el mantenimiento eran los puntos críticos de control de la ensalada. Decidieron que al limpiar y secar completamente la superficie de los melones durante la preparación, como se muestra en la foto de la izquierda, se reducirían las bacterias. Y al mantener los melones a la temperatura correcta, se podría prevenir el crecimiento de las bacterias. La recepción no era un punto crítico de control porque el establecimiento sólo compra los melones a proveedores aprobados.

3. Establecer límites críticos Para el punto crítico de control en la preparación, el equipo decidió que el límite crítico sería lavar, restregar y secar los melones. Crearon un procedimiento estándar de operación con técnicas para lavar los melones. Para el punto crítico de control en el mantenimiento, decidieron que la ensalada se debía mantener a 41°F (5°C), o menos, porque contenía melones cortados.

4. Establecer procedimientos de monitoreo El equipo decidió que el líder del equipo del establecimiento debería monitorear los límites críticos de la ensalada. El líder del equipo debe observar a los manipuladores de alimentos para asegurarse de que preparen correctamente los melones. Los manipuladores de alimentos deben eliminar toda la suciedad de la superficie de los melones lavados. Después los deben cortar, mezclar y dividir la ensalada en recipientes. Las ensaladas acabadas se llevan a la vitrina refrigerada. El líder del equipo debe monitorear la temperatura de las ensaladas preparadas para asegurarse de que se cumpla el límite crítico. La temperatura interna de las ensaladas debe ser de 41°F (5°C), o menos. Se debe revisar tres veces al día, como se muestra en la foto de la izquierda.

5. Identificar medidas correctivas A veces después de la preparación, los melones todavía tienen sucia la superficie. El equipo tenía que determinar una medida correctiva para esto. Decidieron que la medida correctiva sería volver a lavarlos. Después el líder del equipo debía aprobar los melones antes de rebanarlos.

Para corregir una temperatura de mantenimiento que sea mayor a 41°F (5°C), el líder del equipo debe revisar la temperatura de cada ensalada de melones que esté en el refrigerador. Las ensaladas que estén a más de 41°F (5°C) se deben tirar.

6 Verificar que el sistema funcione Para asegurarse de que el sistema funcionara correctamente, se decidió que el líder del equipo del establecimiento debía revisar la Hoja de control diario de HACCP del gerente después de cada turno. El líder se asegura de que cada artículo haya sido revisado y de que quien lo revisó haya escrito sus iniciales. El líder también confirma que se hayan tomado y anotado todas las medidas correctivas. The Fruit Basket también evalúa el sistema HACCP cada tres meses para ver si está funcionando.

7 Establecer procedimientos para registrar y guardar la documentación Debido a que las enfermedades transmitidas por alimentos relacionadas con frutas y verduras frescas podrían tardar hasta 16 semanas en aparecer, el equipo determinó que todos los registros de HACCP se mantuvieran archivados 16 semanas.

Métodos de procesamiento especializados y HACCP

Algunos procesos de los alimentos son altamente especializados y pueden representar un alto peligro a la salud si no se siguen los procedimientos específicos. Típicamente, estos procesos se realizan en las plantas procesadoras.

- Ahumar los alimentos como un método para preservarlos (pero no para mejorar el sabor).
- Usar aditivos para alimentos o agregar componentes, como vinagre, para preservarlos o alterarlos para que no se requiera control de tiempo y temperatura para su seguridad.
- Curar los alimentos.
- Procesar animales con métodos privados. Esto incluye, por ejemplo, aderezar la carne de venado en el establecimiento para utilizarla para su uso personal.
- Empacar alimentos usando métodos de empaque con reducción de oxígeno (ROP). Esto incluye alimentos empacados con atmósfera modificada, al vacío y *sous vide*. *El Clostridium botulinum* y la *Listeria monocytogenes* son un peligro para los alimentos que se empacan de esta manera.
- Dar tratamiento (por ejemplo, pasteurizar) al jugo en el establecimiento y empacarlo para venderlo después.
- Germinar semillas o brotes vegetales.

! Alerta de patógeno

Se requiere un permiso de la autoridad reguladora antes de procesar los alimentos de esta manera. Un permiso es un documento que permite la modificación o la cancelación de un requerimiento.

También se podría requerir un plan HACCP si el método de procesamiento representa un alto peligro de causar una enfermedad transmitida por alimentos. También podría haber peligros únicos para estos procesos que el HACCP resolvería mejor. Por ejemplo, si no se hace correctamente, el empaque con reducción de oxígeno tiene un peligro muy alto de causar una enfermedad transmitida por alimentos. Debido a esto, se requiere un plan HACCP cuando no se solicita un permiso.

Pregunte a la autoridad reguladora local antes de usar estos métodos de procesamiento especializados.

Use sus conocimientos

Es el principio de las cosas

Identifique el principio de HACCP definido por cada declaración. Escriba el número del principio en el espacio correcto.

Ⓐ 4 Verificar que se cumplan los límites críticos. Monitoreo

Ⓑ 7 Mantener los documentos del plan HACCP. Registrar

Ⓒ 1 Evaluar los peligros en el camino de los alimentos. Analisis

Ⓓ 2 Lugares específicos en el camino de los alimentos en los cuales el peligro se puede prevenir, eliminar o reducir a niveles seguros. Puntos criticos

Ⓔ 5 Paso predeterminado que se toma cuando no se cumple un límite crítico. medidas correct

Ⓕ 3 Extremos mínimos o máximos que se deben cumplir para prevenir un peligro. Limites criticos

Ⓖ 6 Determinar si el plan HACCP está funcionando como se pretende. Verificacion

1. Análisis de peligros
2. Puntos críticos de control
3. Límites críticos
4. Monitoreo
5. Medidas correctivas
6. Verificación
7. Registrar y guardar registros

Puede ver las respuestas en la página 8.15.

Resumen del capítulo

- Un sistema de administración de seguridad de los alimentos es un grupo de procedimientos y prácticas que tienen el propósito de prevenir enfermedades transmitidas por alimentos. Esto se consigue mediante el control activo de peligros durante el camino de los alimentos.
- Es responsabilidad del gerente controlar activamente estos y otros factores de peligro. A esto se le llama control activo de los gerentes. Se puede lograr incorporando acciones y procedimientos específicos en el establecimiento para prevenir enfermedades transmitidas por alimentos.
- La FDA da recomendaciones específicas para controlar los factores de peligro para enfermedades transmitidas por alimentos. Se les conoce como intervenciones sobre salud pública. Tienen el propósito de proteger la salud del público.
- HACCP se basa en la identificación de peligros biológicos, químicos o físicos importantes en puntos específicos del camino de un producto. Después de identificar los peligros, éstos se pueden prevenir, eliminar o reducir a niveles seguros.
- Un plan HACCP se basa en siete principios básicos Estos principios son los siete pasos que indican cómo crear un plan HACCP.
- Algunos procesos de los alimentos están altamente especializados y pueden representar un alto peligro a la salud si no se siguen los procedimientos específicos. Esto incluye métodos de procesamiento tales como curar los alimentos y ahumarlos para prolongar su vida útil. Siempre debe preguntar a la autoridad reguladora local antes de usar métodos de procesamiento especializados.

Caso práctico para repasar el capítulo

Para enfrentar los peligros contra la seguridad de los alimentos puede crear un sistema de administración de seguridad de los alimentos.

Ahora tome lo que ha aprendido en este capítulo y aplíquelo en el siguiente caso práctico.

María, propietaria/operadora de un restaurante familiar, se dio cuenta que necesitaba hacer más para mantenerlo seguro. Para esto debía enfocarse en la seguridad de los alimentos en una manera más formal que antes. Era el momento de desarrollar un sistema de administración de seguridad de los alimentos. Aunque no había recibido entrenamiento formal sobre HACCP, quería desarrollar un plan HACCP para su establecimiento.

Para empezar, María revisó su menú para identificar puntos críticos de control en cada artículo del menú. La mayoría eran platillos a la parrilla que se preparaban, cocinaban y luego se servían. María determinó que los peligros de estos artículos se podrían controlar mejor con la cocción, así que identificó la cocción como el punto crítico de control. Luego identificó los límites críticos para estos puntos. Para la carne para hamburguesas a la parrilla, determinó que si la cocinaba a 150°F (66°C), por 15 segundos, reduciría los patógenos a un nivel seguro. Ella sabía que era necesario cocinar el pollo a la parrilla a 165°F (74°C), por 15 segundos.

María decidió que, para monitorear los límites críticos, para ver si la carne estaba bien cocinada los cocineros debían presionarla son sus dedos. Como medida de seguridad, ella les pidió a los cocineros que cortaran el producto para revisar el color interno. María sabía que necesitaba identificar una medida correctiva para los productos que no se hubieran cocinado lo suficiente. Decidió que si la textura o el color interno de la carne no eran los correctos, los cocineros debían seguir cocinando la carne.

María sabía que guardar registros usualmente era parte de un programa HACCP, pero no sabía qué tipo de registros debía guardar. Finalmente decidió que no necesitaba estos registros en su establecimiento.

1. ¿Qué hizo bien María?

____

2. ¿Qué errores cometió María?

____

Puede ver las respuestas en la página 8.15.

Preguntas de estudio

Encierre en un círculo la mejor respuesta para cada pregunta.

1. **Se revisa la temperatura de un asado para ver si ha cumplido su límite crítico de 145°F (63°C), por 4 minutos. ¿Este es un ejemplo de cuál principio de HACCP?**
   - A Verificación
   - B Monitoreo
   - C Registrar y guardar documentación
   - D Análisis de peligros

2. **Se revisa la temperatura de una olla de guisado de res durante su mantenimiento. El guisado no alcanzó el límite crítico y, siguiendo las normas del establecimiento, lo tiraron. ¿De cuál principio de HACCP sería un ejemplo el tirar este guisado?**
   - A Monitoreo
   - B Verificación
   - C Análisis de peligros
   - D Medidas correctivas

3. **El restaurante sirve sándwiches fríos en una vitrina de autoservicio. ¿Qué paso del camino de los alimentos sería un punto crítico de control?**
   - A Almacenamiento
   - B Enfriamiento
   - C Cocción
   - D Recalentamiento

4. **¿Cuál es el primer paso para desarrollar un plan HACCP?**
   - A Identificar medidas correctivas.
   - B Efectuar un análisis de peligros.
   - C Establecer procedimientos de monitoreo.
   - D Determinar los puntos críticos de control.

5. **¿Cuál es el propósito de un sistema de administración de seguridad de los alimentos?**
   - A Mantener todas las áreas del establecimiento limpias y sin plagas.
   - B Identificar el equipo dañado del establecimiento, ponerle etiqueta y repararlo.
   - C Identificar y controlar los peligros posibles en el camino de los alimentos.
   - D Documentar y usar los métodos correctos para comprar y recibir alimentos.

Continúa en la página siguiente ►

► *Continuación de la página anterior*

6 **¿De qué principio de HACCP sería un ejemplo revisar los registros de temperatura y otros registros para asegurarse de que el plan HACCP está funcionando como debe?**

A Monitoreo
B Verificación
C Análisis de peligros
D Registrar y guardar documentación

7 **Un chef sanitizó la sonda de un termómetro y revisó la temperatura de la sopa minestrone que estaba en una unidad de mantenimiento caliente. La temperatura era de 120°F (49°C), y no cumplía el límite crítico del establecimiento, que es de 135°F (57°C). El chef anotó la temperatura en el registro y recalentó la sopa a 165°F (74°C), por 15 segundos. ¿Cuál fue la medida correctiva?**

A Recalentar la sopa.
B Revisar el límite crítico.
C Sanitizar la sonda del termómetro.
D Anotar la temperatura en el registro.

8 **¿Qué debe tener un establecimiento que desea ahumar alimentos como método de preservación antes de poder procesar los alimentos de esta manera?**

A Una certificación de seguridad de los alimentos
B Un plan de manejo de crisis
C Un calendario maestro de limpieza
D Un permiso de la autoridad reguladora local

Puede ver las respuestas en la página 8.15.

Respuestas

8.11 Es el principio de las cosas

- Ⓐ 4
- Ⓑ 7
- Ⓒ 1
- Ⓓ 2
- Ⓔ 5
- Ⓕ 3
- Ⓖ 6

8.12 Caso práctico para repasar el capítulo

① María hizo correctamente las siguientes cosas:

- María estuvo en lo correcto al decidir desarrollar un sistema de administración de seguridad de los alimentos. Es la mejor manera de controlar los peligros de la seguridad de los alimentos en su establecimiento.
- María estuvo en lo correcto al decidir que la cocción era un punto crítico de control para los productos a la parrilla.

② María cometió los siguientes errores:

- Para comenzar, María debería haber hecho un análisis de peligros. Es importante determinar todos los lugares en los que podrían ocurrir los peligros contra la seguridad de los alimentos.
- Además de tomar en cuenta a los peligros biológicos, María necesitaba incluir los peligros químicos y físicos.
- El límite crítico para la carne para hamburguesas no era correcto. La temperatura debería estar a 155°F (68°C), o más, por 15 segundos.
- Hay problemas en la manera en que María planea monitorear los límites críticos. La única manera de determinar que el alimento se ha cocinado a la temperatura interna correcta es revisar el producto con un termómetro apropiado.
- María debería haber hecho registros de temperatura para anotar la temperatura interna del pollo y la carne a la parrilla con regularidad. Posteriormente, estos registros se podrían usar para determinar si el plan HACCP de María funciona como debería, lo que se llama verificación.

8.13 Preguntas de estudio

- ① B
- ② D
- ③ A
- ④ B
- ⑤ C
- ⑥ B
- ⑦ A
- ⑧ D

capítulo 9
Instalaciones seguras y manejo de plagas

Requerimientos para el interior de un establecimiento seguro	Emergencias que afectan las instalaciones	Manejo de plagas
— Pisos, paredes y techos — Servicios públicos y sistemas del edificio — Mantenimiento de las instalaciones		— Prevención de plagas — Control de plagas

((Noticias)) Establecimiento cierra para resolver infracciones al código de salud

La autoridad reguladora local clausuró un establecimiento de servicio de alimentos de la Ruta 66. El inspector citó una larga lista de infracciones. Las dos áreas de almacenamiento del establecimiento, que se había inaugurado en la década de 1940, estaban infestadas de cucarachas. Los alimentos no estaban protegidos contra las fuentes potenciales de contaminación durante el almacenamiento, la preparación y el servicio. También se descubrió que el establecimiento usaba equipo viejo y averiado y que el edificio estaba en malas condiciones. Había varias piezas del equipo que estaban pegadas con cinta adhesiva y parte del equipo sobre las mesas estaba en tan malas condiciones, que el inspector le dijo al operador que lo tirara de inmediato.

Los propietarios declararon que ellos y los gerentes estaban totalmente comprometidos a implementar las recomendaciones del inspector para renovar el establecimiento y cumplir los códigos estatales y locales. También publicaron un anuncio de plana entera en el periódico local para disculparse con sus leales clientes. Prometieron trabajar duro para mantener un establecimiento limpio y seguro y atraer de nuevo a sus clientes.

Usted puede prevenir esto

Un equipo que está viejo y averiado y un edificio en malas condiciones podrían provocar la contaminación, sin importar lo limpio que esté el establecimiento. Para asegurarse de que sus instalaciones sean seguras para el servicio de alimentos, debe saber lo siguiente:

- Cómo seleccionar material y equipo que sean seguros para usar en establecimientos de servicio de alimentos
- Cómo instalar y dar mantenimiento al equipo
- Cómo evitar peligros contra la seguridad de los alimentos causados por los servicios públicos
- Cómo dar mantenimiento a sus instalaciones
- Cómo manejar casos de emergencia
- Cómo prevenir y controlar las plagas

Requerimientos para el interior de un establecimiento seguro
- Pisos, paredes y techos
- Servicios públicos y sistemas del edificio
- Mantenimiento de las instalaciones

Emergencias que afectan las instalaciones

Manejo de plagas
- Prevención de plagas
- Control de plagas

Requerimientos para el interior de un establecimiento seguro

El material, el equipo y los servicios públicos de su establecimiento tienen una función importante en la protección de la seguridad de los alimentos. Si le dan la oportunidad, debe elegir estos elementos pensando en la seguridad de los alimentos.

Pisos, paredes y techos

Al seleccionar los materiales para los pisos, las paredes y los techos, elija aquellos que sean lisos y durables. Así será más fácil limpiarlos.

Después de instalar los pisos, las paredes y los techos, se les debe dar mantenimiento con frecuencia. Reemplace los paneles del techo que falten o que estén rotos. Haga lo mismo con los pisos. Repare los agujeros de las paredes.

Selección del equipo

El equipo para servicio de alimentos debe cumplir ciertos estándares si va estar en contacto con los alimentos. NSF es una organización que crea estos estándares nacionales. NSF está acreditada por el Instituto Americano de Estándares Nacionales (ANSI). Los estándares de NSF/ANSI para el equipo para alimentos requieren que sea liso, resistente a la corrosión y no absorbente. El equipo para alimentos también debe ser fácil de limpiar, duradero y resistente a los daños.

Instalación y mantenimiento del equipo

El equipo fijo debe ser fácil de limpiar y también debe ser fácil limpiar alrededor de él. En la foto de la izquierda, la máquina lavaplatos está instalada de manera que el piso se puede limpiar fácilmente.

Al instalar el equipo, siga las recomendaciones del fabricante. También debe preguntar a su autoridad reguladora los requerimientos. En general, el equipo fijo se debe instalar como se indica a continuación:

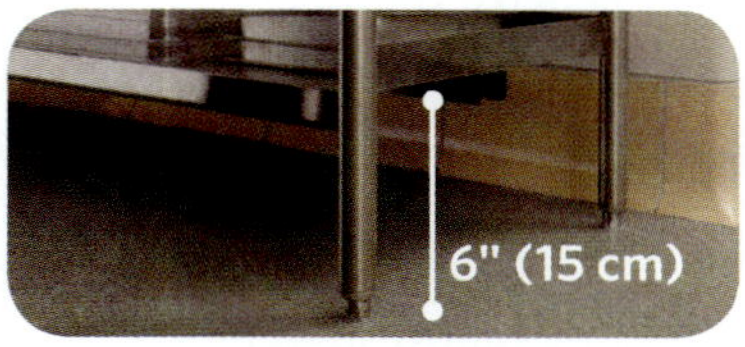

Equipo montado en el piso El equipo montado en el piso debe tener patas de, por lo menos, 6 pulgadas (15 centímetros) de altura. Otra opción es sellarlo a una base de mampostería.

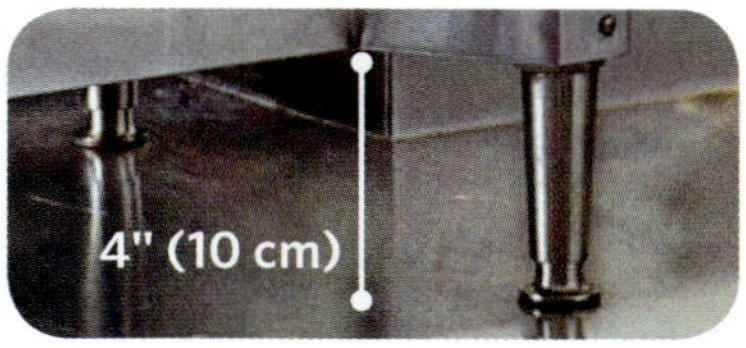

Equipo sobre mesas El equipo sobre mesas debe tener patas de, por lo menos, 4 pulgadas (10 centímetros) de altura. O séllelo a la mesa.

Después de instalar el equipo, asegúrese de que el personal calificado le dé mantenimiento con frecuencia. También debe establecer una programación de mantenimiento con el proveedor o el fabricante. Revise el equipo con frecuencia para asegurarse de que esté funcionando correctamente.

Máquinas lavaplatos

Las máquinas lavaplatos varían en tamaño, estilo y método de sanitización. Por ejemplo, algunas sanitizan con agua muy caliente. Otras usan una solución química.

Tome en cuenta estas pautas al seleccionar e instalar las máquinas lavaplatos:

Instalación Las máquinas lavaplatos se deben instalar de manera que sean fáciles de alcanzar y que estén en un lugar conveniente. También se debe evitar que se contaminen los utensilios, el equipo y las superficies que tienen contacto con alimentos. Siga siempre las instrucciones del fabricante para instalar, operar y mantener las máquinas lavaplatos.

Suministros Use detergentes y sanitizantes aprobados por la autoridad reguladora local.

Regulaciones Compre máquinas lavaplatos que puedan medir lo siguiente:

- Temperatura del agua
- Presión del agua
- Concentración de los químicos usados para la limpieza y sanitización

En la máquina se debe poner la información sobre las regulaciones correctas. En la foto de la izquierda está un letrero de ejemplo.

Limpieza Limpie las máquinas lavaplatos con la frecuencia necesaria. Siga las instrucciones del fabricante y los requerimientos de los reglamentos locales.

Fregaderos de tres compartimentos

Muchos establecimientos usan fregaderos de tres compartimentos para limpiar y sanitizar objetos manualmente en el establecimiento. Compre fregaderos donde pueda meter utensilios y equipo grande. También debe tener otros métodos para limpiar estos objetos, por ejemplo limpiarlos en su lugar.

Cómo me afecta esto

¿Qué tipo de máquinas lavaplatos están permitidas en su jurisdicción?

___

___

___

___

Estaciones para lavarse las manos

Las estaciones para lavarse las manos se deben ubicar en áreas en las que sea fácil que los empleados se laven las manos con frecuencia. Se requieren estas estaciones en los baños o directamente junto a ellos. También se requieren estaciones para lavarse las manos en las áreas de preparación de alimentos, de servicio y de lavado de platos. Los lavabos para las manos se deben usar sólo para lavarse las manos y para ningún otro propósito.

Asegúrese de que estas estaciones funcionen correctamente, estén abastecidas y se les dé mantenimiento. Deben estar disponibles siempre. No las deben bloquear con equipo portátil ni poner en ellas artículos para cocina sucios. En la foto de la izquierda se muestra un ejemplo de esto. Una estación para lavarse las manos debe tener los siguientes artículos:

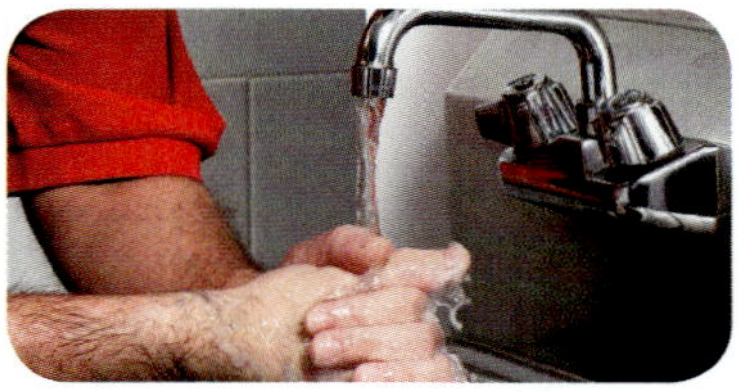

Agua corriente caliente y fría El agua debe ser potable y cumplir los requerimientos de temperatura y presión.

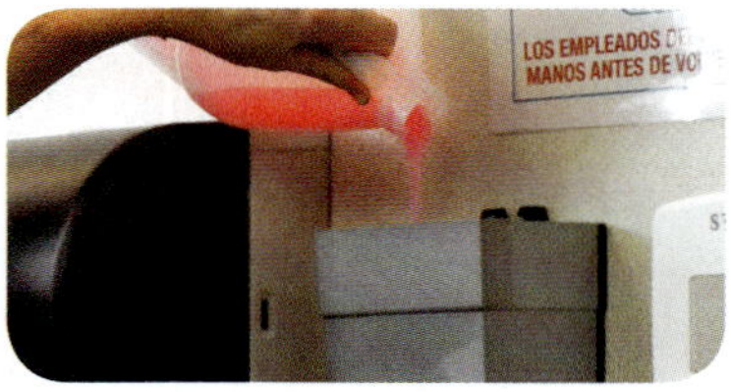

Jabón El jabón puede ser líquido, en barra o en polvo.

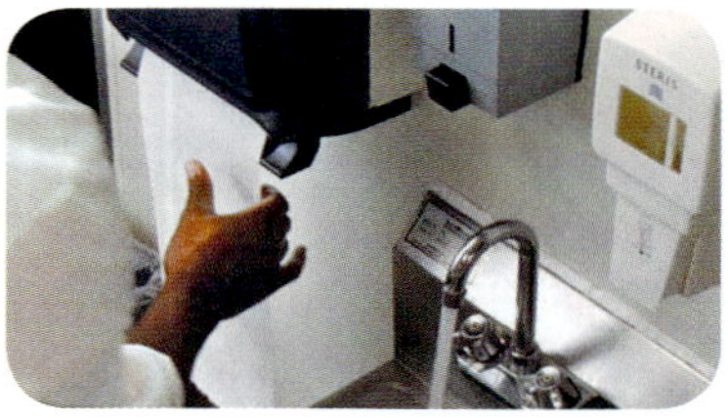

Un medio para secarse las manos Toallas de papel desechables o un sistema de toalla continua con el que las personas puedan usar una toalla limpia. También se puede usar un secador de manos de aire caliente o de aire a temperatura ambiente expulsado a alta velocidad.

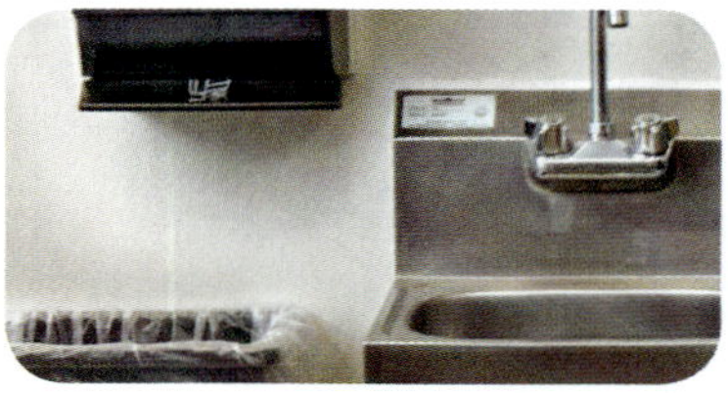

Bote de basura Si se usan toallas de papel desechables, se requieren botes de basura.

Letreros Un cartel o un letrero claramente visible debe indicarles a los empleados que deben lavarse las manos antes de volver al trabajo. El mensaje debe estar en todos los idiomas usados por los empleados del establecimiento.

Algunas jurisdicciones permiten el uso de instalaciones automáticas para lavarse las manos. Para más información, consulte a la autoridad reguladora local.

Servicios públicos y sistemas del edificio

Un establecimiento usa muchos servicios públicos y sistemas del edificio. Entre los servicios públicos están el agua, la electricidad, el gas, el drenaje y el desecho de basura. Los sistemas del edificio incluyen plomería, iluminación y ventilación. Los servicios públicos deben poder satisfacer las necesidades del establecimiento. Además, los servicios públicos y los sistemas deben funcionar correctamente. Si no es así, el peligro de contaminación es mayor.

Agua y plomería

Cada autoridad reguladora establece los estándares para el agua en su jurisdicción. Sólo se puede usar agua potable para la preparación de alimentos y para las superficies que tienen contacto con alimentos. Éste agua puede provenir de las siguientes fuentes:

- Tuberías de agua del servicio público aprobadas
- Fuentes de agua privadas que se mantienen y analizan con frecuencia
- Recipientes de agua portátiles cerrados
- Vehículos de transporte de agua

Sin importar de dónde provenga el agua, usted debe saber cómo prevenir los problemas de plomería que podrían afectar la seguridad de los alimentos.

Instalación y mantenimiento Si la plomería no se instala o no se mantiene correctamente, podría causar que el agua potable y el agua insegura se mezclen. Esto puede causar brotes de enfermedades transmitidas por alimentos. En su establecimiento sólo los plomeros certificados deben trabajar en la plomería, como se muestra en la foto de la izquierda.

Conexión cruzada El mayor reto de la seguridad del agua surge de las conexiones cruzadas. Una conexión cruzada es un enlace físico entre agua segura y agua sucia, que puede provenir de desagües, alcantarillas y fuentes de aguas residuales.

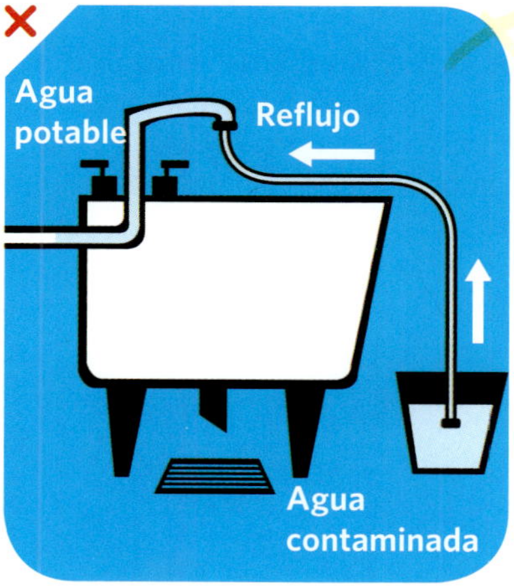

Una conexión cruzada es peligrosa porque puede ocurrir un reflujo. El reflujo es el flujo inverso de contaminantes, mediante una conexión cruzada, en un sistema de agua potable. El reflujo puede ser el resultado de la presión que empuja a los contaminantes hacia el suministro de agua. También puede ocurrir cuando el alto uso de agua en una área del establecimiento crea un vacío en el sistema de plomería que aspira contaminantes hacia el suministro de agua. A esto se le llama retrosifonaje. Una llave de agua corriente debajo del borde de rebalse de un fregadero es un ejemplo de una conexión cruzada que puede causar un retrosifonaje. Otro ejemplo sería una manguera sumergida en un balde para trapear, como se muestra en la ilustración de la izquierda.

Prevención del reflujo La mejor manera de prevenir el reflujo es evitar la creación de una conexión cruzada. **No** conecte una manguera a una llave a menos que se use un dispositivo de prevención del reflujo. Una válvula rompevacío es un dispositivo mecánico que previene el retrosifonaje. Para lograr esto cierra una válvula de retención y sella la línea de suministro de agua cuando se detiene el flujo del agua.

También se usan otros dispositivos mecánicos para prevenir el reflujo. Entre ellos están la válvula de retención doble y los preventores de reflujo para zonas de presión reducida. Estos dispositivos tienen más de una válvula de retención para sellar el suministro de agua. Además con ellos se puede determinar si las válvulas de retención están funcionando.

Los dispositivos de prevención de reflujo se deben revisar con frecuencia para asegurarse de que estén funcionando correctamente. Esto lo debe hacer un técnico entrenado y certificado. Y este trabajo se debe documentar. Siempre debe seguir los requerimientos locales y las recomendaciones del fabricante.

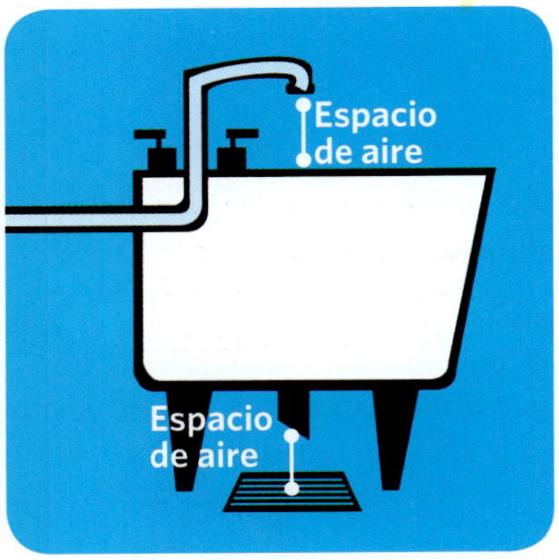

La única manera de prevenir el reflujo es crear un espacio de aire. Un espacio de aire es un espacio que separa una salida del suministro de agua de una fuente potencialmente contaminada. Un fregadero que fue bien diseñado e instalado, usualmente tiene dos espacios de aire, como se muestra en la ilustración de la izquierda. Uno está entre la llave y el borde de rebalse del fregadero. El otro está entre la tubería de desagüe del fregadero y el desagüe del piso del establecimiento.

Iluminación

Con una buena iluminación es más fácil limpiar su establecimiento. Y también contribuye a tener un ambiente más seguro.

La intensidad de la iluminación (qué tan brillantes son las lámparas del establecimiento) usualmente se mide en unidades llamadas pies candela o lux. Cada área tiene requerimientos de intensidad de iluminación diferentes. Usualmente las jurisdicciones locales requieren que las áreas de preparación estén más iluminadas que otras áreas. Así los empleados pueden darse cuenta de las condiciones de los alimentos. Y también pueden identificar los objetos que necesitan limpiarse.

Después de instalar el nivel apropiado de iluminación en cada área, lo debe monitorear. Reemplace los bombillos que se quemen, y asegúrese de que sean del tamaño correcto. Las unidades de iluminación deben tener bombillos resistentes a romperse o cubiertas protectoras. Estos productos evitarán que los fragmentos de vidrio contaminen los alimentos o las superficies de contacto con alimentos.

Ventilación

La ventilación mejora la calidad del aire dentro de los establecimientos. Elimina el calor, el vapor y el humo de las líneas de cocción. También elimina los gases y los olores. Si los sistemas de ventilación no funcionan correctamente, la grasa y la condensación se acumularán en las paredes y los techos.

Para prevenir esto, los sistemas de ventilación se deben limpiar y mantener de acuerdo a las recomendaciones del fabricante y/o a los requerimientos de los reglamentos locales.

Basura

Si no se maneja correctamente, la basura puede atraer plagas y contaminar los alimentos, el equipo y los utensilios. Para controlar la contaminación causada por la basura, considere estos puntos:

Eliminación de basura La basura se debe retirar de las áreas de preparación lo más pronto posible, para prevenir olores, plagas y posible contaminación. Los empleados deben tener cuidado al retirar la basura para no contaminar los alimentos ni las superficies que tiene contacto con alimentos. El empleado de la foto de la izquierda no ha sido cuidadoso y podría contaminar la mesa de preparación.

Limpieza de los basureros Limpie los basureros y los botes de basura por dentro y por fuera frecuentemente. Así ayudará a prevenir la contaminación de los alimentos y las superficies que tienen contacto con alimentos. También reducirá los olores y las plagas. **No** limpie los botes de basura cerca de las áreas de preparación o de almacenamiento de alimentos.

Botes de basura interiores Los botes deben ser a prueba de goteo, impermeables y a prueba de plagas. También deben ser fáciles de limpiar. Los botes se deben tapar cuando no los estén usando.

Áreas de almacenamiento designadas El desperdicio y el material reciclable se deben mantener separados de los alimentos y las superficies que tienen contacto con alimentos. El almacenamiento de estos materiales no debe crear una molestia ni un peligro para la salud del público.

Basureros exteriores Ponga los basureros en una superficie lisa, duradera y no absorbente. El asfalto y el concreto son buenas opciones, como se muestra en la foto de la izquierda. Asegúrese de que los basureros tengan tapas que se ajusten bien y manténgalos tapados siempre. Mantenga los tapones de drenaje en su lugar.

Mantenimiento de las instalaciones

Si no se da el mantenimiento correcto a las instalaciones, se podrían causar problemas de seguridad de los alimentos. Para prevenir los problemas, haga los siguiente:

- Limpie el establecimiento con frecuencia.
- Asegúrese de que todos los sistemas del edificio funcionan y se revisan con frecuencia.
- Asegúrese de que el edificio esté en buenas condiciones. No debe haber goteras, agujeros ni grietas en los pisos, los cimientos, los techos y las ventanas. En la foto de la izquierda, el encargado de mantenimiento está rellenando una grieta en la pared para que no entren las plagas.
- Controle las plagas.
- Dé el mantenimiento correcto al exterior del edificio, incluyendo el patio y el estacionamiento.

Use sus conocimientos

¿Qué falta?

En esta estación para lavarse las manos faltan 3 cosas. ¿Cuáles son?

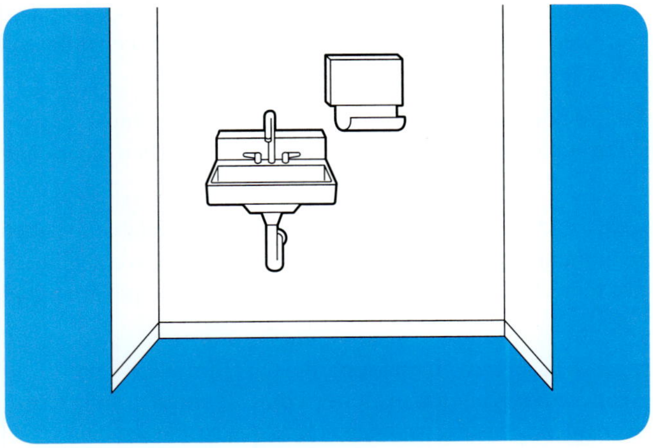

① ____________________

② ____________________

③ ____________________

Puede ver las respuestas en la página 9.17.

Use sus conocimientos

¿Cuáles son los errores en este dibujo?

Ponga una **X** junto a la declaración que describa mejor lo que el empleado hace mal en la foto de abajo.

1. ______ Creó un espacio de aire.
2. ______ Creó una trampa de grasa.
3. ______ Creó una válvula rompevacío.
4. ______ Creó una conexión cruzada.

¿Cuál es el fregadero peligroso?

Ponga una **X** junto al fregadero en el que podría ocurrir el retrosifonaje.

1. ______

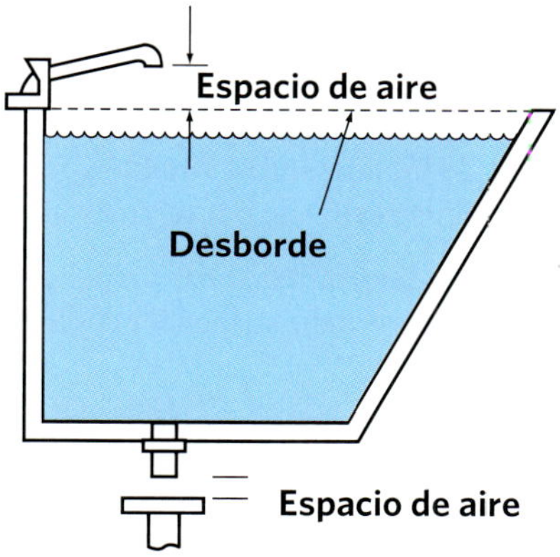

2. ______

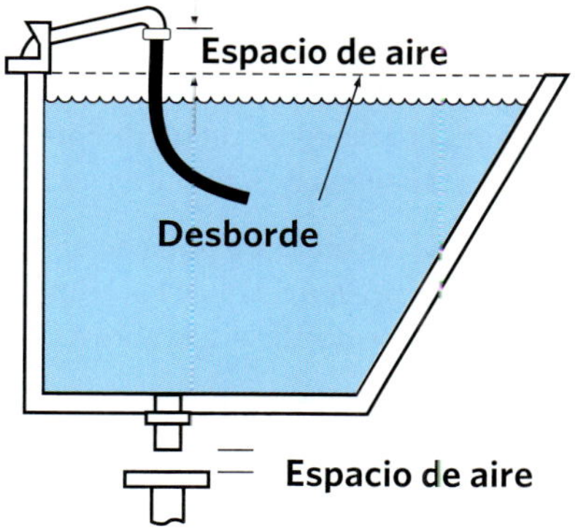

Manejo de la basura

Ponga una **X** junto a cada práctica peligrosa al manejar la basura y los basureros.

1. ______ Marvin limpia un bote de basura sobre la rejilla del desagüe del piso, que está junto al hervidor de cocción al vapor.
2. ______ Barry apila bolsas de basura junto a la mesa de preparación porque quiere sacarlas todas a la vez.
3. ______ Ron pone las bolsas de basura sobre el asfalto junto al basurero y después las arroja adentro una por una.
4. ______ Michelle tira las latas vacías al recipiente para material reciclable, que está en el área de preparación.
5. ______ Tunya arroja una pechuga de pollo demasiado cocida al bote de basura que está junto a la línea de sándwiches.

Puede ver las respuestas en la página 9.17.

Requerimientos para el interior de un establecimiento seguro	Emergencias que afectan las instalaciones	Manejo de plagas
— Pisos, paredes y techos — Servicios públicos y sistemas del edificio — Mantenimiento de las instalaciones		— Prevención de plagas — Control de plagas

Emergencias que afectan las instalaciones

Hay crisis que pueden afectar la seguridad de los alimentos que usted sirve. Entre las más comunes están los apagones, los incendios, las inundaciones y los reflujos de aguas negras. La autoridad reguladora local considera que son peligros inminentes para la salud. Un peligro inminente para la salud es un peligro o una amenaza seria a la salud que requiere una corrección inmediata o el cierre para prevenir lesiones.

También se deben tomar en consideración otras amenazas.

Control de temperatura Los apagones y las averías del sistema de refrigeración pueden amenazar su capacidad de controlar la temperatura de los alimentos que necesitan control de tiempo y temperatura. Esto puede ocasionar el crecimiento de patógenos.

Seguridad física Las personas que entran sin autorización a un establecimiento son un peligro para la seguridad de los alimentos. Esto se aplica sobre todo cuando entran a las áreas de almacenamiento y preparación. Además, los actos de la naturaleza pueden debilitar la seguridad de las instalaciones.

Suministro de agua potable También se deben tomar en cuenta las amenazas al suministro de agua potable. Las tuberías de agua rotas y las averías en los centros de tratamiento de agua son un peligro para la seguridad de los alimentos. También podría ser una amenaza la contaminación del suministro de agua realizada por terroristas.

Cuando se enfrente a alguna de estas crisis, primero debe determinar si hay un peligro grave para la seguridad de los alimentos. Si el peligro es grave, debe suspender el servicio. Después debe notificar a la autoridad reguladora local.

Los alimentos contaminados o deteriorados se deben tirar, junto con los alimentos cuyo empaque no esté intacto. Finalmente, debe decidir cómo corregir el problema. Las medidas podrían incluir establecer el control de tiempo y temperatura de alimentos que lo necesitan o la limpieza y sanitización de las superficies del establecimiento. También podrían incluir restablecer la seguridad física del establecimiento. O verificar que el agua del suministro sea potable. Sea cual sea el caso, necesitará la aprobación de la autoridad reguladora local para poder continuar el servicio.

Cómo me afecta esto

¿Cuáles son los requerimientos de los reglamentos locales cuando se ha suspendido el servicio del agua?

___

___

___

Requerimientos para el interior de un establecimiento seguro	Emergencias que afectan las instalaciones	Manejo de plagas
— Pisos, paredes y techos — Servicios públicos y sistemas del edificio — Mantenimiento de las instalaciones		— Prevención de plagas — Control de plagas

Manejo de plagas

Los roedores, insectos y otras plagas no sólo son repulsivas para los clientes. También pueden dañar los alimentos, los suministros y las instalaciones. Pero el mayor peligro es su capacidad para propagar enfermedades, incluyendo enfermedades transmitidas por alimentos.

Prevención de plagas

La prevención es crítica para el control de plagas. Siga estas tres reglas básicas para mantener el establecimiento sin plagas.

1. Negar a las plagas el acceso al establecimiento.
2. Negar a las plagas alimento, agua y refugio.
3. Trabajar con un operador de control de plagas con licencia.

Negar el acceso Las plagas pueden entrar al establecimiento junto con las entregas o por las aberturas del edificio. Para prevenir esto, siga estas pautas:

- Examine todas las entregas antes de que entren a su establecimiento. Rechace las entregas en las que encuentre plagas o señales de ellas. Esto incluye huevecillos y partes del cuerpo (patas, alas, etc.).
- Cerciórese de que estén asegurados todos los puntos por los que las plagas pueden entrar al edificio. Proteja las ventanas y aberturas de ventilación con malla y límpielas, coloque parches o reemplácelas cuando se necesite. Selle las grietas de pisos, de paredes y alrededor del equipo, como se muestra en la foto de la izquierda. Instale cortinas de aire (también llamadas puertas de aire o ventiladores para moscas) arriba o a lo largo de las puertas.

Negar refugio La limpieza cuidadosa y frecuente elimina las fuentes de alimentos de las plagas y destruye los huevos de los insectos. También reduce los lugares donde pueden refugiarse las plagas. Siga estas pautas para negar alimento y refugio a las plagas.

- Tire la basura rápida y correctamente. Mantenga los basureros limpios y en buenas condiciones. Mantenga los basureros exteriores con una tapa bien ajustada. Limpie los derrames alrededor de los botes de basura inmediatamente y lave los botes con frecuencia.
- Guarde los materiales reciclables en contenedores limpios, a prueba de plagas. Manténgalos lo más lejos del edificio que sea permitido por los reglamentos locales.

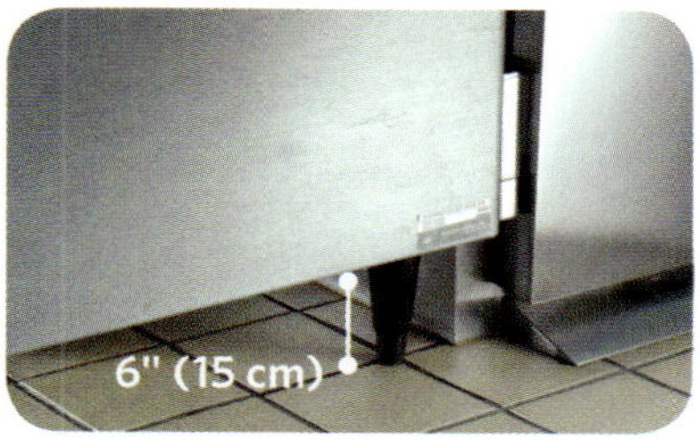

- Almacene todos los alimentos y suministros correctamente y lo más rápido posible. Mantenga los alimentos y los suministros lejos de las paredes y separados al menos 6 pulgadas (15 centímetros) del piso, como se muestra en la foto de la izquierda. Use el método Primeras entradas, primeras salidas para rotar los productos y que las plagas no tengan tiempo de alojarse en ellos y multiplicarse.
- Limpie inmediatamente los derrames de alimentos y bebidas, incluyendo migajas y restos de comida.

Control de plagas

A veces, las plagas entrarán a su establecimiento, aunque usted haga todos sus esfuerzos por mantenerlas fuera él. Si esto sucede, colabore con un operador de control de plagas. Aunque pueda ver pocas plagas, puede ser que ya exista una gran cantidad allí. A esto se le llama "infestación" y las infestaciones pueden ser muy difíciles de eliminar. Las plagas dejan señales, para indicar su presencia. Observe para ver si hay heces, nidos o daños a los productos, los empaques o las instalaciones. En la foto de la izquierda se muestra un ejemplo del daño que causan los roedores a un paquete de pan danés. Si ve problemas como este u otros relacionados con las plagas, póngase en contacto con el operador de control de plagas para tomar medidas de control.

Use sus conocimientos

¡Que no entren!

Ponga una ✕ junto a cada situación que pueda provocar una infestación de plagas.

1. _______ Los alimentos del cuarto de almacenamiento seco se pusieron pegados a la pared y a 6 pulgadas del piso.
2. _______ Se instalaron cortinas de aire alrededor de la puerta trasera de la cocina.
3. _______ El material reciclable se almacena de noche en un recipiente limpio en la cocina.
4. _______ Los alimentos se rotan durante el almacenamiento de manera que los productos más viejos se usen primero.
5. _______ Un basurero se deja abierto durante el día para que se ventile.
6. _______ Un chofer lleva la entrega de alimentos a la cocina para que los inspeccionen.
7. _______ Se rechaza una entrega de alimentos porque contiene alas de polillas.
8. _______ La cocina tiene pantallas de malla en las ventanas y la malla tiene agujeros.

Puede ver las respuestas en la página 9.17.

Resumen del capítulo

- Seleccione los materiales para los pisos, las paredes y los techos que sean lisos y durables. Así será más fácil limpiarlos. Reemplace y mantenga estos materiales cuando sea necesario.
- Asegúrese de que el equipo que tendrá contacto con los alimentos sea liso, no absorbente y fácil de limpiar. El equipo montado en el piso debe tener patas y estar a, por lo menos, seis pulgadas del piso o sellarse a una base de mampostería. El equipo sobre mesas debe tener patas de, por lo menos, cuatro pulgadas de altura o sellarse a las mesas.
- Las máquinas lavaplatos se deben instalar de manera que se prevenga la contaminación de utensilios, equipo y otras superficies que tienen contacto con alimentos.
- Las estaciones para lavarse las manos deben tener agua potable caliente y fría, jabón y un medio para secarse las manos. También deben tener un bote de basura, si se proveen toallas de papel, y un letrero para recordar a los empleados que deben lavarse las manos antes de regresar al trabajo.
- La plomería siempre la debe instalar y mantener un plomero certificado. Así se prevendrán las conexiones cruzadas. Una conexión cruzada es peligrosa porque puede ocurrir un reflujo. El reflujo es el flujo inverso de contaminantes, mediante una conexión cruzada, en un sistema de agua potable.
- Se debe retirar la basura de las áreas de preparación tan pronto como sea posible, para prevenir olores, plagas y contaminación. Los basureros deben ser a prueba de goteo, impermeables y a prueba de plagas. Se deben limpiar por dentro y por fuera frecuentemente. Se debe dar mantenimiento a las instalaciones con frecuencia. Límpielas con regularidad, y asegúrese de que no haya goteras, agujeros ni grietas en los pisos, los cimientos y los techos.
- Para mantener su establecimiento sin plagas, debe negar el acceso a las plagas. Para lograr esto, inspeccione las entregas antes de que entren a su establecimiento. También debe eliminar los puntos de acceso. Niegue a las plagas alimento, agua y refugio.

Actividades para repasar el capítulo

Muchas partes de las instalaciones y el equipo de un establecimiento afectan la seguridad de los alimentos. Entre ellas, los materiales y el equipo utilizados, la instalación y el mantenimiento del equipo, los servicios públicos y los sistemas del edificio, y el mantenimiento de las instalaciones.

Ahora tome lo que ha aprendido en este capítulo y aplíquelo en los siguientes casos prácticos.

1. Julio es el asistente de gerente de la cafetería para empleados de The Vicor Company. Cuando llegó esta mañana, descubrió que había un reflujo del drenaje y que éste salía por el desagüe del piso cerca de los congeladores. ¿Cómo debe manejar este problema?

2. Anita es supervisora de área de una pequeña cadena de servicio rápido. En su primera visita a uno de los establecimientos, notó que había acumulación de grasa en las paredes de la cocina. ¿Qué debe indicar al gerente que haga para solucionar este problema y asegurarse de que no ocurra otra vez?

3. Jon es el gerente de un pequeño restaurante informal, propiedad de una familia. Desde que comenzó a trabajar allí, hace seis meses, han ocurrido problemas con la plomería. El agua de los fregaderos se va cada vez más lentamente. Además, cada vez que la máquina lavaplatos termina un ciclo, se forma un pequeño charco de agua en el piso debajo de la máquina. ¿Qué puede hacer Jon para resolver estos problemas?

Puede ver las respuestas en la página 9.17.

Preguntas de estudio

Encierre en un círculo la mejor respuesta para cada pregunta.

1. **¿Cuáles son las características de seguridad de la comida más importantes que hay que buscar al seleccionar los materiales para los pisos, las paredes y los techos?**

   A Absorbentes y duraderos
   B Duros y duraderos
   C Porosos y duraderos
   D Lisos y duraderos

2. **¿Qué organización crea los estándares nacionales para el equipo de servicio de alimentos?**

   A CDC
   B EPA
   C FDA
   D NSF

3. **Al instalar equipo con patas sobre una mesa, el espacio entre la base del equipo y la mesa debe ser de por lo menos:**

   A 2 pulgadas (5 centímetros).
   B 4 pulgadas (10 centímetros).
   C 6 pulgadas (15 centímetros).
   D 8 pulgadas (20 centímetros).

4. **Además de la información sobre la concentración química y la temperatura del agua, ¿qué otra información sobre las regulaciones se debe poner en las máquinas lavaplatos?**

   A pH del agua
   B Salinidad del agua
   C Presión del agua
   D Dureza del agua

5. **Los letreros que se ponen en una estación para lavarse las manos deben incluir un recordatorio para que los empleados**

   A se laven las manos antes de volver al trabajo.
   B usen agua caliente al lavarse las manos.
   C se froten las manos y los antebrazos de 10 a 15 segundos.
   D no toquen las llaves del agua después de lavarse las manos.

6. **¿Cuál es el único método completamente confiable para prevenir el reflujo?**

   A Un espacio de aire
   B Una válvula esférica
   C Una conexión cruzada
   D Una válvula rompevacío

Continúa en la página siguiente ►

▶ *Continuación de la página anterior*

7. **Un empleado pone el extremo de una manguera en un balde para trapear y abre el agua para llenarlo. ¿Cuál fue el error del empleado?**

   A Creó una conexión cruzada.
   B Creó una separación del espacio de aire.
   C Previno el reflujo.
   D Previno un vacío atmosférico.

8. **¿Qué área del establecimiento usualmente requiere ser la más iluminada?**

   A El área de almacenamiento de productos secos
   B El área de preparación
   C El área de almacenamiento refrigerado
   D El área de servicio

9. **En un establecimiento hay acumulación de grasa y condensación en las paredes y el techo. ¿Cuál sería el problema más probable?**

   A El sistema de ventilación no está funcionando correctamente.
   B Los productos químicos para la limpieza no se usan correctamente.
   C Los empleados no limpian las paredes correctamente.
   D La parrilla no está operando a la temperatura necesaria.

10. **Un establecimiento recibió una infracción debido a su área exterior. El gerente revisó el área y vio que el basurero estaba en un área a la que le habían puesto grava recientemente. Las tapas estaban cerradas y el tapón de drenaje estaba en su lugar para que el basurero no goteara. ¿Cuál era el problema?**

    A Las tapas del basurero deben estar abiertas para que se ventile.
    B Se debe quitar el tapón de drenaje para que el basurero escurra correctamente.
    C La superficie debajo del basurero debe estar pavimentada con concreto o asfalto.
    D El basurero se debería haber pintado recientemente para que los residuos de alimentos no se peguen a sus superficies.

11. **Las tuberías de agua se rompieron y esto hace que el agua del establecimiento salga de color café. ¿Qué debe hacer el gerente?**

    A Hervir el agua por 1 minuto antes de usarla.
    B Llamar a la autoridad reguladora local antes de usarla.
    C Usar el agua para todo excepto para lavar los platos.
    D Usar el agua para todo excepto para lavarse las manos.

12. **¿Cuál es la mejor manera de eliminar las plagas que entraron a su establecimiento?**

    A Subir la temperatura de la calefacción después de las horas de operación.
    B Bajar la temperatura de la calefacción después de las horas de operación.
    C Trabajar con un operador de control de plagas con licencia.
    D Aplicar pesticidas comerciales por todo el establecimiento.

Puede ver las respuestas en la página 9.17.

Respuestas

9.8 ¿Qué falta?

1. Jabón
2. Un letrero que indique a los empleados que deben lavarse las manos antes de volver al trabajo
3. Un bote de basura para las toallas de papel usadas

9.9 ¿Cuáles son los errores en este dibujo?

Se debe marcar el número 4. Al meter la manguera en un balde de agua, la conexión cruzada puede contaminar el suministro de agua potable si la presión de la línea de suministro baja.

9.9 ¿Cuál es el fregadero peligroso?

Se debe marcar el número 2. La manguera conectada a la llave del fregadero ha creado una conexión cruzada. Podría haber un retrosifonaje porque la manguera está sumergida en el agua del fregadero.

9.9 Manejo de la basura

Se deben marcar 1, 2 y 4. Marvin no debería haber limpiado el bote junto al hervidor de cocción porque este se usa para preparar alimentos y podría contaminarlo. Barry no debería haber apilado las bolsas de basura junto a la mesa de preparación porque la podría contaminar. El recipiente para material reciclable que Michelle usó no se debería haber dejado en el área de preparación. Estos recipientes se deberían haber almacenado separados de los alimentos y las superficies que tiene contacto con alimentos.

9.12 ¡Que no entren!

Se deben marcar 1, 3, 5, 6 y 8.

9.14 Actividades para repasar el capítulo

1. Primero, Julio debe determinar si hay un peligro grave para la seguridad de los alimentos en su establecimiento. Si el peligro no es grave, debe corregir el problema inmediatamente. Si el peligro es grave, debe suspender el servicio. Después, Julio debe contactar a la autoridad reguladora local. Cuando se haya arreglado el problema y se haya completado la limpieza necesaria, Julio necesitará la aprobación de la autoridad reguladora local para continuar el servicio.
2. El sistema de ventilación no está funcionando correctamente. Anita debe pedir al gerente que programe una visita del personal de servicio para revisar el sistema de ventilación. También debe pedir al gerente que haga limpiar el sistema de ventilación con frecuencia siguiendo las recomendaciones del fabricante y los requerimientos locales.
3. Jon debe llamar a un plomero certificado para que arregle el problema.

9.15 Preguntas de estudio

1 D	4 C	7 A	10 C
2 D	5 A	8 B	11 B
3 B	6 A	9 A	12 C

capítulo 10
Limpieza y sanitización

Limpieza y sanitización	Lavado de platos	Limpieza y sanitización en el establecimiento
— Limpiadores — Sanitizantes — Cómo y cuándo limpiar y sanitizar	— Lavar los platos en máquina — Lavar los platos a mano — Almacenamiento de platos, cubiertos y equipo	— Limpieza de las instalaciones — Implementos y productos de limpieza — Desarrollo de un programa de limpieza

Noticias

Varios soldados se enferman debido a una máquina de yogurt que no limpiaron bien

Varios soldados y sus familiares se enfermaron en una base militar en el noreste de Estados Unidos. Las víctimas habían comido yogurt congelado en un popular establecimiento de la base. Sufrieron vómito, diarrea y escalofríos. Un niño fue hospitalizado porque sufría deshidratación severa.

En una investigación se demostró que la causa fue la máquina de yogurt. Al parecer, los empleados del establecimiento no desarmaron la máquina antes de limpiarla. Tampoco sanitizaron las superficies después de limpiarlas. Esto provocó el brote. La autoridad reguladora local colaboró con el gerente del establecimiento para implementar procedimientos para prevenir este tipo de incidentes en el futuro.

Usted puede prevenir esto

En el relato que acaba de leer, la gente se enfermó porque el establecimiento no limpió ni sanitizó correctamente el equipo. Limpiar y sanitizar las superficies que tienen contacto con alimentos le ayuda a evitar brotes de enfermedades transmitidas por alimentos. Para hacerlo correctamente, debe saber acerca de los siguientes temas:

- Los diferentes métodos de sanitización y cómo asegurarse de que son efectivos
- Cómo y cuándo limpiar y sanitizar las superficies
- Cómo lavar los objetos en una máquina lavaplatos o en un fregadero de tres compartimentos y cómo almacenarlos después
- Cómo usar y almacenar los suministros e implementos de limpieza
- Cómo desarrollar un programa de limpieza

Limpieza y sanitización	Lavado de platos	Limpieza y sanitización en el establecimiento
— Limpiadores — Sanitizantes — Cómo y cuándo limpiar y sanitizar	— Lavar los platos en máquina — Lavar los platos a mano — Almacenamiento de platos, cubiertos y equipo	— Limpieza de las instalaciones — Implementos y productos de limpieza — Desarrollo de un programa de limpieza

Limpieza y sanitización

Los alimentos se podrían contaminar fácilmente si no mantiene el equipo y el establecimiento limpios y sanitizados. La limpieza elimina los restos de alimentos y suciedad que hay en una superficie. La sanitización reduce a niveles seguros los patógenos que hay en una superficie.

Limpiadores

Los limpiadores deben ser estables, no corrosivos y seguros para usar. Pida a su proveedor que le ayude a seleccionar los limpiadores correctos para sus necesidades. Para usar limpiadores correctamente, siga estas pautas:

- Siga atentamente las instrucciones del fabricante, como lo hace el gerente que está en la foto de la izquierda. Si no se usan correctamente, los limpiadores quizá no sean efectivos y hasta podrían ser peligrosos.
- **No** use un tipo de limpiador en lugar de otro, a menos que tengan el mismo uso.

Sanitizantes

Después de limpiar y enjuagar las superficies que tienen contacto con alimentos, las debe sanitizar. Esto se puede hacer utilizando calor o productos químicos.

Sanitización por calor

Una manera de sanitizar los objetos es enjuagarlos en agua caliente. Para que este método sea efectivo, el agua debe estar a, por lo menos, 171°F (77°C). Los objetos se deben remojar por lo menos 30 segundos. Otra manera de sanitizar los objetos es ponerlos en una máquina lavaplatos de alta temperatura.

Sanitización química

Los cubiertos, platos, utensilios y equipo se pueden sanitizar remojándolos en una solución de sanitización química. O puede enjuagarlos con la solución sanitizante apropiada, aplicarles o rociarles ésta, como se muestra en la foto de la izquierda.

Los tres tipos comunes de sanitizantes químicos son el cloro, el yodo y los compuestos de amonio cuaternario, conocidos como "quats". Los sanitizantes químicos están regulados por las agencias de protección del medio ambiente estatales y federales. Si desea saber los requerimientos, consulte a la autoridad reguladora local.

En algunos casos, puede usar mezclas de detergente y sanitizante para sanitizar. Con frecuencia, los establecimientos que tienen fregaderos de dos compartimentos usan estas mezclas. Si utiliza una mezcla de detergente y sanitizante, úsela una vez para limpiar, y luego úsela una segunda vez para sanitizar.

Efectividad del sanitizante

Varios factores influyen en la eficacia de los sanitizantes químicos. Entre los más críticos se encuentran: concentración, temperatura, tiempo de contacto, dureza del agua y pH.

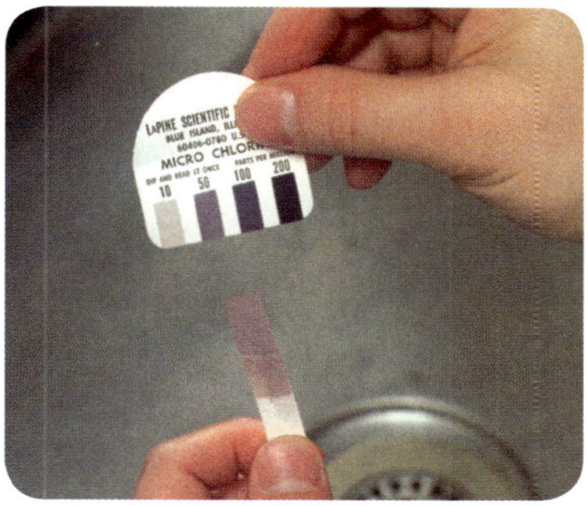

Concentración La solución sanitizante es una mezcla de producto químico sanitizante y agua. Es crítica la concentración de esta mezcla (la proporción de sanitizante y agua). Si pone muy poco sanitizante, la solución quedará muy débil y no servirá. Si pone demasiado sanitizante, la solución quedará muy fuerte y será peligrosa. Además, puede dejar mal sabor en los objetos o corroer los metales.

La concentración se mide en partes por millón (ppm). Para revisar la concentración de la solución sanitizante, use un kit de prueba, como se muestra en la foto de la izquierda. Asegúrese de que el kit sea el apropiado para el sanitizante que está usando. Usualmente el fabricante o el proveedor de los productos químicos tienen disponibles estos kits.

El agua dura, las partículas de alimentos y el residuo de detergente reduce la efectividad del sanitizante. Cambie la solución cuando esté sucia o cuando su concentración sea muy baja. Revise la concentración con frecuencia.

Temperatura El agua de la solución sanitizante debe estar a la temperatura correcta. Siga las recomendaciones del fabricante.

Tiempo de contacto Para que una solución sanitizante elimine los patógenos, debe estar en contacto durante un tiempo específico con el objeto que se va a sanitizar. El recipiente de la foto de la izquierda se está sanitizando con una solución de yodo sanitizante. Debe estar en contacto con la solución por lo menos 30 segundos.

Dureza del agua La dureza del agua puede influir en la eficacia del sanitizante. La dureza del agua es la cantidad de minerales que hay en el agua. Pregunte a las autoridades apropiadas cuál es la dureza del agua en su comunidad. Después colabore con su proveedor para identificar cuál es la cantidad correcta de sanitizante que debe usar con su agua.

pH El pH del agua también puede afectar al sanitizante. Pregunte a las autoridades apropiadas cuál es el pH del agua en su comunidad. Después colabore con su proveedor para identificar cuál es la cantidad correcta de sanitizante que debe usar con su agua.

Pautas generales para el uso eficaz de cloro, yodo y compuestos de amonio cuaternario

	Cloro		Yodo	Compuestos de amonio cuaternario
Temperatura del agua	≥100°F (38°C)	≥75°F (24°C)	68°F (20°C)	75°F (24°C)
pH del agua	≤10	≤8	≤5 o lo que recomiende el fabricante	Según las recomendaciones del fabricante
Dureza del agua	Según las recomendaciones del fabricante		Según las recomendaciones del fabricante	≤500 ppm o lo que recomiende el fabricante
Concentración del sanitizante	50-99 ppm	50-99 ppm	12.5-25 ppm	Según las recomendaciones del fabricante
Tiempo de contacto del sanitizante	≥7 seg	≥7 seg	≥30 seg	≥30 seg

Cómo y cuándo limpiar y sanitizar

Todas las superficies se deben limpiar y enjuagar. Incluyendo las paredes, los estantes de almacenamiento y los botes de basura. Sin embargo, toda superficie que toca alimentos (por ejemplo, cuchillos, ollas, tablas de cortar y mesas de preparación) se debe limpiar y sanitizar.

Cómo limpiar y sanitizar Para limpiar y sanitizar una superficie, siga estos pasos:

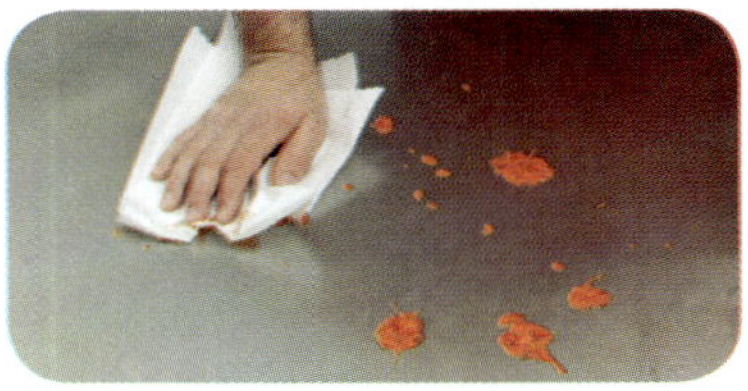

1. Raspe o elimine los residuos de alimentos de la superficie.
   - Use el implemento de limpieza correcto, por ejemplo un estropajo o un cepillo de nailon o una toalla de tela.

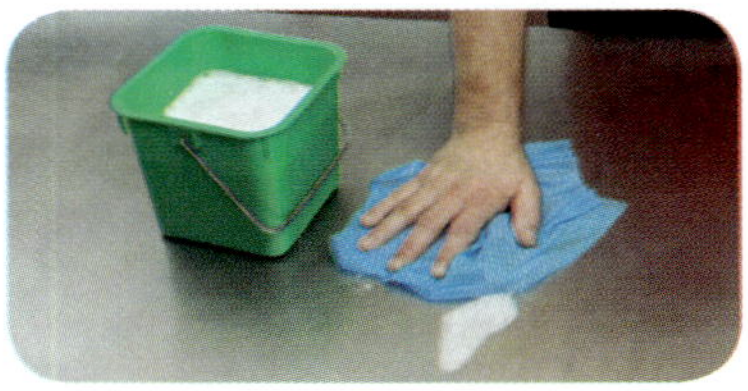

2. Limpie la superficie.
   - Prepare la solución limpiadora con un limpiador aprobado.
   - Lave la superficie con el implemento de limpieza correcto, por ejemplo una toalla de tela.

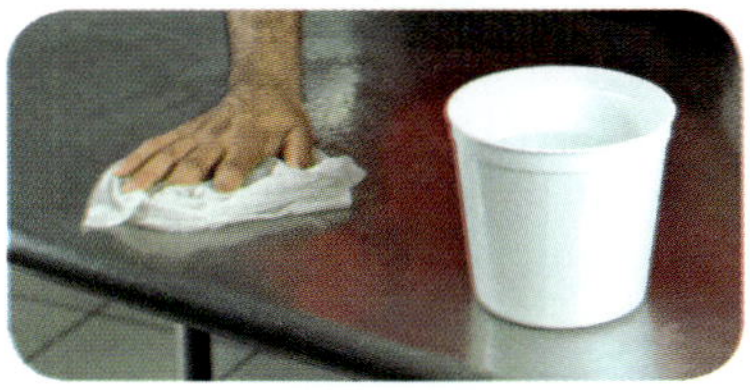

3. Enjuague la superficie.
   - Use agua limpia.
   - Enjuague la superficie con el implemento de limpieza correcto, por ejemplo una toalla de tela.

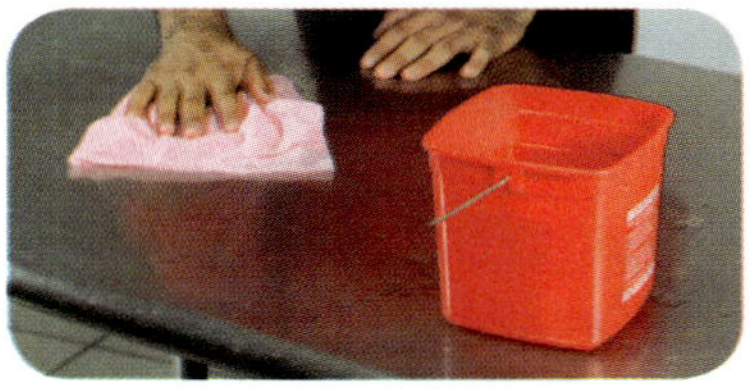

4. Sanitice la superficie.
   - Use la solución sanitizante correcta.
   - Prepare la concentración según los requerimientos del fabricante.
   - Use el implemento correcto, por ejemplo una toalla de tela, para sanitizar la superficie.
   - Asegúrese de que toda la superficie tenga contacto con la solución sanitizante.

5. Deje que la superficie se seque al aire.

Cuándo limpiar y sanitizar Todas las superficies que estén en contacto con alimentos se deben limpiar y sanitizar en los siguientes momentos.

- Después de usarlos.
- Antes de que los manipuladores de alimentos empiecen a trabajar con otro tipo de alimento.
- Cuando los manipuladores de alimentos tienen que interrumpir una tarea y los objetos que estaban usando podrían haberse contaminado.
- Después de cuatro horas, si los objetos se usan constantemente.

Limpieza y sanitización del equipo fijo

Usualmente, los fabricantes del equipo dan instrucciones para la limpieza y sanitización del equipo fijo, por ejemplo las rebanadoras. En general, siga estos pasos:

- Desconecte el equipo.
- Quite las partes removibles del equipo. Lávelas, enjuágalas y sanitícelas a mano. También puede poner estas partes en la máquina lavaplatos si se permite.
- Raspe o elimine los residuos de alimentos de las superficies del equipo.
- Lave las superficies del equipo. Use una solución limpiadora preparada con un limpiador aprobado. Lave el equipo con el implemento de limpieza correcto, por ejemplo un estropajo o un cepillo de nailon o una toalla de tela.
- Enjuague las superficies del equipo con agua limpia. Use una toalla de tela u otro implemento correcto.
- Sanitice las superficies del equipo como lo hace el empleado en la foto de la izquierda. Asegúrese de que el sanitizante tenga contacto con cada superficie. La concentración del sanitizante debe cumplir los requerimientos.
- Deje que las superficies se sequen al aire. Arme la unidad.

Equipo que se limpia en su lugar

Algunas máquinas, tales como las de yogurt y helado, están diseñadas de modo que pasen por ellas soluciones limpiadoras y sanitizantes. Como muchas de ellas contienen y sirven alimentos que necesitan control de tiempo y temperatura, se deben limpiar y sanitizar a diario, a menos que el fabricante indique otra cosa. También debe consultar los requerimientos de los reglamentos locales.

Use sus conocimientos

¿Se sanitizó?

Encierre en un círculo la respuesta correcta para cada pregunta. Para todas las situaciones, se supone que el pH y la dureza del agua están en el nivel correcto.

1. Lee mezcló sanitizante con compuestos de amonio cuaternario y agua a 75°F (24°C). El kit de prueba indicó que la concentración era la correcta, según las recomendaciones del fabricante. Remojó algunos utensilios en la solución durante 30 segundos. ¿Se sanitizaron correctamente los utensilios? Sí No
2. Josh mezcló sanitizante a base de cloro con agua a 75°F (24°C). El kit de prueba indicó que la concentración era de 25 ppm. Remojó algunos cubiertos en la solución durante 7 segundos. ¿Se sanitizaron correctamente los cubiertos? Sí No
3. Cecelia mezcló sanitizante a base de yodo con agua a 68°F (20°C). El kit de prueba indicó que la concentración era de 8 ppm. Puso una bandeja en la solución durante 30 segundos. ¿Se sanitizó correctamente la bandeja? Sí No
4. Jarmin mezcló sanitizante a base de cloro con agua a 100°F (38°C). El kit de prueba indicó que la concentración era de 50 ppm. Puso un recipiente en la solución durante 7 segundos. ¿Se sanitizó correctamente el recipiente? Sí No

Tome los pasos correctos

Ponga en orden los pasos para la limpieza y sanitización escribiendo el número del paso en el espacio correcto.

- (A) ________ Sanitizar la superficie.
- (B) ________ Limpiar la superficie.
- (C) ________ Dejar que la superficie se seque al aire.
- (D) ________ Enjuagar la superficie.
- (E) ________ Eliminar los residuos de alimentos de la superficie.

¿Sanitizar o no sanitizar?

Ponga una ✕ junto a cada situación que requiera que el manipulador de alimentos limpie y sanitice el artículo que está utilizando.

1. ________ Durante 2 horas Jorge ha usado el mismo cuchillo para sacar ostiones de sus conchas.
2. ________ Bill acaba de deshuesar pollo y quiere usar la misma tabla de cortar para cortar pescado en filetes.
3. ________ Mary vuelve a la rebanadora para seguir rebanando jamón después de ayudar con el almuerzo.
4. ________ María ha rebanado queso con la misma rebanadora de las 8:00 a.m. a las 12:00 p.m.

Puede ver las respuestas en la página 10.21.

Lavado de platos

Usualmente los cubiertos y los utensilios se limpian y sanitizan en una máquina lavaplatos. Los objetos más grandes, como las ollas y las bandejas, con frecuencia se lavan a mano en un fregadero de tres compartimentos. Sea cual sea el método que usted use, debe seguir prácticas específicas para limpiar y sanitizar los objetos. Y después debe asegurarse de almacenarlos de manera que no se contaminen.

Lavar los platos en máquina

Las máquinas lavaplatos sanitizan usando agua caliente o una solución de sanitización química.

Máquinas de alta temperatura

Las máquinas de alta temperatura utilizan agua caliente para limpiar y sanitizar. Si el agua no está lo suficientemente caliente, los artículos no se sanitizarán. El agua extremadamente caliente podría quemar la comida y pegarla a estos objetos.

La temperatura del enjuague final de sanitización debe ser de, por lo menos, 180°F (82°C), como se muestra en la foto de la izquierda. Para las máquinas de bastidores fijos y de una sola temperatura, debe ser de, por lo menos, 165°F (74°C). La máquina lavaplatos debe tener un termómetro integrado para medir la temperatura del agua en el colector de escape, como se muestra en la foto de la izquierda. Allí es donde se rocía agua hacia el depósito.

Máquinas de sanitización química

Las máquinas de sanitización química pueden limpiar y sanitizar objetos a temperaturas mucho más bajas. Siga las pautas del fabricante de la máquina lavaplatos.

Operación de la máquina lavaplatos

Opere la máquina lavaplatos según las recomendaciones del fabricante, y manténgala en buenas condiciones. Sin embargo, sea cual sea el tipo de máquina que utilice, debe seguir estas pautas:

Mantenga limpia la máquina Limpie la máquina con la frecuencia necesaria y revísela por lo menos una vez al día. Elimine los residuos de alimentos y los objetos extraños de las boquillas rociadoras. Elimine los depósitos minerales cuando sea necesario. Llene los tanques con agua limpia y asegúrese de que los dispensadores de detergentes y sanitizantes estén llenos.

Prepare los objetos para limpiarlos Raspe, enjuague o remoje los objetos antes de lavarlos. Pre-remoje los objetos que tengan alimentos pegados.

Cargue las rejillas de platos Use las rejillas correctas para los platos. Cárguelas de manera que el agua rocíe todas las superficies, como se muestra en la foto de la izquierda. **NUNCA** sobrecargue las rejillas para platos.

Seque los objetos Seque al aire todos los objetos. **NUNCA** use una toalla para secar los objetos. Los podría volver a contaminar.

Monitoree Revise la presión y la temperatura del agua y los niveles de sanitizante. Tome las medidas correctivas apropiadas si es necesario. Los establecimientos que utilizan máquinas lavaplatos de alta temperatura deben facilitar a los empleados una manera fácil y rápida de medir las temperaturas de las superficies de los artículos que saniticen. El método empleado debe proporcionar un registro irreversible de la temperatura más alta alcanzada durante el enjuague de sanitización. De este modo, se garantiza que la máquina lavaplatos puede alcanzar las temperaturas correctas de sanitización durante el funcionamiento. Los termómetros de registro máximo o la cinta sensible al calor son dos buenas maneras de controlar las temperaturas.

Lavar los platos a mano

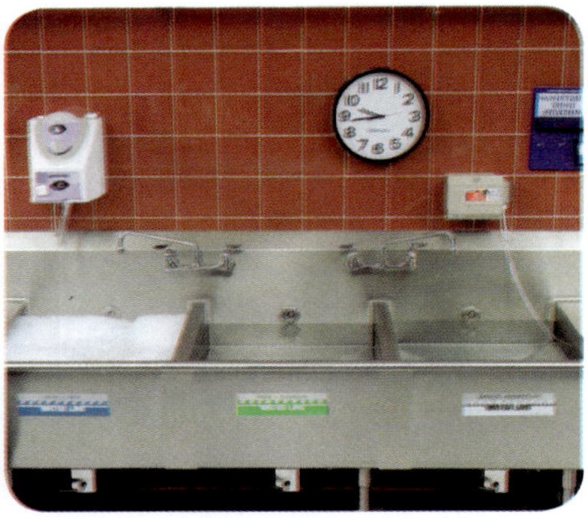

Con frecuencia, los establecimientos usan un fregadero de tres compartimentos para limpiar y sanitizar objetos grandes. El fregadero se debe preparar correctamente antes de usarlo, como se muestra en la foto de la izquierda.

- Limpie y sanitice cada compartimento y el escurridor.
- Llene el primer compartimento con detergente y agua. La temperatura del agua debe ser de, por lo menos, 110°F(77°C). Siga las instrucciones del fabricante.
- Llene el segundo compartimento con agua limpia. Esto no es necesario si los objetos se rocían para enjuagarlos en lugar de meterlos en el agua.
- Llene el tercer compartimento con agua y sanitizante hasta tener la concentración correcta. Como alternativa se puede usar agua caliente. Siga las pautas de las páginas 10.2 a 10.3 y las recomendaciones del fabricante.
- Ponga un reloj con segundero. Así, los empleados podrán medir el tiempo que los objetos han estado en el sanitizante.

Cómo limpiar y sanitizar en un fregadero de tres compartimentos

Siga estos pasos para limpiar y sanitizar objetos en un fregadero de tres compartimentos:

1. Enjuague, raspe o remoje los objetos antes de lavarlos.

   Si va a remojar los objetos en el primer compartimento, cambie la solución cuando se empiecen a acumular las partículas de alimentos o ya no haya espuma.

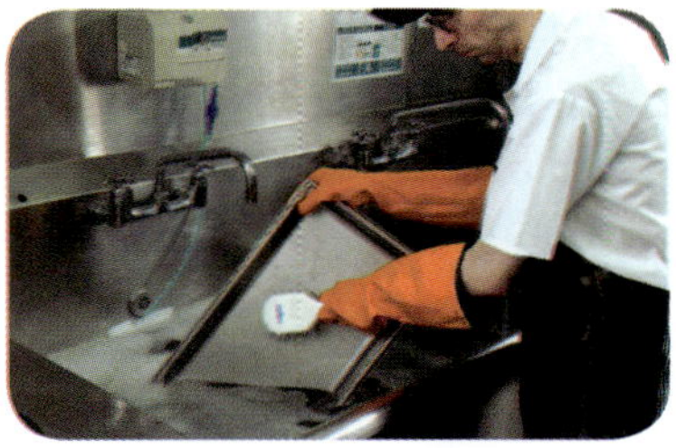

2. Lave los objetos en el primer compartimento.

   Use un cepillo, una toalla de tela o un estropajo de nailon para aflojar la suciedad. Cambie el agua y el detergente cuando ya no haya espuma o cuando el agua se ensucie.

3. Enjuague los objetos en el segundo compartimento.

   Rocíe los objetos con agua o sumérjalos en ella. Asegúrese de eliminar todos los residuos de alimentos y detergente que tengan los objetos que está enjuagando. Si sumerge los objetos, cambie el agua para enjuagar cuando esté sucia o cuando haya mucha espuma.

4. Sanitice los objetos en el tercer compartimento.

   Cambie la solución sanitizante cuando la temperatura del agua o la concentración del sanitizante no cumplan los requerimientos. **NUNCA** enjuague los objetos después de sanitizarlos. Sus superficies se podrían contaminar. La única excepción a esta regla es cuando lava los objetos en una máquina lavaplatos que pueda enjuagarlos sin peligro después de que se sanitizaron.

5. Deje que los objetos se sequen al aire sobre una superficie limpia y sanitizada.

   Ponga los objetos boca abajo para que se escurran.

! Alerta de patógeno

Almacenamiento de platos, cubiertos y equipo

Después de limpiar y sanitizar los utensilios, platos, cubiertos y equipo, se deben almacenar en una manera que los proteja de la contaminación. Siga estas pautas:

Almacenamiento Esto significa que debe guardar los platos, cubiertos y utensilios a más de seis pulgadas (15 centímetros) del piso. Protéjalos de la suciedad y la humedad.

Superficies de almacenamiento Limpie y sanitice las gavetas y repisas antes de guardar los objetos limpios.

Vasos y cubiertos Guarde los vasos y las tazas boca abajo sobre una rejilla o un estante limpios y sanitizados. Guarde los cubiertos y utensilios con los mangos hacia arriba, como se muestra en la foto de la izquierda. Así los empleados los pueden tomar sin tocar las superficies que estarán en contacto con alimentos, lo que contribuirá a prevenir la transferencia de patógenos, como el Norovirus.

Bandejas y carritos Limpie y sanitice las bandejas y los carritos que se usan para transportar cubiertos, platos y utensilios limpios. Revíselos a diario y límpielos cuando se necesite.

Equipo fijo Mantenga cubiertas las superficies del equipo fijo que estarán en contacto con alimentos hasta que vaya a usarlo.

Use sus conocimientos

La máquina lavaplatos nueva

En una hoja de papel, haga una lista de los pasos equivocados o que faltan en la historia siguiente.

Evan comenzó a trabajar cuando empezaba el período del desayuno. Acababan de poner una carga de platos sucios en la máquina lavaplatos nueva. En el fregadero de tres compartimentos ya había muchas ollas y bandejas qué lavar, así que Evan empezó rápido. Tiró los residuos que había en los platos al bote de basura y los apiló en el escurridor que estaba junto al primer compartimento del fregadero. Después llenó el primer compartimento con agua caliente y agregó detergente para platos. Puso varias bandejas en el agua jabonosa para que se remojaran.

Después, Evan llenó los otros dos compartimentos con agua tibia. Agregó yodo sanitizante al tercer compartimento. Usó el termómetro para medir la temperatura del agua y después usó un kit de prueba para revisar la concentración del sanitizante. Los resultados de ambos fueron buenos.

Con un estropajo de nailon, Evan restregó las bandejas hasta que quedaron limpias. Después de lavar cada una, la metía en una solución sanitizante. Como los clientes se habían quejado de que los cubiertos sabían a yodo, él quería asegurarse de que no quedara yodo en las bandejas. Cuando sacaba del sanitizante cada bandeja, la metía en el agua para enjuagar varios segundos. Después la ponía en el escurridor limpio para que se secara al aire.

¿Qué errores cometió Evan?

Puede ver las respuestas en la página 10.21.

Use sus conocimientos

El dilema de Mary

Mary notó que se empezaban a apilar los platos sucios. Descargó rápidamente la máquina lavaplatos y trajo un carrito para platos. Mary vio que había migajas en el carrito. Para limpiarlo, metió una toalla de tela en el agua para lavar del fregadero de tres compartimentos y con ella limpió las migajas.

Mientras tanto, las pilas de platos sucios habían aumentado. Mary cargó rápidamente una rejilla con todos los platos que le podían caber. Echó un vistazo a la máquina lavaplatos antes de meter la rejilla. Notó que había una gran acumulación de depósitos minerales en el tubo rociador y en el interior del compartimento. Cerró la puerta y activó el ciclo de lavado.

¿Qué errores cometió Mary?

¿Cuáles son los errores en este dibujo?

Hay varios errores en este fregadero de tres compartimentos. Identifique los que pueda y escríbalos en el espacio.

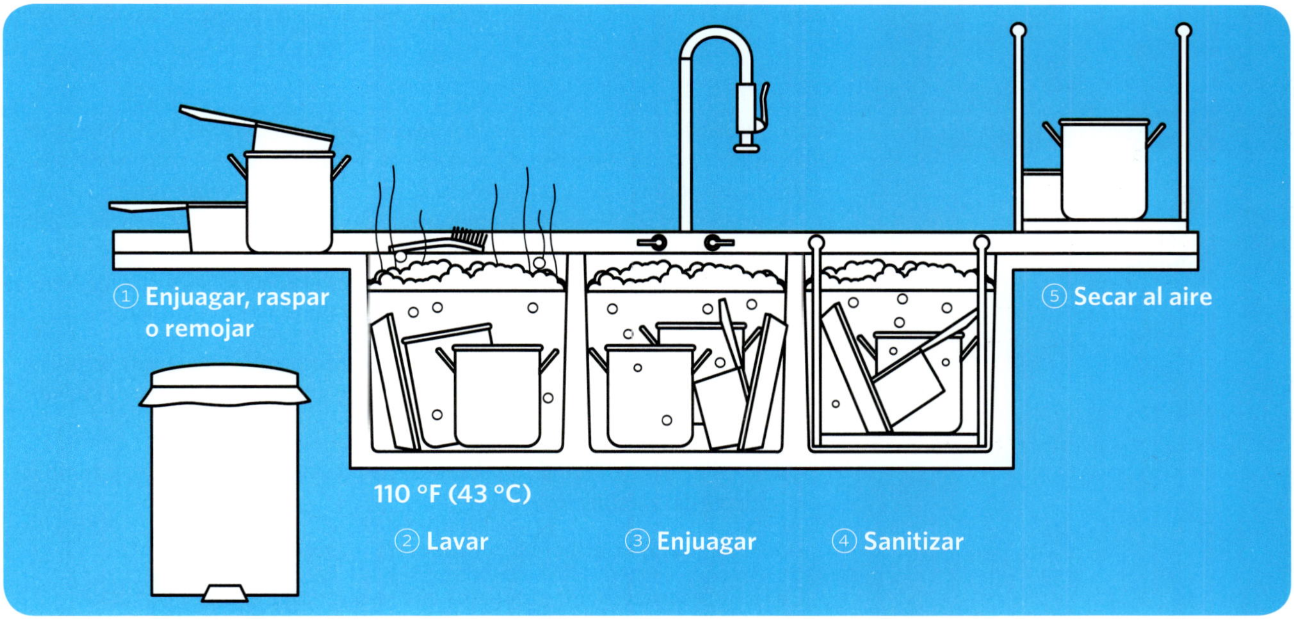

Puede ver las respuestas en la página 10.21.

Limpieza y sanitización	Lavado de platos	Limpieza y sanitización en el establecimiento
— Limpiadores — Sanitizantes — Cómo y cuándo limpiar y sanitizar	— Lavar los platos en máquina — Lavar los platos a mano — Almacenamiento de platos, cubiertos y equipo	— Limpieza de las instalaciones — Implementos y productos de limpieza — Desarrollo de un programa de limpieza

Limpieza y sanitización en el establecimiento

Para mantener limpio su establecimiento necesita usar los implementos, almacenamiento y productos correctos para prevenir la contaminación. Muchos de los productos químicos que usará son peligrosos, así que debe saber cómo manejarlos para prevenir lesiones.

Para tener buenos resultados en las tareas de limpieza, necesita un calendario maestro de limpieza. Para que este calendario tenga éxito debe entrenar y monitorear a sus empleados para asegurarse de que lo sigan.

Limpieza de las instalaciones

Las superficies que no tienen contacto con alimentos se deben limpiar con frecuencia. Entre los ejemplos están los pisos, los techos, el exterior de las máquinas, los baños y las paredes, como se muestra en la foto de la izquierda. Limpie con frecuencia para prevenir la acumulación de polvo, suciedad y alimentos.

Cómo limpiar después de que se enferman las personas

Si una persona tiene vómito o diarrea en el establecimiento, estos derrames se deben limpiar correctamente. El vómito y la diarrea pueden portar Norovirus, que es altamente contagioso. Una limpieza correcta puede prevenir que los alimentos se contaminen, y además ayuda a evitar que se enfermen otras personas. Consulte a la autoridad reguladora local acerca de los requisitos para la limpieza del vómito y la diarrea. En muchas jurisdicciones, es posible que se exija un plan de limpieza por escrito.

La manera de limpiar el vómito y la diarrea es diferente de la manera en que se limpian otros objetos en el establecimiento. Hay varias cosas en las que debe pensar al desarrollar un plan para limpiar estas sustancias.

- Cómo contendrá el líquido y las sustancias que viajen por el aire, y cómo las eliminará del establecimiento
- Cómo limpiará, sanitizará y desinfectará las superficies
- Cuándo deberá tirar los alimentos que se podrían haber contaminado
- Qué equipo se necesita para limpiar estas sustancias y cómo lo limpiará y desinfectará después de usarlo
- Cuándo deben usar equipo de protección personal los empleados
- Cómo se les notificará a los empleados los procedimientos correctos para contener, limpiar y desinfectar estas sustancias
- Cómo separar las áreas contaminadas de otras áreas
- Cuándo se debe restringir a los empleados de trabajar con alimentos y cerca de ellos y cuándo se deben excluir del establecimiento
- Cómo se retirará del establecimiento a los clientes enfermos rápidamente
- Cómo se implementará el plan de limpieza

Implementos y productos de limpieza

Los empleados necesitan muchos implementos y productos para mantener limpio el establecimiento. Sin embargo, estos artículos pueden contaminar los alimentos y las superficies si no se usan y almacenan correctamente.

Almacenamiento de implementos y productos de limpieza

Los implementos de limpieza y los productos químicos se deben almacenar en un área lejos de los alimentos y de las áreas de preparación. El área de almacenamiento debe tener lo siguiente:

- Buena iluminación para que los empleados puedan ver fácilmente los productos químicos.
- Ganchos para colgar los trapeadores, las escobas y otros implementos de limpieza.
- Un fregadero de uso general para llenar los baldes y lavar los implementos de limpieza.
- Un desagüe del piso para tirar el agua sucia, como se muestra en la foto de la izquierda.

Para prevenir la contaminación, **NUNCA** limpie trapeadores, cepillos u otros implementos en los fregaderos usados para lavarse las manos, preparar alimentos o lavar los platos. Además, **NUNCA** tire en los mingitorios ni en las tazas del baño el agua usada para trapear ni otros desechos.

Al almacenar los implementos de limpieza, tome en consideración lo siguiente:

- Seque al aire las toallas durante la noche.
- Cuelgue los trapeadores, las escobas y los cepillos en ganchos para que se sequen al aire.
- Limpie y enjuague los baldes. Déjelos secarse al aire y luego almacénelos con otros implementos.

Uso de productos químicos para el servicio de alimentos

Muchos de los productos químicos usados en el establecimiento pueden ser peligrosos, sobre todo si se usan incorrectamente. Para reducir el peligro, sólo debe adquirir productos químicos que hayan sido aprobados para usarlos en un establecimiento de servicio de alimentos. También debe seguir estas pautas:

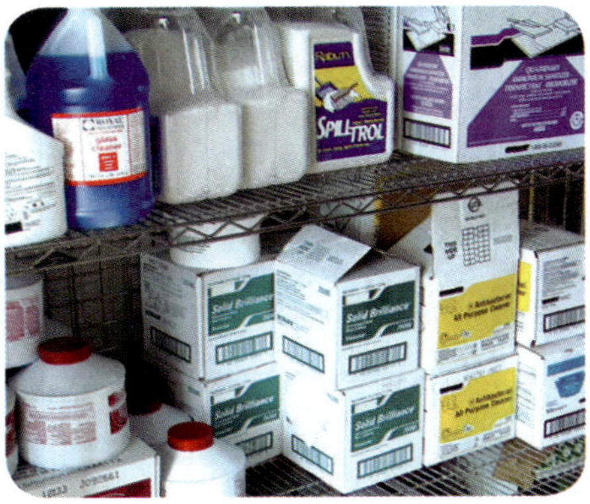

Almacenamiento y etiquetado Almacene los productos químicos en sus envases originales, lejos de los alimentos y las áreas de preparación, como se muestra en la foto de la izquierda. Para mantenerlos alejados, deje un espacio entre ellos o use separadores. Si los productos químicos se pasan a un nuevo recipiente, en la etiqueta de ese envase debe figurar el nombre común del producto químico.

Desecho Al tirar los productos químicos, siga las instrucciones de la etiqueta y los requisitos de la autoridad reguladora local.

Hojas de información de seguridad de materiales La Administración de Salud y Seguridad Ocupacional (OSHA) tiene requisitos para el uso de productos químicos. OSHA requiere que los fabricantes y proveedores de productos químicos den las Hojas de información para seguridad de materiales (MSDS) para cada producto químico peligroso que venden. Las hojas contienen la siguiente información acerca del producto químico:

- Su uso y manejo seguro.
- Peligros físicos, para la salud, de incendio y reactividad.
- Precauciones.
- Equipo de protección personal apropiado para ponerse cuando se use el producto.
- Información sobre primeros auxilios y medidas a tomar en caso de emergencia.
- Nombre, dirección y teléfono del fabricante.
- Fecha de preparación de la hoja de información para seguridad de materiales.
- Ingredientes peligrosos e información sobre la identidad.

Estas hojas generalmente se suministran con el envío de los productos químicos. También las puede pedir a su proveedor o al fabricante. Los empleados tienen el derecho a ver las hojas de información de seguridad de materiales de los productos químicos peligrosos con los que trabajan. Por eso las debe mantener en un lugar donde sea fácil tomarlas. La foto de la izquierda muestra una manera en que el establecimiento puede ponerlas a la disposición de los empleados.

Desarrollo de un programa de limpieza

Para desarrollar un programa de limpieza efectivo para su establecimiento, debe concentrarse en estas tres cosas:

1. Crear un calendario maestro de limpieza.
2. Entrenar a los empleados para que lo sigan.
3. Monitorear el programa para asegurarse de que funcione.

Creación de un calendario maestro de limpieza

Cree un calendario maestro de limpieza usando la siguiente información:

Qué se debe limpiar Haga una lista de todos los trabajos de limpieza de un área. O enliste las tareas en el orden en que deben realizarse.

Quién debe limpiarlo Asigne cada tarea a una persona específica.

Cuándo debe limpiarse Los empleados deben limpiar y sanitizar cuando sea necesario. Programe la limpieza principal para cuando no se contaminen los alimentos o no se interrumpa el servicio. Programe turnos de trabajo de modo que haya tiempo suficiente.

Cómo debe limpiarse Los procedimientos de limpieza deben informarse por escrito y ser claros. Enliste los implementos y los productos químicos de limpieza por su nombre. Ponga las instrucciones para la limpieza cerca del artículo, como se muestra en la foto de la izquierda. Siempre siga las instrucciones del fabricante para limpiar el equipo.

Entrenamiento de los empleados para que sigan el programa

Programe tiempo para el entrenamiento. Trabaje en grupos pequeños o dé el entrenamiento por área.

Monitoreo del programa de limpieza

Asegúrese de que el programa de limpieza funcione.

- Supervise diariamente las rutinas de limpieza.
- Compare todas las tareas de limpieza con el calendario maestro a diario.
- Cambie el calendario maestro cuando haya cambios en el menú, los procedimientos o el equipo.
- Durante las reuniones, pida la opinión de los empleados sobre el programa.

Use sus conocimientos

¿Se almacenó correctamente?

Ponga una ✕ junto a la situación si el empleado almacenó correctamente los materiales o los implementos de limpieza.

1. ________ Sheryl recibió un envío de productos de limpieza. Además de la factura, el proveedor le dio una hoja de información de seguridad de materiales para la nueva marca de limpiador que ella había ordenado. Ella puso esta hoja y la factura en un gabinete bajo llave.

2. ________ En el área de almacenamiento, Raúl notó que una botella de limpiador químico estaba goteando. Afortunadamente, había una botella rociadora del mismo limpiador cerca y Raúl vertió en ella lo que quedaba en la otra botella. La etiqueta de la botella rociadora tenía el nombre común del químico.

3. ________ Sasha tomó el balde de agua sucia que había usado para trapear y lo vació en el desagüe del piso del cuarto donde se almacenan los productos químicos. Enjuagó el trapeador y lo colgó para que se secara. Después limpió y enjuagó el balde.

4. ________ Laura lavó y enjuagó la mesa de preparación. Luego sanitizó la mesa rociándola con sanitizante y dejó que se secara al aire. Cuando terminó, puso la botella de sanitizante sobre la mesa de preparación, para tenerla a mano cuando la necesitara.

5. ________ Maurice aplicó un limpiador a la máquina lavaplatos. El rociador dejó de funcionar cuando la botella estaba por la mitad, así que la tiró a la basura.

¿Cuáles son los errores en este dibujo?

Hay muchos errores en esta área de almacenamiento. Identifique los que pueda y escríbalos en el espacio.

____

____

____

____

____

Puede ver las respuestas en la página 10.22.

Resumen del capítulo

- La limpieza elimina los restos de alimentos y suciedad que hay en una superficie. La sanitización reduce a niveles seguros el número de patógenos que hay en una superficie. Antes de poder sanitizar una superficie, hay que limpiarla y enjuagarla. Después se debe dejar que la superficie se seque al aire. Las superficies se pueden sanitizar con agua caliente o con una solución de sanitización química.
- Todas las superficies se deben limpiar y enjuagar. Las superficies que tienen contacto con alimentos se deben limpiar y sanitizar después de cada uso. También debe limpiar y sanitizar cuando comience a trabajar con otro tipo de alimento o cuando interrumpa una tarea. Si los objetos se usan continuamente, se deben limpiar y sanitizar cada cuatro horas.
- Los cubiertos y utensilios se deben lavar en máquinas lavaplatos o a mano en el fregadero de tres compartimentos. Siempre siga las instrucciones del fabricante para usar las máquinas lavaplatos. Asegúrese de que la máquina esté limpia y en buenas condiciones. Revise la temperatura y la presión de los ciclos de lavado y enjuague todos los días.
- Los fregaderos de tres compartimentos y los escurridores se deben lavar y sanitizar antes de usarlos. Los objetos se deben enjuagar o raspar antes de lavarlos en el fregadero de tres compartimentos. Luego se deben lavar en una solución detergente y enjuagar con agua limpia. Después, se deben sanitizar en agua caliente o en una solución de sanitización química durante un tiempo específico. Finalmente, se deben secar al aire. Después de limpiarlos y sanitizarlos, los cubiertos y el equipo se deben proteger contra la contaminación.
- Asegúrese de que los productos químicos tengan las etiquetas correctas. Mantenga las Hojas de información de seguridad de materiales en un lugar accesible a todos los empleados durante el trabajo.
- Cree un calendario maestro de limpieza y ponga en el todas las tareas de limpieza. Monitoree el programa de limpieza para que sea efectivo y supervise los procedimientos de limpieza. Haga los ajustes necesarios.

Caso práctico para repasar el capítulo

Para mantener limpio y sanitizado el establecimiento necesita usar los implementos y productos correctos para las tareas de limpieza, limpiar y sanitizar los objetos correctamente y en el momento preciso para que sea seguro usarlos, manejar los productos químicos correctamente y desarrollar y seguir un programa de limpieza.

Ahora tome lo que ha aprendido en este capítulo y aplíquelo en el siguiente caso práctico.

El restaurante familiar Twin Trees acaba de contratar a Tom como gerente general. Uno de sus primeros proyectos era crear un nuevo programa de limpieza. Para comenzar, recorrió el establecimiento. Hizo su primer alto en el área de almacenamiento de los suministros e implementos de limpieza. Había un fregadero de uso general y un desagüe del piso, pero el fregadero no tenía agua caliente. También notó que habían puesto en el piso dos juegos de escoba y trapeador. El área de almacenamiento era pequeña pero estaba bien organizada y bien iluminada. Todos los recipientes estaban claramente etiquetados.

1. ¿Debería Tom sugerir cambios para el cuarto de almacenamiento, los implementos o los productos químicos?

   Sí________ No________ Si es así, ¿qué cambios debería sugerir?

   ____

   ____

Después, Tom observó a Clara, una nueva asistente de cocinero, para ver cómo limpiaba y sanitizaba su área asignada. Clara cortó varios melones sobre una tabla de cortar, y luego la limpió con una toalla de tela. Clara puso la toalla de tela en un balde con solución sanitizante para que se remojara mientras ella abría por la mitad unas chuletas de cerdo sobre la tabla. Con la misma toalla de tela, limpió la tabla después de terminar de cortar las chuletas. Después picó varias cebollas y las salteó en una olla grande. Mientras se salteaban las cebollas, Clara limpió la tabla con la misma toalla de tela por tercera vez.

2. ¿Cometió algún error Clara?

   Sí________ No________ Si es así, ¿qué cambios debería sugerir?

   ____

   ____

Esa semana Tom también observó a muchos otros empleados mientras hacían las tareas de limpieza y sanitización. Con la ayuda de algunos empleados experimentados, Tom creó un calendario maestro de limpieza.

3. ¿Qué pasos debería tomar Tom para asegurarse de que todos sigan el programa maestro de limpieza?

   ____

   ____

Puede ver las respuestas en la página 10.22.

Preguntas de estudio

Encierre en un círculo la mejor respuesta para cada pregunta.

1. **¿Qué se necesita para medir la temperatura de enjuague de sanitización en una máquina lavaplatos de alta temperatura?**

   A Termómetro infrarrojo

   B Indicador de tiempo y temperatura

   C Termómetro de registro máximo

   D Termopar con sonda de inmersión

2. **¿Qué es sanitizar?**

   A Reducir la suciedad que hay en una superficie.

   B Reducir el pH de una superficie.

   C Reducir la dureza del agua.

   D Reducir la cantidad de patógenos a niveles seguros.

3. **Si las superficies que estarán en contacto con alimentos se usan continuamente, ¿con qué frecuencia se deben limpiar y sanitizar?**

   A Cada 4 horas

   B Cada 5 horas

   C Cada 6 horas

   D Cada 7 horas

4. **¿Qué deben hacer los empleados para asegurarse de que se haya preparado correctamente la solución sanitizante para las superficies que estarán en contacto con alimentos?**

   A Probar la solución con un kit de prueba del sanitizante.

   B Utilizar agua muy caliente para preparar la solución.

   C Probar la solución en una superficie de contacto con alimentos.

   D Mezclar la solución con partes iguales de agua.

5. **A un empleado se le asignó limpiar una rebanadora que era muy difícil de mover. Desconectó la rebanadora. Después le quitó las partes removibles y las limpió y sanitizó en un fregadero de tres compartimentos. Eliminó los residuos de alimentos que quedaban en la rebanadora. Después de lavar la máquina con detergente y agua, la sanitizó y dejó que se secara al aire. Luego el empleado armó la máquina. ¿Qué error cometió el empleado?**

   A No secó la máquina con un trapo limpio después de sanitizarla.

   B No sanitizó la máquina antes de quitar las partes removibles.

   C No enjuagó la máquina después de lavarla con detergente y agua.

   D No lavó la máquina con detergente y agua antes de desarmarla.

Continúa en la página siguiente ►

► *Continuación de la página anterior*

6 **¿Qué se debe hacer al tirar los productos químicos?**

A Sellar el envase y reciclarlo.

B Sellar el envase en una bolsa y ponerlo en la basura.

C Seguir las instrucciones de la etiqueta y los requisitos del reglamento.

D Verter en el desagüe lo que sobra del producto químico y tirar el envase.

7 **¿Cómo se deben almacenar los cubiertos y utensilios que se limpiaron y sanitizaron?**

A Con los mangos hacia arriba.

B Debajo de los productos de limpieza.

C En cajones que se han lavado y enjuagado.

D Separados del piso cuatro pulgadas (10 centímetros).

8 **¿Cuál es la manera correcta de limpiar y sanitizar una mesa de preparación?**

A Eliminar los alimentos de la superficie, lavar, enjuagar, sanitizar y secar al aire

B Eliminar los alimentos de la superficie, sanitizar, enjuagar, lavar y secar al aire

C Eliminar los alimentos de la superficie, lavar, sanitizar, secar al aire y enjuagar

D Eliminar los alimentos de la superficie, secar al aire, lavar, enjuagar y sanitizar

Puede ver las respuestas en la página 10.22.

Respuestas

10.6 **¿Se sanitizó?**

① Sí

② No

③ No

④ Sí

10.6 **Tome los pasos correctos**

4, 2, 5, 3, 1

10.6 **¿Sanitizar o no sanitizar?**

Se deben marcar 2, 3 y 4.

10.10 **La máquina lavaplatos nueva**

Estos son los errores que cometió Evan.

- No limpió y sanitizó los compartimentos del fregadero y los escurridores antes de empezar.
- No midió la temperatura del agua del primer compartimento.
- No enjuagó los objetos antes de sanitizarlos. Enjuagó los objetos después de sanitizarlos, lo que podría contaminarlos.
- No midió cuánto tiempo estuvieron en el sanitizante las ollas y las bandejas.

10.11 **El dilema de Mary**

Estos son los errores que cometió Mary.

- No limpió y sanitizó el carrito usado para los cubiertos limpios.
- No enjuagó, frotó ni remojó los platos sucios antes de ponerlos en la rejilla.
- Cargó demasiado la rejilla para platos.
- No limpió los depósitos minerales que había en la máquina antes de empezar el día.

10.11 **¿Cuáles son los errores en este dibujo?**

① No hay reloj con segundero. Los empleados no sabrían cuanto tiempo ha estado sumergido en el sanitizante un objeto.

② La espuma del jabón del compartimento para lavar se pasó a los compartimentos para enjuagar y para sanitizar. Esto puede anular el sanitizante.

③ Una olla limpia y sanitizada no se está secando al aire correctamente. Se debe poner boca abajo.

Continúa en la página siguiente ►

► *Continuación de la página anterior*

10.16 ¿Se almacenó correctamente?

Se deben marcar los números 2 y 3.

10.16 ¿Cuáles son los errores en este dibujo?

1. No hay ganchos para que las escobas y los trapeadores se sequen al aire.
2. La botella rociadora de productos químicos no tiene etiqueta.
3. Hay alimentos almacenados en el área.

10.18 Caso práctico para repasar el capítulo

1. Tom debería haber arreglado el agua caliente. También debería haber instalado ganchos para colgar los trapeadores y las escobas.
2. Clara debería haber lavado, enjuagado y sanitizado la tabla de cortar en los momentos siguientes:
   - Antes de cortar los melones.
   - Después de cortar los melones y antes de abrir por la mitad las chuletas.
   - Después de abrir por la mitad las chuletas y antes de picar las cebollas.
   - Después de picar las cebollas.
3. Para que funcione el programa de limpieza de Tom, debe hacer lo siguiente:
   - Dar entrenamiento a los empleados sobre las tareas de limpieza y sanitización.
   - Supervisar diariamente las rutinas de limpieza.
   - Comparar a diario todas las tareas de limpieza con el calendario maestro.
   - Durante las reuniones, pedir la opinión de los empleados sobre el programa.

10.19 Preguntas de estudio

1. C
2. D
3. A
4. A
5. C
6. C
7. A
8. A

Notas

Organismos que causan enfermedades transmitidas por alimentos

Bacterias

Bacteria ***Bacillus cereus***

Enfermedad **Gastroenteritis causada por *Bacillus cereus***

El Bacillus cereus es una bacteria que forma esporas y que se encuentra en la tierra. Puede producir dos toxinas cuando se le permite reproducirse hasta llegar a altos niveles. Las toxinas causan diferentes enfermedades.

Alimentos comúnmente relacionados con la bacteria

Enfermedad con diarrea

- Vegetales cocidos
- Productos de carne
- Leche

Enfermedad con vómito

- Platillos de arroz cocinado, incluyendo arroz frito y budín de arroz

Síntomas más comunes

Enfermedad con diarrea

- Diarrea acuosa
- No hay vómito

Enfermedad con vómito

- Náuseas
- Vómito

Medidas preventivas

- Cocinar los alimentos a sus temperaturas internas mínimas.
- Mantener los alimentos a las temperaturas correctas.
- Enfriar los alimentos correctamente.
- Controlar el tiempo y la temperatura.

Bacteria ***Listeria monocytogenes***

Enfermedad **Listeriosis**

La Listeria monocytogenes se halla en la tierra, el agua y las plantas. A diferencia de otras bacterias, puede crecer en ambientes frescos y húmedos. No es frecuente que la enfermedad afecte a personas sanas, pero las poblaciones con alto riesgo son especialmente vulnerables, sobre todo las mujeres embarazadas.

Alimentos comúnmente relacionados con la bacteria

- Carne cruda
- Productos lácteos sin pasteurizar
- Alimentos listos para comer, como las carnes frías, los hot dogs y el queso crema

Síntomas más comunes

Mujeres embarazadas

- Aborto

Recién nacidos

- Sepsis
- Neumonía
- Meningitis

Medidas preventivas

- Tirar el producto que haya rebasado su fecha de caducidad.
- Cocinar la carne cruda a la temperatura interna mínima.
- Prevenir la contaminación cruzada entre los alimentos crudos o poco cocinados y los alimentos listos para comer.
- Evitar el uso de productos lácteos sin pasteurizar.
- Controlar el tiempo y la temperatura.

Bacteria — ***Escherichia coli* productora de toxina Shiga (STEC), también conocida como *E. coli*. Incluye O157:H7, O26:H11, O111:H8 y O158:NM**

Enfermedad — **Colitis hemorrágica**

La *E. coli* productora de toxina Shiga se puede hallar en los intestinos del ganado vacuno. También se puede hallar en las personas infectadas. La bacteria puede contaminar la carne durante el sacrificio de los animales. La persona se puede enfermar con sólo comer una pequeña cantidad de esta bacteria. Después de comerla, la bacteria produce toxinas en los intestinos, las cuales causan la enfermedad. Con frecuencia, la bacteria sigue en las heces de la persona varias semanas después de que desaparecieron los síntomas.

Alimentos comúnmente relacionados con la bacteria

- Carne de res molida (cruda o poco cocinada)
- Frutas y verduras contaminadas

Síntomas más comunes

- Diarrea (que después se vuelve sanguinolenta)
- Retortijones
- Fallo renal (en casos severos)

Medidas preventivas

- Cocinar los alimentos, especialmente la carne de res molida, a las temperaturas internas mínimas.
- Comprar las frutas y verduras a proveedores aprobados y con buena reputación.
- Prevenir la contaminación cruzada entre la carne cruda y los alimentos listos para comer.
- No permitir que los empleados que tienen diarrea entren al establecimiento.
- No permitir que entren al establecimiento los empleados que tienen diarrea y que hayan sido diagnosticados con colitis hemorrágica.
- Controlar el tiempo y la temperatura.

Bacteria: — ***Clostridium perfringens***

Enfermedad — **Gastroenteritis causada por *Clostridium perfringens***

El Clostridium perfringens se halla en la tierra, donde forma esporas que le permiten sobrevivir. También se encuentra en los intestinos de animales y de seres humanos.

El Clostridium perfringens no crece a temperaturas de refrigeración. Pero sí crece muy rápido en alimentos que están en la zona de temperatura de peligro. Generalmente, los alimentos preparados comercialmente no se ven involucrados en brotes. Usualmente las personas que se enferman no tienen náuseas, fiebre ni vómito.

Alimentos comúnmente relacionados con la bacteria

- Carne
- Aves
- Platillos hechos con carne y aves, tales como guisados y salsa de carne (gravy).

Síntomas más comunes

- Diarrea
- Dolores abdominales agudos

Medidas preventivas

- Enfriar y recalentar correctamente los alimentos.
- Mantener los alimentos a las temperaturas correctas.
- Controlar el tiempo y la temperatura.

Bacteria ***Clostridium botulinum***

Enfermedad **Botulismo**

El Clostridium botulinum forma esporas que con frecuencia se hallan en el agua y la tierra. Las esporas pueden contaminar casi cualquier alimento. La bacteria no crece bien en alimentos refrigerados o con a to nivel de acidez, ni en alimentos con baja humedad. Sin embargo, el *Clostridium botulinum* crece sin oxígeno y puede producir una toxina mortal cuando los alimentos están sometidos a abuso de tiempo y temperatura. Si no se recibe tratamiento médico, la persona podría morir.

Alimentos comúnmente relacionados con la bacteria

- Alimentos enlatados incorrectamente
- Alimentos en empaque con reducción de oxígeno (ROP)
- Vegetales que sufrieron abuso de temperatura, como las papas al horno
- Mezclas de ajo y aceite sin tratamiento

Síntomas más comunes

Inicialmente

- Náuseas y vómito

Después

- Debilidad
- Visión doble
- Dificultad para hablar y para tragar

Medidas preventivas

- Mantener, enfriar y recalentar correctamente los alimentos.
- Inspeccionar los alimentos enlatados para ver si están dañados.
- Controlar el tiempo y la temperatura.

Bacteria ***Campylobacter jejuni***

Enfermedad **Campilobacteriosis**

Aunque el *Campylobacter jejuni* comúnmente se relaciona con las aves, se ha sabido que contamina el agua. Usualmente la enfermedad se presenta cuando las aves se cocinan incorrectamente y cuando se permite la contaminación cruzada de aves crudas con otros alimentos y superficies que tienen contacto con alimentos. La campilobacteriosis se controla mejor con la cocción correcta y la prevención de la contaminación cruzada.

Alimentos comúnmente relacionados con la bacteria

- Aves
- Agua contaminada con la bacteria
- Carne
- Guisados/salsa de carne (gravy)

Síntomas más comunes

- Diarrea (puede ser acuosa o sanguinolenta)
- Retortijones
- Fiebre
- Vómito
- Dolores de cabeza

Medidas preventivas

- Cocinar los alimentos, especialmente las aves, a las temperaturas internas mínimas requeridas.
- Prevenir la contaminación cruzada entre carne de ave cruda y alimentos listos para comer.
- Controlar el tiempo y la temperatura.

Bacteria **Nontyphoidal *Salmonella***

Enfermedad **Salmonelosis**

Muchos animales de granja portan *Salmonella* no tifoidea de manera natural. La persona se puede enfermar con sólo comer una pequeña cantidad de esta bacteria. La gravedad de los síntomas depende de la salud de la persona y de la cantidad de bacterias que haya comido. Con frecuencia, la bacteria sigue en las heces de la persona varias semanas después de que desaparecieron los síntomas.

Alimentos comúnmente relacionados con la bacteria

- Aves y huevos
- Carne
- Leche y productos lácteos
- Frutas y verduras, como tomates, pimientos y melones

Síntomas más comunes

- Diarrea
- Retortijones
- Vómito
- Fiebre

Medidas preventivas

- Cocinar las aves y los huevos a la temperatura interna mínima.
- Prevenir la contaminación cruzada entre aves y alimentos listos para comer.
- No permitir que entren al establecimiento los empleados encargados del manejo de los alimentos que tengan vómitos o diarrea, o hayan tenido diagnóstico de enfermedad causada por la *Salmonella* no tifoidea.

Bacteria ***Salmonella* Typhi**

Enfermedad **Fiebre tifoidea**

La Salmonella Typhi sólo vive en los seres humanos. La gente con fiebre tifoidea puede portar la bacteria en la sangre y en el tracto intestinal. La persona se puede enfermar con sólo comer una pequeña cantidad de esta bacteria. La gravedad de los síntomas depende de la salud de la persona y de la cantidad de bacteria que haya consumido. Con frecuencia, la bacteria sigue en las heces de la persona varias semanas después de que hayan desaparecido los síntomas.

Alimentos comúnmente relacionados con la bacteria

- Alimentos listos para comer
- Bebidas

Síntomas más comunes

- Fiebre alta
- Debilidad
- Dolor abdominal
- Dolor de cabeza
- Pérdida del apetito
- Salpullido

Medidas preventivas

- Excluir del establecimiento a los empleados a quienes se les haya diagnosticado una enfermedad causada por *Salmonella* Typhi.
- Lavarse las manos.
- Cocinar los alimentos a sus temperaturas internas mínimas.
- Prevenir la contaminación cruzada.

Bacteria *Shigella* **spp.**

Enfermedad **Shigelosis**

La Shigella spp. se halla en las heces de seres humanos que tienen la enfermedad. La mayoría de las enfermedades ocurren cuando la gente come o bebe alimentos o agua contaminados. Las moscas también pueden transferir la bacteria de las heces a los alimentos. La persona se puede enfermar con sólo comer una pequeña cantidad de esta bacteria. Con frecuencia, altos niveles de la bacteria siguen en las heces de la persona varias semanas después de que han desaparecido los síntomas.

Alimentos comúnmente relacionados con la bacteria

- Las comidas que se contaminan fácilmente con las manos, como las ensaladas que tienen alimentos que necesitan control de tiempo y temperatura para su seguridad (papas, atún, camarones, macarrones y pollo).
- Los alimentos que han tenido contacto con agua contaminada, como las frutas y verduras.

Síntomas más comunes

- Diarrea sanguinolenta
- Dolores abdominales y retortijones
- Fiebre (ocasionalmente)

Medidas preventivas

- Excluir del establecimiento a los empleados que tengan diarrea y hayan tenido diagnóstico de una enfermedad causada por *Shigella* spp.
- Lavarse las manos.
- Controlar las moscas dentro y fuera del establecimiento.
- Practicar buenos hábitos de higiene personal.

Bacteria ***Staphylococcus aureus***

Enfermedad **Gastroenteritis causada por estafilococos**

El Staphylococcus aureus se halla en los seres humanos, particularmente en el cabello, la nariz y la garganta, y en las cortadas infectadas. Con frecuencia se transfiere a los alimentos cuando las personas que lo portan se tocan estas áreas y después tocan los alimentos sin lavarse previamente las manos. Si se permite que crezca hasta llegar a grandes cantidades, la bacteria puede producir toxinas que causan la enfermedad cuando las personas las ingieren. La cocción no puede destruir estas toxinas, por eso es esencial prevenir el crecimiento de las bacterias.

Alimentos comúnmente relacionados con la bacteria

- Alimentos que requieren que se los manipule durante la preparación
- Ensaladas que contienen alimentos que necesitan control de tiempo y temperatura para su seguridad (huevos, atún, pollo y macarrones)
- Carnes frías

Síntomas más comunes

- Náuseas
- Vómito y arcadas
- Retortijones

Medidas preventivas

- Lavarse las manos, especialmente después de tocarse el cabello, la cara o el cuerpo.
- Cubrirse las heridas en las manos y los brazos.
- Mantener, enfriar y recalentar correctamente los alimentos.
- Practicar buenos hábitos de higiene personal.

Bacterias ***Vibrio vulnificus* y *Vibrio parahaemolyticus***

Enfermedad **Gastroenteritis causada por *Vibrio***
Septicemia primaria causada por *Vibrio vulnificus*

Estas bacterias se hallan en las aguas donde se recolectan mariscos. Pueden crecer muy rápido en el medio de la zona de temperatura de peligro. Las personas con padecimientos crónicos (como diabetes o cirrosis) que se enferman debido a estas bacterias pueden contraer septicemia primaria. Esta grave enfermedad puede causar la muerte.

Alimentos comúnmente relacionados con la bacteria

- Ostras de agua contaminada

Síntomas más comunes

- Diarrea
- Dolores abdominales y náuseas
- Vómito
- Fiebre un poco elevada y escalofríos

Medidas preventivas

- Cocinar las ostras a sus temperaturas internas mínimas.
- Comprar a proveedores aprobados y de buena reputación.

Virus

Virus **Hepatitis A**

Enfermedad **Hepatitis A**

El virus de la hepatitis A se halla principalmente en las heces de las personas infectadas. El virus puede contaminar el agua y muchos tipos de alimentos. Comúnmente se relaciona con los alimentos listos para comer. Sin embargo, también se ha relacionado con mariscos pescados en aguas contaminadas.

Con frecuencia, el virus pasa a los alimentos cuando los empleados infectados tocan los alimentos o el equipo con sus dedos y éstos tienen heces. La persona se puede enfermar con sólo comer una pequeña cantidad del virus. Las personas infectadas quizá no muestren los síntomas por semanas, pero pueden ser muy contagiosos. El virus de la hepatitis A no se destruye con la cocción.

Alimentos comúnmente relacionados con el virus

- Alimentos listos para comer
- Mariscos de agua contaminada

Síntomas más comunes

- Fiebre (leve)
- Debilidad general
- Náuseas
- Dolor abdominal
- Ictericia (aparece más tarde)

Medidas preventivas

- Excluir del establecimiento a los empleados a quienes se les haya diagnosticado hepatitis A.
- Excluir del establecimiento a los empleados que tienen ictericia.
- Lavarse las manos.
- Evitar el contacto de las manos descubiertas y los alimentos listos para comer.
- Comprar los mariscos a proveedores aprobados y de buena reputación
- Practicar buenos hábitos de higiene personal.

Virus **Norovirus**

Enfermedad **Gastroenteritis causada por Norovirus**

Al igual que el virus de la hepatitis A, comúnmente el Norovirus se relaciona con los alimentos listos para comer. También se le ha relacionado con agua contaminada. Con frecuencia, el Norovirus pasa a los alimentos cuando los empleados infectados tocan los alimentos o el equipo con sus dedos y éstos tienen heces.

La persona se puede enfermar con sólo comer una pequeña cantidad del Norovirus. Además, es muy contagioso. Las personas pueden hacerse contagiosas varias horas después de ingerirlo. Con frecuencia, el virus sigue en las heces de la persona varios días después de que desaparecieron los síntomas.

Alimentos comúnmente relacionados con el virus

- Alimentos listos para comer
- Mariscos de agua contaminada

Síntomas más comunes

- Vómito
- Diarrea
- Náuseas
- Retortijones

Medidas preventivas

- Excluir del establecimiento a los empleados que tengan vómitos o diarrea y hayan tenido un diagnóstico de Norovirus.
- Lavarse las manos.
- Evitar el contacto de las manos descubiertas y los alimentos listos para comer.
- Comprar los mariscos a proveedores aprobados y de buena reputación.
- Practicar buenos hábitos de higiene personal.

Parásitos

Parásito ***Anisakis* simplex**

Enfermedad **Anisakiasis**

Las personas se pueden enfermar cuando comen pescados crudos o poco cocinados que contienen este parásito.

Alimentos comúnmente relacionados con el parásito

Pescados crudos y poco cocinados

- Arenque
- Bacalao
- Lenguado
- Caballa
- Salmón del Pacífico

Síntomas más comunes

- Sensación de hormigueo en la garganta
- Expulsión de lombrices al toser

Medidas preventivas

- Cocinar los pescados a la temperatura interna mínima.
- Si va a servir pescados crudos o poco cocidos, compre pescado apropiado para sushi que haya estado congelado con los valores exigidos de tiempo y temperatura.
- Comprar a proveedores aprobados y de buena reputación.

Parásito ***Cryptosporidium parvum***

Enfermedad **Cryptosporidiosis**

El Cryptosporidium parvum se puede hallar en las heces de las personas infectadas. Los empleados pueden transferirlo a los alimentos cuando los tocan con sus dedos y éstos tienen heces. Las guarderías infantiles y los centros médicos son lugares donde frecuentemente se propaga este parásito de persona a persona. Los síntomas serán más graves en personas con sistemas inmunológicos débiles.

Alimentos comúnmente relacionados con el parásito

- Agua contaminada
- Frutas y verduras

Síntomas más comunes

- Diarrea acuosa
- Retortijones
- Náuseas
- Pérdida de peso

Medidas preventivas

- Usar agua que recibió el tratamiento correcto.
- No permitir que los empleados que tienen diarrea entren al establecimiento.
- Lavarse las manos.
- Comprar a proveedores aprobados y de buena reputación.

Parásito ***Giardia duodenalis*, también conocida como *G. lamblia* o *G. intestinalis***

Enfermedad **Giardiasis**

La Giardia duodenalis se puede hallar en las heces de las personas infectadas. Los empleados pueden transferir el parásito a los alimentos cuando los tocan con los dedos y estos tienen heces.

Alimentos comúnmente relacionados con el parásito

- Agua que recibió el tratamiento incorrecto
- Frutas y verduras

Síntomas más comunes

Inicialmente

- Fiebre

Después

- Diarrea
- Retortijones
- Náuseas

Medidas preventivas

- Usar agua que recibió el tratamiento correcto.
- No permitir que los empleados que tienen diarrea entren al establecimiento.
- Lavarse las manos.
- Comprar a proveedores aprobados y de buena reputación.

Parásito ***Cyclospora cayetanensis***

Enfermedad **Ciclosporiasis**

La Cyclospora cayetanensis es un parásito que se halla en el agua contaminada y que se ha relacionado con frutas y verduras que se irrigan o se lavan con agua contaminada. También se puede hallar en las heces de las personas infectadas. Los empleados pueden transferir el parásito a los alimentos cuando los tocan y tienen heces en los dedos. Por esta razón, se deben excluir del establecimiento a los empleados que manejan alimentos y tienen diarrea. También es esencial comprar las frutas y verduras a proveedores aprobados y de buena reputación.

Alimentos comúnmente relacionados con el parásito

- Agua que recibió el tratamiento incorrecto
- Frutas y verduras, como bayas, lechuga o albahaca

Síntomas más comunes

- Náuseas
- Retortijones
- Fiebre leve
- Diarrea alternada con estreñimiento
- Pérdida de peso
- Pérdida del apetito

Medidas preventivas

- Comprar las frutas y verduras a proveedores aprobados y con buena reputación.
- No permitir que los empleados que tienen diarrea entren al establecimiento.
- Lavarse las manos.

Toxinas

Toxina **Histamina**

Enfermedad **Escombroidosis**

El envenenamiento por histamina puede ocurrir cuando se consumen altos niveles de histamina que se halla en pescados escombroideos y de otras especies. Cuando los pescados sufren abuso de tiempo y temperatura, las bacterias que están en ellos producen histamina. No se puede destruir con la congelación, la cocción, el ahumado ni la curación.

Alimentos comúnmente relacionados con la toxina

- Atún
- Bonito
- Caballa
- Mahi-mahi

Síntomas más comunes

Inicialmente

- Enrojecimiento de cara y cuello
- Sudor
- Dolor de cabeza
- Sensación de ardor u hormigueo en la boca o garganta

Posiblemente después

- Diarrea
- Vómito

Medidas preventivas

- Prevenga el abuso de tiempo y temperatura durante el almacenamiento y la preparación.
- Comprar a proveedores aprobados y de buena reputación.

Toxina **Ciguatoxina**

Enfermedad **Intoxicación por pescado con ciguatera**

La ciguatoxina se halla en algunas algas marinas. La toxina se acumula en ciertos peces cuando éstos comen peces más pequeños, que a su vez, han comido algas tóxicas. La ciguatoxina no se puede detectar por el olor o el sabor. No se elimina con la cocción ni con la congelación de los pescados. Los síntomas pueden durar meses o años dependiendo de qué tan grave es la enfermedad.

Alimentos comúnmente relacionados con la toxina

Pescados tropicales depredadores de arrecife del Océano Pacífico, el oeste del Océano Índico y el mar Caribe.

- Barracuda
- Mero
- Amberjack
- Pargo (huachinango)

Síntomas más comunes

- Inversión de las sensaciones de frío y calor
- Náuseas
- Vómito
- Sensación de hormigueo en los labios y en los dedos de manos y pies
- Dolores musculares y de las articulaciones

Medidas preventivas

- Comprar los pescados tropicales depredadores de arrecife a proveedores aprobados y con buena reputación.

Toxina **Saxitoxina**

Enfermedad **Intoxicación paralizante por mariscos (PSP)**

Algunos tipos de mariscos se pueden contaminar al filtrar algas tóxicas en el agua. Cuando las personas comen estos mariscos, se enferman de envenenamiento paralizante por mariscos (PSP). La saxitoxina no tiene olor ni sabor. No se destruye con la cocción ni la congelación. Si una persona come altos niveles de la toxina, podría morir debido a la parálisis.

Alimentos comúnmente relacionados con la toxina

Mariscos de aguas frías, como las de las costas de Nueva Inglaterra y del Pacífico.

- Almejas
- Mejillones
- Ostras
- Vieiras

Síntomas más comunes

- Falta de sensibilidad
- Sensación de hormigueo en boca, cara, brazos y piernas
- Mareos
- Náuseas
- Vómito
- Diarrea

Medidas preventivas

- Comprar los mariscos a proveedores aprobados y de buena reputación.

Toxina **Brevetoxina**

Enfermedad **Envenenamiento neurotóxico por mariscos (NSP)**

Algunos tipos de mariscos se pueden contaminar al filtrar algas tóxicas en el agua. Cuando las personas comen estos mariscos, se enferman de envenenamiento neurotóxico por mariscos (NSP). La brevetoxina no tiene olor ni sabor. No se destruye con la cocción ni la congelación.

Alimentos comúnmente relacionados con la toxina

Mariscos de las aguas cálidas de la costa oeste de Florida, el Golfo de México y el Mar Caribe.

- Almejas
- Mejillones
- Ostras

Síntomas más comunes

- Sensación de hormigueo y falta de sensibilidad en los labios, la lengua y la garganta
- Mareos
- Inversión de las sensaciones de frío y calor
- Vómito
- Diarrea

Medidas preventivas

- Comprar los mariscos a proveedores aprobados y de buena reputación.

Toxina **Ácido domoico**

Enfermedad **Envenenamiento amnésico por mariscos (ASP)**

Algunos tipos de mariscos se pueden contaminar al filtrar algas tóxicas en el agua. Cuando las personas comen estos mariscos, se enferman de envenenamiento amnésico por mariscos (ASP). La gravedad de los síntomas depende de la cantidad de toxinas que se haya comido y de la salud de la persona. El ácido domoico no tiene olor ni sabor. No se destruye con la cocción ni la congelación.

Alimentos comúnmente relacionados con la toxina

Mariscos de las aguas costeras del noroeste del Pacífico y la costa este de Canadá.

- Almejas
- Mejillones
- Ostras
- Vieiras

Síntomas más comunes

Inicialmente

- Vómito
- Diarrea
- Dolor abdominal

Posiblemente después

- Confusión
- Pérdida de la memoria
- Desorientación
- Convulsiones
- Coma

Medidas preventivas

- Comprar los mariscos a proveedores aprobados y de buena reputación.

Notas

D

E

T

U

V

Y

Z

Jhon.

chap 17 – 21 (what J says)

Matheo (king James).
chap. bible.

I

Indice de materias

A

B

C

NATIONAL RESTAURANT ASSOCIATION
www.ServSafe.com

Record your Exam Session Number here.

5245

Results are posted to **ServSafe.com** within three to four business days after the National Restaurant Association receives the completed Exam Information Form and Answer Sheets.
To access your score, you will need your Exam Session Number.
Visit **ServSafe.com**, and select **Check Your Exam Score.**

Cuaderno de SERVSAFE®
para el gerente 6ª Edición

Actualizado con el
Código alimentario de la FDA de 2013

ServSafe
National Restaurant Association ™

Declaración de responsabilidad

La información que se presenta en esta publicación tiene como único propósito informar y no pretende ofrecer asesoría legal ni establecer estándares de conducta razonable. Instamos a los operadores que desarrollan normas y procedimientos relacionados con la seguridad de los alimentos a que pidan consejo y guía a expertos legales. Aunque la organización National Restaurant Association Solutions, LLC (NRA Solutions) pone todo su empeño en incluir información precisa y actual, recopilada de fuentes que se consideran confiables, NRA Solutions y su licenciatario, National Restaurant Association Educational Foundation (NRAEF), sus distribuidores y agentes, no garantizan ni hacen ninguna aseveración con respecto a la precisión, actualidad o integridad de la información. NRAEF, NRA Solutions, sus distribuidores o agentes no aceptan ninguna responsabilidad supuesta o implícita por daños o pérdidas que se produzcan como consecuencia de imprecisiones, omisiones o cualquier medida tomada o no tomada basándose en el contenido de esta publicación.

Las solicitudes para usar o reproducir material de esta publicación se deben enviar directamente a:

Copyright Permissions
National Restaurant Association Solutions
175 West Jackson Boulevard, Suite 1500
Chicago, IL 60604-2814

E-mail: permissions@restaurant.org

Cuaderno para el gerente, ESX6RSP (con hoja de respuestas del examen)
ISBN 978-1-58280-316-6

Cuaderno para el gerente, ES6RSP (solo el libro de texto)
ISBN 978-1-58280-315-9

Impreso en EE.UU.
10 9 8 7 6 5 4

Un mensaje de National Restaurant Association

¡Felicidades! Al abrir este libro, usted se ha unido a millones de profesionales del servicio de alimentos que han iniciado su compromiso con la seguridad de los alimentos. El entrenamiento de ServSafe® también le ayuda a entender todos los peligros que corre la seguridad de los alimentos en su establecimiento. Si conoce estos peligros, podrá buscar maneras de reducirlos. Esto le ayudará a mantener seguros su establecimiento, a sus empleados y a sus clientes.

Creado por los líderes de la industria de servicio de alimentos Puede sentirse seguro al saber que el programa ServSafe fue creado por líderes de la industria del servicio de alimentos. Los temas que aprenderá en este libro fueron determinados por personas que enfrentan los mismos problemas de seguridad de los alimentos que usted enfrenta cada día. Sus colegas de la industria han reunido los componentes necesarios para proteger los alimentos en su establecimiento, desde los fundamentos del lavado de manos hasta temas más complejos, como los patógenos transmitidos por alimentos.

Realizado y reforzado por usted La seguridad de los alimentos no termina cuando usted completa su entrenamiento y recibe la certificación. Usted tiene la responsabilidad de tomar los conocimientos que adquirió y compartirlos con sus empleados. Cuando regrese a su establecimiento, lo primero que debe hacer es contestar estas preguntas para evaluar el entrenamiento de los manipuladores de alimentos:

- ¿Tiene programas de entrenamiento sobre la seguridad de los alimentos para los empleados nuevos y para los actuales?
- ¿Tiene herramientas de evaluación para identificar los conocimientos sobre la seguridad de los alimentos de los empleados?
- ¿Lleva registros que documenten que los empleados han completado el entrenamiento?

Información sobre su certificación Para ver su resultado del Examen de certificación del gerente de protección de alimentos ServSafe, regístrese en ServSafe.com. Necesitará el número de su clase, que recibirá del instructor. Dependiendo de la rapidez con la que recibamos su examen, los resultados estarán disponibles aproximadamente 10 días después de tomar el examen. Por cuestiones de seguridad, no se pueden dar los resultados de los exámenes por teléfono ni se pueden enviar por e-mail.

Su Certificación de gerente de protección de alimentos ServSafe es válida por cinco años a partir de la fecha de su examen. Se aplican las leyes locales. Pregunte a la compañía o a la autoridad reguladora local los requerimientos específicos para renovar la certificación.

Si tiene preguntas sobre la certificación o sobre el entrenamiento para manipuladores de alimentos, llame al (800) ServSafe (800.737.8723), o envíenos un e-mail a servicecenter@restaurant.org.

Información sobre National Restaurant Association

La organización National Restaurant Association, fundada en 1919, es la asociación comercial más importante de la industria restaurantera, que está integrada de 935,000 restaurantes y establecimientos de servicio de alimentos y cuenta con una fuerza laboral de 12,800,000 empleados, lo que la convierte en una base de la economía, con oportunidades profesionales y participación activa en la comunidad. Junto a National Restaurant Association Educational Foundation, NRA Solutions y la Asociación trabajan para representar, educar y promover esta creciente industria. Si desea obtener más información, visite nuestra página de Internet, *restaurant.org*.

Permanezca en contacto con National Restaurant Association durante su carrera

La organización National Restaurant Association (NRA) tiene los recursos y herramientas para apoyarlo en su educación y en su carrera en la industria de restaurantes y servicio de alimentos. Mediante becas, programas educativos, certificaciones de la industria y beneficios para miembros, la NRA es su socio ahora y en el futuro.

- Becas: La fundación filantrópica de NRA, National Restaurant Association Educational Foundation (NRAEF), ofrece becas para estudiantes universitarios a través del Programa de Becas de NRAEF. Estas becas pueden ayudarle a tener acceso a educación superior y se pueden aplicar a programas relacionados con la gastronomía, la administración de restaurantes o el servicio de alimentos en una universidad o un colegio acreditados. Lo alentamos a que investigue las oportunidades, que incluyen acceso a las becas de programas especiales para estudiantes de ProStart que reciben el certificado llamado "National Certificate of Achievement" y para estudiantes del Programa ManageFirst®. Usted podría recibir una beca de NRAEF cada año calendario, ¡siga haciendo su solicitud cada año! La NRAEF participa con asociaciones estatales de restaurantes para ofrecer becas. Investigue si su estado ofrece más becas. La NRAEF también ofrece becas para el desarrollo profesional de educadores. Visite nraef.org/scholarships para obtener más información.
- Educación universitaria: Cuando investigue los colegios y universidades y haga su solicitud de ingreso para continuar su educación en esta área, busque instituciones que ofrezcan el **programa ManageFirst** de NRA. Al igual que el programa *Foundations of Restaurant Management & Culinary Arts*, el programa ManageFirst y el material del plan de estudios se desarrollaron con la participación de la industria de restaurantes y servicio de alimentos y socios académicos. Este programa para gerentes le enseña las destrezas prácticas necesarias para enfrentar los retos de la industria en la vida real, que incluyen comunicación interpersonal, ética, contabilidad y más. El programa incluye los diez temas mencionados a continuación, además de Seguridad de los alimentos de ServSafe y ServSafe Alcohol®:
  - Control de costos del servicio de alimentos
  - Hospitalidad y administración de restaurantes
  - Supervisión y administración de recursos humanos en la industria de la hospitalidad
  - Servicio al cliente
  - Principios de administración de alimentos y bebidas
  - Compras
  - Contabilidad para la industria de la hospitalidad
  - Administración de bares y bebidas
  - Nutrición
  - Mercadotecnia para restaurantes y para la industria de la hospitalidad

También puede recibir el certificado de ManageFirst Professional® (MFP™) si aprueba los cinco exámenes requeridos de ManageFirst y completa 800 horas de trabajo en la industria. Tener el certificado de MFP en su historial les indica a los empleadores que usted tiene las destrezas de administración necesarias para triunfar en la industria. Para obtener más información sobre ManageFirst y buscar instituciones donde se imparta ManageFirst, visite managefirst.restaurant.org.

- Certificación: En el competitivo campo de los restaurantes, las certificaciones de la industria pueden ayudarlo a distinguirse del resto de los solicitantes.

  La Certificación del gerente de protección de alimentos **ServSafe** otorgada por NRA es reconocida a nivel nacional. Con su certificación, usted le dice a la industria que sabe de seguridad de los alimentos y la importancia crítica de este papel; y además puede compartir sus conocimientos de seguridad de los alimentos con los empleados.

  Con el programa Seguridad de los alimentos de ServSafe, usted dominará áreas como sanitización, el camino de los alimentos en el establecimiento, higiene de las instalaciones y manejo de plagas. ServSafe es el entrenamiento que se aprende, se recuerda, se comparte y se usa. Y por eso es la mejor opción para su entrenamiento sobre seguridad de los alimentos. Para más información sobre ServSafe, visite ServSafe.com.

  Los retos relacionados al servicio de bebidas alcohólicas en los restaurantes han aumentado considerablemente. Para prepararle para enfrentarse a estos retos, la NRA ofrece **ServSafe Alcohol**. En esta industria, el servicio de bebidas alcohólicas con responsabilidad es una cuestión que afectará su negocio, a sus clientes y a su comunidad. Con la ayuda de su certificado de ServSafe Alcohol, usted puede tener un impacto inmediato en su establecimiento. En este programa recibirá información esencial sobre el servicio de bebidas alcohólicas con responsabilidad, incluyendo las responsabilidades y leyes sobre bebidas alcohólicas, la evaluación de los niveles de embriaguez, el manejo de situaciones difíciles y la revisión de identificaciones. Para más información sobre ServSafe Alcohol, visite ServSafe.com/alcohol.

- Membresía de National Restaurant Association: Mientras conoce la industria, busque carreras en restaurantes que son **miembros de NRA y de la asociación de restaurantes de su estado.** Aliente a los establecimientos de los que usted es parte a que se unan a las organizaciones estatales y nacionales. La organización NRA también ofrece membresías para estudiantes con las que usted tiene acceso a información e investigaciones de la industria que pueden ser un valioso recurso. Para obtener más información o para ser un estudiante miembro, visite restaurant.org.

- Certificación de administración: Después de establecerse en la industria, trate de conseguir la más alta certificación de administración de la industria, la de NRA's **Foodservice Management Professional®** (FMP®). La certificación de FMP reconoce a supervisores y gerentes excepcionales que han logrado el nivel más alto de conocimientos, experiencia y profesionalismo, que es el más valorado en nuestra industria. Después de trabajar tres años como supervisor en la industria, será elegible para solicitar y tomar el examen de FMP. Si aprueba el examen de FMP, estará en una compañía muy selecta; estará en el grupo de líderes de la industria. La certificación de FMP también es una impresionante credencial que puede agregar a su título y a su historial. Para obtener más información sobre la certificación llamada "Foodservice Management Professional", visite managefirst.restaurant.org.

Mantenga a NRA como su socio durante su educación y su carrera. Aproveche las becas, el entrenamiento, la certificación y los beneficios de la membresía de NRA que lo ayudarán en la carrera que usted elija. Juntos haremos que esta industria tenga un futuro más brillante.

Agradecimientos

El desarrollo del *Cuaderno de ServSafe para el gerente* no podría haber sido posible sin la experiencia de nuestros asesores y correctores. Nuestro agradecimiento a las siguientes organizaciones y personas por su tiempo, esfuerzo y dedicación para crear esta sexta edición.

Curt Archambault, Jack In The Box

Petra Balli, ARAMARK

Kelly Blakely, Valero

Robert Brown, Whole Foods

Nancy Caldarola, Concept Associates Inc.

Don Culver, Army and Air Force Exchange Service

Ana De La Torre, Santa Paula Oil Corp. dba To Go Stores

Claudia Diez, University of Minnesota

Jeff Drozdowski, Little Caesars

Shannon Flynn, Potbelly Sandwich Works

Kendra Kauppi, University of Minnesota

Linda Kender, Johnson & Wales University

Mahmood Khan, Virginia Tech

Geoff Luebkemann, Florida Restaurant and Lodging Association

Dave McNinch, Washoe County District Health Department

Mark Miklos, Waffle House

Eric Moore, ARAMARK

Michael Pozit, Integrated Food Service Consulting Corp.

Angela Sanchez, CKE Restaurants

Victoria Sánchez Martínez, New Mexico Restaurant Association

Mary L Sandford, Burger King Corporation

Edward Sherwin, Sherwin Food Safety

Allison Straley, WESCO, Inc.

Alan Tart, U.S. Food and Drug Administration

Cameron Underwood, Valero

Wanda Vinson, Long John Silver's

Justin Waldrep, RaceTrac

Brian Wickman, Compass Group North America

Boskovich Farms, Inc.

Centros para el Control y la Prevención de Enfermedades

Le Cordon Bleu College of Culinary Arts Chicago

Cómo usar el *Cuaderno de ServSafe para el gerente*

El plan que está a continuación le ayudará a estudiar y a recordar los principios de seguridad de los alimentos que contiene este libro.

Al principio de cada capítulo

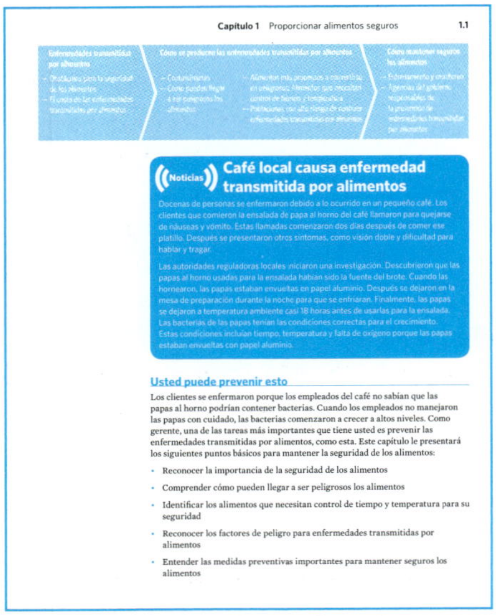
Capítulo 1 Proporcionar alimentos seguros 1.1

Café local causa enfermedad transmitida por alimentos

Docenas de personas se enfermaron debido a lo ocurrido en un pequeño café. Los clientes que comieron la ensalada de papa al horno del café llamaron para quejarse de náuseas y vómito. Estas llamadas comenzaron dos días después de comer ese platillo. Después se presentaron otros síntomas, como visión doble y dificultad para hablar y tragar.

Las autoridades reguladoras locales iniciaron una investigación. Descubrieron que las papas al horno usadas para la ensalada habían sido la fuente del brote. Cuando las hornearon, las papas estaban envueltas en papel aluminio. Después se dejaron en la mesa de preparación durante la noche para que se enfriaran. Finalmente, las papas se dejaron a temperatura ambiente casi 18 horas antes de usarlas para la ensalada. Las bacterias de las papas tenían las condiciones correctas para el crecimiento. Estas condiciones incluían tiempo, temperatura y falta de oxígeno porque las papas estaban envueltas con papel aluminio.

Usted puede prevenir esto

Los clientes se enfermaron porque los empleados del café no sabían que las papas al horno podrían contener bacterias. Cuando los empleados no manejaron las papas con cuidado, las bacterias comenzaron a crecer a altos niveles. Como gerente, una de las tareas más importantes que tiene usted es prevenir las enfermedades transmitidas por alimentos, como esta. Este capítulo le presentará los siguientes puntos básicos para mantener la seguridad de los alimentos:

- Reconocer la importancia de la seguridad de los alimentos
- Comprender cómo pueden llegar a ser peligrosos los alimentos
- Identificar los alimentos que necesitan control de tiempo y temperatura para su seguridad
- Reconocer los factores de peligro para enfermedades transmitidas por alimentos
- Entender las medidas preventivas importantes para mantener seguros los alimentos

Antes de comenzar a leer cada capítulo, puede repasar estas secciones para prepararse.

Organizador avanzado El contenido del capítulo se divide en secciones. Esta sección comienza con un organizador gráfico en la parte superior de la página. El organizador gráfico identifica cada sección del capítulo. El color azul oscuro indica en qué parte de la estructura del capítulo está usted.

También se muestran los temas clave de cada sección. Siempre sabrá qué esperar en cada sección.

En las noticias Este hecho de la vida real es la introducción del capítulo. Le muestra cómo el no aplicar la seguridad de los alimentos puede impactar su establecimiento. Lo que sucede en la historia se relaciona con los conceptos que aprenderá en el capítulo.

Usted puede prevenir esto Esta sección le indica las cosas negativas que ocurrieron en el hecho relatado en la sección "En las noticias" y cómo se podría haber prevenido la situación. Además, indica lo que aprenderá en el capítulo. Estos temas son las prácticas esenciales para mantener seguros los alimentos en su establecimiento.

En cada capítulo

Use las siguientes herramientas de aprendizaje para identificar y aprender los principios clave de seguridad de los alimentos mientras lee cada capítulo.

Fotos Las fotografías le dan ejemplos visuales de los principios clave del libro. Se hallan en el margen junto a un principio o entre el texto. Algunas fotos le muestran lo que debe hacer y otras lo que no debe hacer. Si la foto muestra una práctica positiva, tendrá una ✓ en la esquina izquierda. Si la foto muestra una práctica negativa, tendrá una ✗ en la esquina izquierda, lo que significa que es una práctica que nunca debe hacerse.

Diagramas, ilustraciones y tablas Estos elementos visuales presentan u organizan el contenido para que sea más fácil aprenderlo. En algunos casos, se usan para reforzar los principios clave del libro.

Símbolos de alerta de patógenos Estos símbolos señalan los patógenos en el texto y las medidas que puede tomar para prevenir las enfermedades provocadas por un patógeno específico.

Dentro de cada capítulo

Actividades "Use sus conocimientos" Estas actividades le permiten aplicar las prácticas clave de seguridad de los alimentos de un capítulo. Al final de cada tema principal, puede practicar lo que aprendió. Las respuestas están al final de cada capítulo.

Algo para analizar En este libro aparecen muchos hechos sobre la seguridad de los alimentos. Algunas de estas historias de la vida real están dedicadas a enfermedades transmitidas por alimentos que ocurrieron porque los alimentos no se manejaron correctamente. Demuestran la importancia de seguir las prácticas de seguridad de los alimentos. También le permiten aplicar lo que ha aprendido, ya que debe explicar cómo se podrían haber prevenido las enfermedades. Otras historias muestran soluciones de la vida real para resolver los problemas de seguridad de los alimentos que han tenido los establecimientos. Estas soluciones le ayudan a mejorar las prácticas de seguridad de los alimentos en su establecimiento.

Cómo me afecta esto Algunas de las prácticas de seguridad de los alimentos que contiene este libro podrían ser diferentes de las que exigen sus leyes locales. Para recordar estas diferencias, puede anotar los requerimientos de los reglamentos locales en estas áreas del libro.

Al final de cada capítulo

Al final de cada capítulo tiene tres oportunidades de repasar el contenido que acaba de aprender.

Resumen del capítulo Al final de cada capítulo hay un resumen con puntos para que recuerde los temas principales que aprendió.

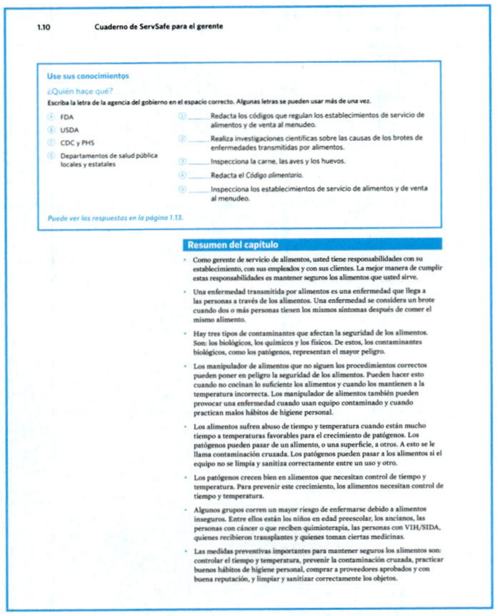

1.10 Cuaderno de ServSafe para el gerente

Use sus conocimientos

¿Quién hace qué?

Escriba la letra de la agencia del gobierno en el espacio correcto. Algunas letras se pueden usar más de una vez.

A FDA
B USDA
C CDC y PHS
D Departamentos de salud pública locales y estatales

1 ______ Redacta los códigos que regulan los establecimientos de servicio de alimentos y de venta al menudeo.
2 ______ Realiza investigaciones científicas sobre las causas de los brotes de enfermedades transmitidas por alimentos.
3 ______ Inspecciona la carne, las aves y los huevos.
4 ______ Redacta el *Código alimentario*.
5 ______ Inspecciona los establecimientos de servicio de alimentos y de venta al menudeo.

Puede ver las respuestas en la página 1.13.

Resumen del capítulo

- Como gerente de servicio de alimentos, usted tiene responsabilidades con su establecimiento, con sus empleados y con sus clientes. La mejor manera de cumplir estas responsabilidades es mantener seguros los alimentos que usted sirve.
- Una enfermedad transmitida por alimentos es una enfermedad que llega a las personas a través de los alimentos. Una enfermedad se considera un brote cuando dos o más personas tienen los mismos síntomas después de comer el mismo alimento.
- Hay tres tipos de contaminantes que afectan la seguridad de los alimentos. Son: los biológicos, los químicos y los físicos. De estos, los contaminantes biológicos, como los patógenos, representan el mayor peligro.
- Los manipulador de alimentos que no siguen los procedimientos correctos pueden poner en peligro la seguridad de los alimentos. Pueden hacer esto cuando no cocinan lo suficiente los alimentos y cuando los mantienen a la temperatura incorrecta. Los manipulador de alimentos también pueden provocar una enfermedad cuando usan equipo contaminado y cuando practican malos hábitos de higiene personal.
- Los alimentos sufren abuso de tiempo y temperatura cuando están mucho tiempo a temperaturas favorables para el crecimiento de patógenos. Los patógenos pueden pasar de un alimento, o una superficie, a otros. A esto se le llama contaminación cruzada. Los patógenos pueden pasar a los alimentos si el equipo no se limpia y sanitiza correctamente entre un uso y otro.
- Los patógenos crecen bien en alimentos que necesitan control de tiempo y temperatura. Para prevenir este crecimiento, los alimentos necesitan control de tiempo y temperatura.
- Algunos grupos corren un mayor riesgo de enfermarse debido a alimentos inseguros. Entre ellos están los niños en edad preescolar, los ancianos, las personas con cáncer o que reciben quimioterapia, las personas con VIH/SIDA, quienes recibieron transplantes y quienes toman ciertas medicinas.
- Las medidas preventivas importantes para mantener seguros los alimentos son: controlar el tiempo y temperatura, prevenir la contaminación cruzada, practicar buenos hábitos de higiene personal, comprar a proveedores aprobados y con buena reputación, y limpiar y sanitizar correctamente los objetos.

Casos prácticos para repasar el capítulo Estos casos prácticos sobre seguridad de los alimentos le piden que identifique los errores cometidos por los manipuladores de alimentos en cada situación y las prácticas que deberían haber seguido.

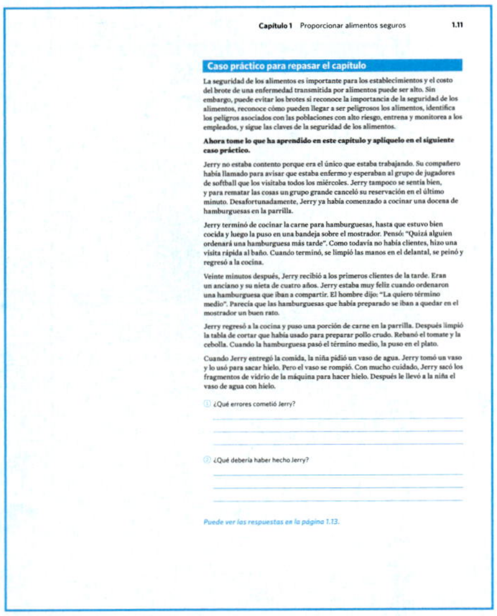

Capítulo 1 Proporcionar alimentos seguros 1.11

Caso práctico para repasar el capítulo

La seguridad de los alimentos es importante para los establecimientos y el costo del brote de una enfermedad transmitida por alimentos puede ser alto. Sin embargo, puede evitar los brotes si reconoce la importancia de la seguridad de los alimentos, reconoce cómo pueden llegar a ser peligrosos los alimentos, identifica los peligros asociados con las poblaciones con alto riesgo, entrena y monitorea a los empleados, y sigue las claves de la seguridad de los alimentos.

Ahora tome lo que ha aprendido en este capítulo y aplíquelo en el siguiente caso práctico.

Jerry no estaba contento porque era el único que estaba trabajando. Su compañero había llamado para avisar que estaba enfermo y esperaban al grupo de jugadores de softball que los visitaba todos los miércoles. Jerry tampoco se sentía bien, y para rematar las cosas un grupo grande canceló su reservación en el último minuto. Desafortunadamente, Jerry ya había comenzado a cocinar una docena de hamburguesas en la parrilla.

Jerry terminó de cocinar la carne para hamburguesas, hasta que estuvo bien cocida y luego la puso en una bandeja sobre el mostrador. Pensó: "Quizá alguien ordenará una hamburguesa más tarde". Como todavía no había clientes, hizo una visita rápida al baño. Cuando terminó, se limpió las manos en el delantal, se peinó y regresó a la cocina.

Veinte minutos después, Jerry recibió a los primeros clientes de la tarde. Eran un anciano y su nieta de cuatro años. Jerry estaba muy feliz cuando ordenaron una hamburguesa que iban a compartir. El hombre dijo: "La quiero término medio". Parecía que las hamburguesas que había preparado se iban a quedar en el mostrador un buen rato.

Jerry regresó a la cocina y puso una porción de carne en la parrilla. Después limpió la tabla de cortar que había usado para preparar pollo crudo. Rebanó el tomate y la cebolla. Cuando la hamburguesa pasó el término medio, la puso en el plato.

Cuando Jerry entregó la comida, la niña pidió un vaso de agua. Jerry tomó un vaso y lo usó para sacar hielo. Pero el vaso se rompió. Con mucho cuidado, Jerry sacó los fragmentos de vidrio de la máquina para hacer hielo. Después le llevó a la niña el vaso de agua con hielo.

1 ¿Qué errores cometió Jerry?

2 ¿Qué debería haber hecho Jerry?

Puede ver las respuestas en la página 1.13.

Preguntas de estudio Estas preguntas de opción múltiple se basan en los principios clave de seguridad de los alimentos. Si tiene problemas para responderlas, debe estudiar de nuevo el contenido. Las respuestas están al final de cada capítulo.

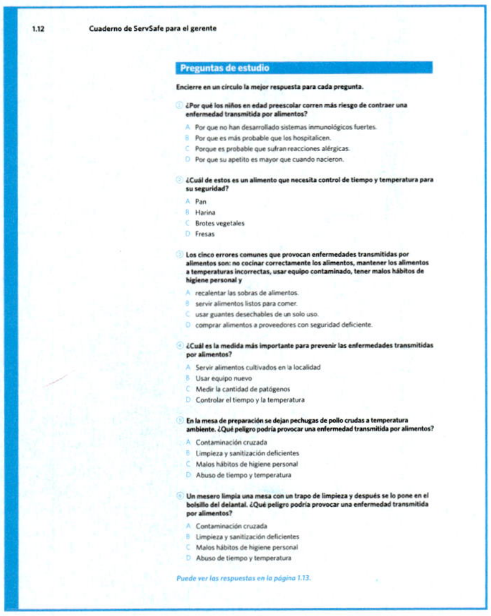

1.12 Cuaderno de ServSafe para el gerente

Preguntas de estudio

Encierre en un círculo la mejor respuesta para cada pregunta.

1 **¿Por qué los niños en edad preescolar corren más riesgo de contraer una enfermedad transmitida por alimentos?**
A Por que no han desarrollado sistemas inmunológicos fuertes.
B Por que es más probable que los hospitalicen.
C Porque es probable que sufran reacciones alérgicas.
D Por que su apetito es mayor que cuando nacieron.

2 **¿Cuál de estos es un alimento que necesita control de tiempo y temperatura para su seguridad?**
A Pan
B Harina
C Brotes vegetales
D Fresas

3 **Los cinco errores comunes que provocan enfermedades transmitidas por alimentos son: no cocinar correctamente los alimentos, mantener los alimentos a temperaturas incorrectas, usar equipo contaminado, tener malos hábitos de higiene personal y**
A recalentar las sobras de alimentos.
B servir alimentos listos para comer.
C usar guantes desechables de un solo uso.
D comprar alimentos a proveedores con seguridad deficiente.

4 **¿Cuál es la medida más importante para prevenir las enfermedades transmitidas por alimentos?**
A Servir alimentos cultivados en la localidad
B Usar equipo nuevo
C Medir la cantidad de patógenos
D Controlar el tiempo y la temperatura

5 **En la mesa de preparación se dejan pechugas de pollo crudas a temperatura ambiente. ¿Qué peligro podría provocar una enfermedad transmitida por alimentos?**
A Contaminación cruzada
B Limpieza y sanitización deficientes
C Malos hábitos de higiene personal
D Abuso de tiempo y temperatura

6 **Un mesero limpia una mesa con un trapo de limpieza y después se lo pone en el bolsillo del delantal. ¿Qué peligro podría provocar una enfermedad transmitida por alimentos?**
A Contaminación cruzada
B Limpieza y sanitización deficientes
C Malos hábitos de higiene personal
D Abuso de tiempo y temperatura

Puede ver las respuestas en la página 1.13.